U0687430

İΛ

语言测试与评估
专题研究丛书

构建基于
《中国英语能力等级量表》的
认知诊断测评与反馈体系

闵尚超 著

外语教学与研究出版社
北京

图书在版编目（CIP）数据

构建基于《中国英语能力等级量表》的认知诊断测评与反馈体系 ／ 闵尚超著.
北京 ：外语教学与研究出版社，2024. 11. ――（语言测试与评估专题研究丛书）.
ISBN 978-7-5213-5861-2

I. H319.39

中国国家版本馆 CIP 数据核字第 2024CV8917 号

构建基于《中国英语能力等级量表》的认知诊断测评与反馈体系
GOUJIAN JIYU《ZHONGGUO YINGYU NENGLI DENGJI LIANGBIAO》DE RENZHI
ZHENDUAN CEPING YU FANKUI TIXI

出 版 人	王　芳
项目负责	周　娜
责任编辑	李婉婧
责任校对	孔乃卓
装帧设计	袁　凌
出版发行	外语教学与研究出版社
社　　址	北京市西三环北路 19 号（100089）
网　　址	https://www.fltrp.com
印　　刷	北京九州迅驰传媒文化有限公司
开　　本	650×980　1/16
印　　张	19.25
字　　数	273 千字
版　　次	2024 年 11 月第 1 版
印　　次	2024 年 11 月第 1 次印刷
书　　号	ISBN 978-7-5213-5861-2
定　　价	86.90 元

如有图书采购需求，图书内容或印刷装订等问题，侵权、盗版书籍等线索，请拨打以下电话或关注官方服务号：
客服电话: 400 898 7008
官方服务号: 微信搜索并关注公众号"外研社官方服务号"
外研社购书网址: https://fltrp.tmall.com

物料号: 358610001

记载人类文明
沟通世界文化
www.fltrp.com

本书得到国家社科基金项目

（项目号：19CYY050）

"中央高校基本科研业务费专项资金"资助

序

　　2014 年 9 月国务院印发《国务院关于深化考试招生制度改革的实施意见》，提出要加强"外语能力测评体系建设"，第一次从国家层面对外语测评体系建设提出明确要求。在教育部教育考试院的高效领导及全力支持下，全国百余位专家学者协同努力，历时 3 年多，顺利完成了《中国英语能力等级量表》（下文（简称《量表》）的研制工作，于 2018 年 2 月 12 日由教育部、国家语言文字工作委员会作为语言文字规范发布。

　　《量表》是面向我国英语学习者和使用者的首个英语能力测评标准。它以我国英语学习者能力的实证数据为依据，以语言运用为导向，构建了多层级的指标体系，对各等级的能力特征进行了全面、清晰、翔实的描述。《量表》在研制过程中以及发布之后，多项国际知名的大规模考试（如托福、雅思）与《量表》开展了对接工作。这些考试与《量表》的成功对接，标志着《量表》在国际语言教学、语言测评领域得到认可与应用。更为重要的是，这一进程推动了"中国标准"走向国际，为全球语言教育提供了中国视角与中国方案。

　　《量表》是"外语能力测评体系建设"一项重要的基础性工程，是关于语言学习、教学及评估的整体指导方针与行动纲领。《量表》发布以后，国内相关领域专家学者和教师在《量表》的应用包括教学设计、教材研发、教学评价等方面进行了一系列卓有成效的探索与实践，《构建基于〈中国英语能力等级量表〉的认知诊断测评与反馈体系》一书的出版就是最好的例证。

该书的出版汇聚了闵尚超教授近十年来致力于《量表》应用的系列研究成果。在我看来，该书的特点可以从三个方面进行归纳：

第一，理论性。该书提出了"基于《量表》的诊断反馈促教促学模型"，并对模型中各要素之间的关系进行了深入探讨，对《量表》在教、学、评中的应用做出了积极贡献。将学生和教师置于模型的中心，一方面体现了"以学生为中心"的理念，另一方面凸显了教师的作用与责任。学生是学习的主体，以评促学是模型所要实现的目标。作为地方语境下的专家和测评主体的教师，是《量表》得以实施并达成促学目标的关键。从某种程度上说，在地方性语境下，学生与教师是一个共同体。

第二，实践性。该书向读者介绍了如何将《量表》应用于校本考试的语境中，通过提供个性化的诊断反馈报告促进语言教学与学习。该书指出，在具体实践中，可通过改编《量表》中的描述语，满足学校语言教学与学习的需求。该书还证明了双因子多维项目反应理论模型能很好地捕捉语言能力的多维性和连续性。这是语言测试领域首次运用双因子多维项目反应理论模型提供诊断信息，对后续探究适用于语言测试领域诊断模型问题的相关研究具有重要的借鉴意义和参考价值。此外，该书是一本难得的工具书。作者对认知诊断测评、考试对接标准和标准设定的原理、步骤和方法均做了详细的介绍；在附录部分还提供了考试对接标准的工作手册、个性化反馈报告示例等材料，为读者进行相关研究提供了很好的工具。

第三，系统性。该书对《量表》的听力和阅读理解能力分量表的理论模型、描述语框架、各级别描述语典型特征等进行了详细介绍，阐述了听力与阅读理解能力的本质与异同。在对认知诊断测评、考试对接标准、标准设定进行概述的基础上，提出了"基于《量表》的诊断反馈促教促学模型"，并报告了围绕此模型展开的七项实证研究结果，完整地呈现了"基于《中国英语能力等级量表》的认知诊断测评与反馈体系"，具有很强的系统性。

希望该书的出版能为《量表》在语言学习、教学、测评中的应用提供理论指导与实践参考，使《量表》这一具有中国特色、国际水准、功能多元的英语能力测评标准在提升考试质量、发展多元评价、进行教学反馈、推动国内外考试对接等方面发挥更大的作用。

何莲珍

2024 年 10 月 6 日于求是园

目　录

第一章
绪论

  《中国英语能力等级量表》（以下简称《量表》）是首个面向我国英语学习者的英语能力测评标准，有助于为英语能力诊断提供共同标尺，有助于加强教学与考试之间的联动，通过综合改革实现二者的协同增效，实现我国外语教学提质增效。自 2018 年颁布以来，《量表》已逐步运用于语言测评、教学和学习等诸多方面（刘建达、杨满珍，2021），但相关应用较零散。本书尝试提出一个理论模型，以阐释《量表》如何在地方语境中指导英语教、学、评的一体化建设。具体而言，本书依据《量表》，结合认知诊断与标准设定方法，构建英语认知诊断测评反馈体系。此体系旨在发掘《量表》为学生提供个性化定性反馈报告的功能，从而促进英语教、学、评的有机融合，真正实现"车同轨、量同衡"。

1.1 研究背景

1.1.1 认知诊断测评与《量表》

  相对于传统的常模参照性测试与准则参照性测试而言，认知诊断测评不再局限于笼统地报告考生成绩，而是能够科学、精确地诊断考生细化的语言技能结构与内在知识状态（He et al., 2021; Huebner et al., 2018; Li & Suen, 2013; Min et al., 2022; Wang & Qiu, 2019; 杜文博、马晓梅，2018；闵尚超、熊笠地，2019），既有助于教师针对性地提供个性化教学，也有助于学生自主学习效果的提高。尽管认知诊断测评的重要性得到了专家学者的广泛认可（Alderson, 2005, 2010; Harding et al., 2015; Jang, 2010; Jang et al., 2013; Kunnan & Jang, 2009; Shohamy, 1992），也有一定的实证研究基础（Aryadoust, 2021; Li et al., 2016; Yi, 2017），但是认知诊断测评的长足发展还存在以下两个瓶颈问题。

（1）构念界定问题。认知诊断测评的理论基础为构念界定，即确定要测量的认知属性。长期以来，语言测试领域绝大部分测试设计均基于经典的交际语言能力模型（Bachman & Palmer, 2010）。但该模型集中于阐释语言交际能力，对语言理解能力的阐释不够细致，不能挖掘不同级别学习者完成听力或阅读任务时的认知过程，因此并不完全适用于认知诊断测评（Kim, 2015; 范婷婷、曾用强, 2016）。相关理论框架的缺失导致真正意义上认知诊断测评的匮乏（Lee & Sawaki, 2009a），同时，也在一定程度上解释了为什么目前大部分研究仅限于将认知诊断模型应用到现有考试中，提取有限的诊断信息（Aryadoust, 2021; 闵尚超、熊笠地, 2019）。

（2）诊断报告问题。认知诊断测评的最终目的是通过诊断报告，反馈教师与学生的情况，促进个性化教学。诊断报告承载着测试结果的描述及解释（Lee, 2015），是促进自主学习的内部催化剂（Butler & Winne, 1995），但相关研究明显不足（Lee, 2015）。部分学者做了相关尝试（Doe, 2015; Jang, 2009; Kim, 2015），探究如何呈现个体和群体反馈报告，但其研究结果基本止于对考生属性掌握模式的报道，无法将抽象的定量数字信息转换为更清晰、更丰富的定性反馈信息。相对于抽象的数字而言，图文并茂等定量定性信息结合的成绩报告往往更能被用户理解与接受（Tannenbaum, 2019）。

《量表》能在一定程度上解决认知诊断测评的这两个瓶颈问题。首先，相对于国际上其他能力量表而言，我国《量表》的一大突破为强调语言学习过程中认知能力的发展。《量表》在经典的交际语言能力模型（Bachman & Palmer, 2010）基础上，结合 Anderson & Krathwohl（2001）对 Bloom 教育目标分类学（修订版）中的认知和知识框架，用不同的认知行为表示能力等级的高低或能完成的语言交际活动的难度（He &

Chen, 2017; 刘建达、韩宝成, 2018）。通过对"理解和表达意义"背后的各种"典型认知行为"进行描述,《量表》为认知诊断语言测试中的认知能力构念定义提供了原型。

其次,《量表》描述语包括三个成分:"行为"（performance）、"标准"（criteria）和"条件"（condition）。前两个成分缺一不可,第三个成分可空缺。听力和阅读描述语通过"行为",即能做什么,体现学生的认知能力;通过"标准",即输入或输出语言的特征,如话题的熟悉度、语法复杂度、词汇密度等,体现交际任务中具体的语言特征。通过将考试与《量表》建立关联,诊断报告结果将不再局限于数字化的掌握模式,而是可以为学生提供更清晰的个性化描述语,明确他们在听或读特定材料时能具体完成哪些认知任务。

因此,采用《量表》辅助认知诊断测评的构念界定与诊断报告的设计非常有必要,但在采用《量表》界定构念前,需更好地理解听力与阅读理解的过程与本质,厘清听力和阅读模态下各微技能间的异同。在采用《量表》指导诊断报告的设计前,需确保诊断测评的可靠性,挖掘适合用于诊断听力和阅读理解能力的模型。简言之,需考虑三个关键问题:第一,各认知属性之间的关系及其中间作用机理如何?第二,听力与阅读认知属性之间是否存在差异?第三,什么模型适合用于认知诊断语言测试?厘清这些问题有助于更好地将《量表》应用到诊断测评中。

1.1.2 考试对接《量表》

将考试与语言能力标准建立关联,有助于考试提供更清晰、丰富的反馈报告（Papageorgiou & Tannenbaum, 2016; Papageorgiou et al., 2019）,有助于提升考试使用的效度（Dunlea, 2015）。这是构建个性化诊断反馈体系的核心环节。近十几年来,将考试与外部语言能力标准或能力量表进行对接的研究日益受到关注（Dunlea et al., 2019; Fleckenstein et al., 2020; Harsch & Hartig, 2015）。自《量表》发布后,如何将现有考试与其对接获得了国内外机构和研究人员的关注。目前,雅思、普思、托福等英美国家大规模英语考试与《量表》的对接结果已公布。

国内外相关文献中，对接研究亦不罕见，主要探究各类考试与《欧洲语言共同参考框架》（以下简称《欧框》）和《量表》的对接，探讨对接步骤的合理性和对接结果的确定（Dunlea et al., 2019; O'Sullivan et al., 2020; Papageorgiou et al., 2019; 揭薇，2019）。

（1）对接步骤。考试与标准对接包括四个阶段：框架熟悉（familiarization）、内容检视（specification）、标准设定（standard setting）和效度验证（validation）（Martyniuk, 2010）。以往对接研究发现一些问题，如：内容检视阶段中，《欧框》太过笼统，并未包括目标考试所考查的某些具体特征（Papageorgiou, 2010; Wu & Wu, 2010）；不同标准设定方法得出的对接结果不一致（Green, 2018; Kaftandjieva, 2010）；对接过程中较难判定构念无关因素对结果的影响（Papageorgiou, 2010），因此对接研究的一个重要问题就是探讨对接结果是否具有准确性和可靠性。

（2）对接结果。国际上比较重要的外语水平考试向来都重视与各语言能力标准的对接，关注测试对接结果的报道。早在 2008 年，美国的托福考试就率先完成了与《欧框》的对接，以帮助测试者和决策者根据相应的能力量表等级对测试分数进行更全面的解释（Tannenbaum & Wylie, 2008），随后又于 2014 年根据使用者反馈修订《欧框》各等级的最低分数线，以保障分数线的合理性（Papageorgiou et al., 2015）。英国的雅思、普思和培生学术英语考试通过与语言能力量表的对接为其考试效度提供了证据，也使其成绩报告能包含考生在各语言技能上的得分及所达到的《欧框》等级，更真实详尽地描述考生在不同层面的语言水平（O'Sullivan, 2015; Taylor, 2004）。作为移民大国，加拿大非常重视语言水平，完成了各项法语考试（如法语水平考试 TEF、法语学习证书 DELF 等）与《欧框》及《加拿大语言能力标准》之间的对接（Casanova & Crendal, 2011; North & Piccardo, 2018）。

目前相关研究主要集中探讨考试对接量表步骤的合理性、分数段与等级划分，鲜有研究探讨如何根据量表描述语为各分数段的考生提供定性反馈，让学生、家长以及用人单位清楚了解该分数段或该等级的学生具体能做什么。因此，有必要采用《量表》设计定性反馈报告，提高报告的可读性和可理解性。但是在设计报告前，需解决的核心问题是对接本身是否具有效度，尤其是对接结果是否具有一致性。这包括两个关键问题：第一，采用同一标准设定方法进行对接时，标准设定专家自身和之间的一致性如何？第二，采用不同标准设定方法进行对接时，不同标准设定方法得出的结果之间的一致性如何？

1.1.3 个性化反馈与《量表》

诊断测评的核心是通过为学生提供个性化的反馈报告，实现后续针对性教学。认知诊断反馈报告已在大规模教育测评中得到应用（Bradshaw & Levy, 2019）。在语言测试领域，学者们对通过认知诊断测评来提供诊断反馈的兴趣与日俱增（Javidanmehr & Sarab, 2019; Kim, 2011; Li et al., 2016; Mirzaei et al., 2020; Xie, 2017; Yi, 2017）。例如，美国教育考试服务中心（以下简称 ETS）的研究人员使用认知诊断测评为每位考生提供托福考试听力和阅读部分（Sawaki et al., 2009b）的个性化反馈。此外，Zhang et al.（2019）尝试结合认知诊断和尺度锚定的方法来优化雅思考试阅读部分的分数报告。

但是，目前的认知诊断反馈报告通常仅限于描述考生个人的认知表现，很少关注考生可以理解的输入材料的特征。根据 Harding et al.（2015）和 Alderson（2005）的观点，即使是低水平的学生也能正确回答测量高阶认知技能（如推理和归纳大意等）的题目，即使是高水平的学生也会错误回答测量低阶认知技能（如理解词意等）的题目。决定学生题目表现的因素不仅包括认知技能的难度，还有文本的语言特征（Alderson, 2007）。因此，若能向分数使用者同时提供有关任务特征的描述信息和考生在认知技能上的表现，则能更好地了解考生的语言能力。同时，仅有高质量的反馈报告未必促学，除非学生能理解和使用反馈报告，并在此基础上采取实际行动，而且老师能基于诊断结果给予后续针对性更强的教学活动（Ajjawi & Boud, 2017; Gibbs & Simpson, 2004; Vogt et al., 2020; Winstone et al., 2019）。简言之，诊断测评研究有待进一步深入探讨的两个关键问题是个性化反馈报告的研制以及基于个性化反馈的后续针对性教学和学习效果。《量表》的使用有助于更好地回答这两个关键问题。

（1）个性化反馈报告的研制。结合认知诊断与标准设定方法能为考生提供高质量个性化反馈报告。此类反馈报告既能反映出理解特定级别的书面和口头文本的能力（Green, 2018; Powers et al., 2017），又能反映出认知加工的强弱项（Jang et al., 2015; Kim, 2015）。但据笔者所知，目前鲜有研究将这两种方法结合起来，为考生提供个性化反馈，以促进后续的针对性教学和学习。这可能是因为学者尚未厘清基于标准设定的考生水平分类和基于认知诊断测评的微技能掌握情况分类之间的关系。由于这两种方法用的评分与分类方法不同，可能会出现以下情况：某些被归入高水平的考生有可能被诊断为并未掌握所有微技能，而一些被归入低水平的考生却被诊断为掌握了所有微技能（Liu et al., 2018）。这种情况下，反馈报告提供者很难向反馈报告使用者解释这两种信息的不一致。但是，使用者同时需要这两种反馈信息，来为后续针对性教学做出决策，并准备教学材料（Jang et al., 2019）。例如，Hyatt & Brooks（2009）对英国大学的考试利益相关者进行了采访，发现74%的受访者认为被录取的英语学习者入校后需要额外的语言支持，但64%的受访者表示雅思成绩报告没有提供此类诊断信息。因此，研究者有必要关注标准设定和认知诊断测评方法的一致性，从而探讨结合这两种方法以提供个性化反馈的可行性。

（2）个性化反馈报告的使用效果。尽管学生作为反馈报告的潜在主动接收者，有责任积极回应反馈报告（Winstone et al., 2017），但是他们对反馈报告的使用会受多个因素的影响。反馈报告素养不足可能导致学生无法有效使用反馈报告，尤其当反馈报告包含复杂的术语和抽象的图表时（Carless & Boud, 2018; Underwood et al., 2010; Zapata-Rivera et al., 2016）。更糟糕的是，由于教师和学生之间的权力关系差异，学生可能无法表达对反馈报告的异议和误解（Leighton, 2019）。一种可行的解决方案是将诊断结果与后续的针对性教学联系起来，但是在实践中此类探索寥寥可数（Elder & Read, 2015a, 2015b; Oral English Proficiency Program, 2015, 2019）。

虽然以往研究者设计了不同形式的针对性教学活动，旨在加强诊断测评结果在教学方面的作用并带来积极后效（Lee, 2015; Mason & Singh, 2010），但是这些活动的设计缺乏统一的语言能力标准作为参考。就教学而言，语言能力标准（如《量表》）可以帮助教师制定更为明确、详细、切实的教学目标，帮助教师选择合适的教学内容和教学方法。就学习而言，学生可以根据《量表》描述语，结合自己的实际情况制定更为明确的学习目标，选择适合的学习材料，提升自主学习能力。尽管目前有少量研究探究针对性教学，但鲜有研究探索针对性教学活动的有效性，更少有研究探究基于语言能力标准的个性化反馈报告与基于语言能力标准的针对性教学活动结合起来的有效性（Min et al., 2022）。

因此，基于《量表》的个性化反馈及其后续针对性教学的有效性是一个值得探究的话题，包括两个关键问题：第一，如何设置基于《量表》的个性化反馈报告？第二，基于《量表》的个性化反馈报告及其后续针对性教学的效果如何？

1.2 研究目标与意义

本研究的总体目标是：基于《量表》，以校本考试为依托，结合认知诊断与标准设定方法，构建英语认知诊断测评与个性化反馈报告体系，并提出基于《量表》的诊断反馈促教促学模型，以期指导《量表》在教、学、评中的长期应用。基于总体目标，本研究探究七个具体分项目标，该七大分目标分别围绕认知诊断测评、考试对接《量表》、基于《量表》的个性化反馈报告三大主要模块展开。

- **认知诊断测评**

第一，互补性机制。从认知属性层面探究听力理解的过程与本质，重点着眼于采用互补型与非互补型认知诊断模型，研究听力理解过程是否存在互补性机制及其具体体现，以期阐释各认知属性之间的关系及其中间作用机理。

第二，跨模态稳定性。采用认知诊断模型，重点探索听力与阅读理解过程中共有的认知属性的表现稳定性（相似性）和可变性（差异性），挖掘听力和阅读模态下各微技能间的异同，以期建立更明晰的听力和阅读技能机制。

第三，模型选择。采用不同类型的模型——认知诊断模型与多维项目反应理论模型，拟合听力测试数据，以期找到适用于捕捉语言能力的多维性和连续性的最佳模型类型。

- 考试对接《量表》

第四，同一标准设定方法的一致性。采用改良 Angoff 为标准设定方法，收集标准设定和实际考试数据，从同一标准设定方法的内部一致性以及反馈是否能提高一致性的角度，探讨某校本考试阅读卷与语言标准对接的效度问题，以期为后续结合标准设定和认知诊断测评方法开发的个性化反馈报告提供效度证据。

第五，不同标准设定方法的一致性。采用改良 Angoff 和对照组法为标准设定方法，收集标准设定和教师评判数据，从不同标准设定方法间的一致性，探讨某校本考试听力卷与语言标准对接的效度问题，以期为后续结合标准设定和认知诊断测评方法开发的个性化反馈报告提供效度证据。

- 基于《量表》的个性化反馈报告

第六，基于《量表》的个性化反馈报告研发。从认知诊断和标准设定结果的一致性角度，探究结合认知诊断与标准设定方法，制定基于《量表》的个性化诊断反馈报告的可行性，以期解决大规模高风险考试无法提供个性化反馈的困境。

第七，基于《量表》的个性化反馈报告的使用效果。开展为期近五个月的历时研究，检验使用基于《量表》的个性化反馈报告和基于《量表》的针对性教学干预是否有助于学生语言能力的提升，以期为本书提出的基于《量表》的诊断反馈促教促学模型提供实证依据。

1.3 章节构成

本书第一章为绪论,简要概括本书的研究背景、研究目标与意义。第二章介绍《量表》听力与阅读理解能力分量表的理论模型、描述语框架、各级别描述语典型特征,以及相对于国外语言量表和标准的几大突破。第三章阐述听力与阅读理解能力的本质与异同。第四章概述认知诊断测评的起源与基础、模型、操作步骤,以及其在语言测评领域中的应用、发展与挑战。第五章介绍考试对接标准的起源与基础、操作步骤,以及发展与挑战。第六章详细介绍标准设定方法的基本步骤、方法,以及发展与挑战。第七章提出本研究构建的基于《量表》的诊断反馈促教促学模型。第八至十四章呈现七个实证研究,分别探究认知诊断测评中听力能力的互补性机制(第八章),听力与阅读微技能跨模态稳定性(第九章),认知诊断模型选择(第十章),考试对接《量表》的效度,包括同一方法的内部一致性(第十一章),不同方法间的一致性(第十二章),基于《量表》的个性化反馈报告研发(第十三章)以及使用效果研究(第十四章)。第十五章总结本书的主要发现、理论价值与实践意义,并指出未来研究方向。

1.4 小结

本章首先简要介绍了《量表》的概况,然后通过梳理认知诊断语言测试、考试对接标准、个性化反馈等方面的研究现状与不足,指出《量表》有助于解决以上领域的瓶颈问题,且能在诊断、反馈、干预中发挥桥梁作用,促进英语教、学、评的有机融合。接着基于研究现状,提出本研究的总目标和七个分目标,以及各自的研究意义。最后概述本书的章节构成。

第二章
《中国英语能力等级量表》

    2014 年，国务院印发的《国务院关于深化考试招生制度改革的实施意见》明确提出要加强外语能力测评体系建设，全面提升我国外语教育的效果和效率。鉴于此，《量表》项目于 2014 年 9 月由教育部牵头启动，旨在实现以下三个目标：（1）界定和描述中国英语学习者英语水平和能力；（2）为英语学习、教学和测评提供重要参考；（3）进一步丰富现有的语言能力量表体系，促使我国英语教学和测评更符合国际标准（刘建达，2015）。在全国多个研发团队、上百位研究人员的共同努力下，《量表》在 2018 年 4 月 12 日由教育部和国家语言文字工作委员会正式签发，于 6 月 1 日起正式实施。

    《量表》采用"能做"描述语，结合具体交际场景直观地描述语言能力（刘建达，2017），包含听、说、读、写、译等语言行为，明确地描述出中国英语学习者语言能力的整体、各分技能和各个等级（刘建达、彭川，2017）。大量研究介绍了《量表》的研发和效度验证，包括《量表》的理论模型（刘建达、韩宝成，2018）、听力量表（He & Chen, 2017）、口语量表（金艳、揭薇，2017）、阅读量表（Zeng & Fan, 2017）、写作量表（潘鸣威，2017），笔译量表（白玲、冯莉、严明，2018）、口译量表（Wang et al., 2020）、语用能力量表（韩宝成、黄永亮，2018）和组构能力量表（贾贻东、武尊民，2019）等。鉴于本书聚焦听力与阅读，以下章节主要介绍听力与阅读量表相关内容。

2.1 听力与阅读量表理论模型

《量表》的理论模型基于交际语言能力模型，认为交际的成功依赖于语言学习者和使用者所调用的语言知识，以及他们在完成交际活动时采取的有关策略。交际语言能力模型（Bachman, 1990; Bachman & Palmer, 1996）认为，交际语言能力包括语言知识、语言能力以及在交际语境下对其进行恰当运用的能力。

除基于交际语言能力模型外，听力量表的理论框架结合了认知能力的理论模型，更加强调语言的处理阶段（He & Chen, 2017）。图 2.1 展示听力量表的构念。

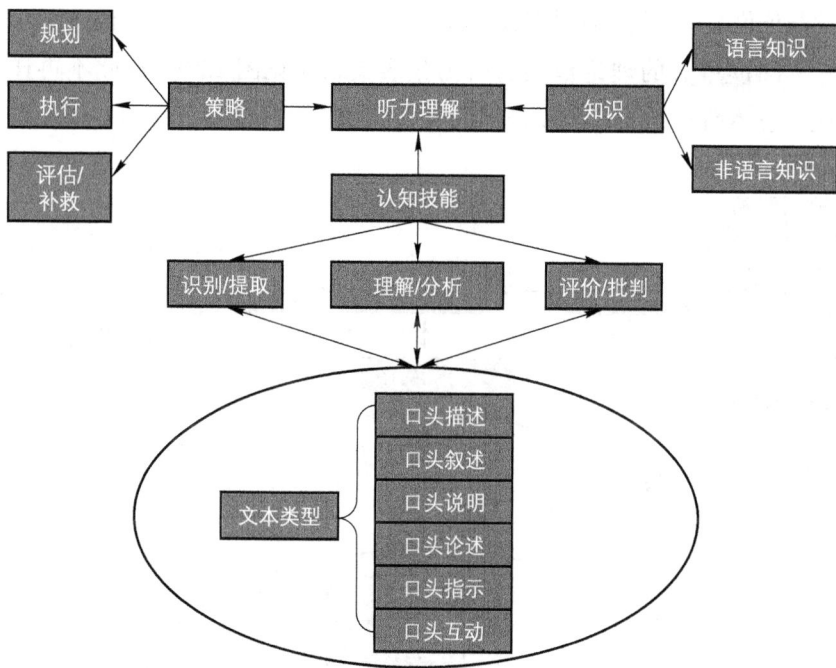

图 2.1 听力量表构念

在听力理解过程中，语言知识是基础，而其他非语言知识可以填补意义空缺。听力策略是听者为降低听力压力和提高听力理解成功率而采取的办法，包括规划、执行、评估/补救。听力理解具有瞬息性，听力结果也是无形的，因此必须借助实际的听力活动方能准确定义这一能力构念。对应语言交际的不同功能，听力量表针对不同文本对听力活动进行描述，包括口头描述、口头叙述、口头说明、口头论述、口头指示、口头互动等。在开展听力活动时，听者需要完成一系列认知任务，如识别信息、分析关系、做出推断、批判评价等，可被认为是在各种听力活动中应用的综合认知能力。

简言之，听力量表采用的听力构念为：听力理解能力是听者运用各种语言和非语言的知识以及策略，通过口语文本产出心理表征，从而完成一定的认知活动，比如提取细节信息、分析各部分关系或者进行推断。听力理解能力是由与听力活动相关的识别与提取、概括与分析、批评与评价等认知能力组成的综合认知能力（Anderson et al., 2001）。

阅读量表的理论框架与听力量表类似（见图 2.2），在此不再详述。总体而言，阅读量表采用的阅读构念为：阅读理解能力是语言学

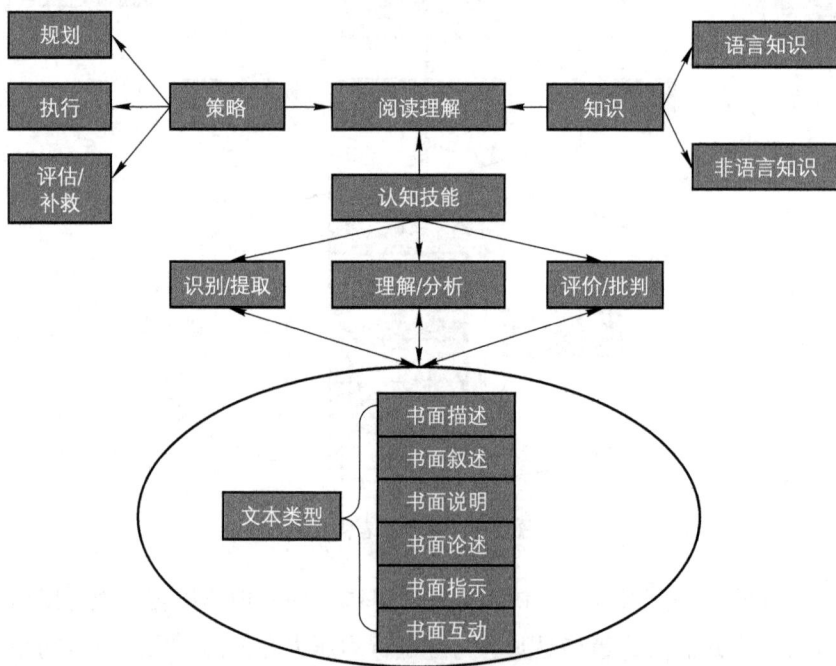

图 2.2　阅读量表构念

习者和使用者作为读者阅读并处理书面材料时，运用各种知识（包括语言知识和非语言知识）和策略，围绕所读材料建构意义的能力，包括识别与提取书面信息的能力、概括与分析书面信息的能力、批判与评价书面信息的能力（曾用强，2017）。

2.2 听力与阅读量表描述语框架

图 2.3 展示了听力描述语的横向参数框架，即涵盖某个级别语言能力需要考虑的所有要素（He & Chen, 2017）。从听力能力的三大要

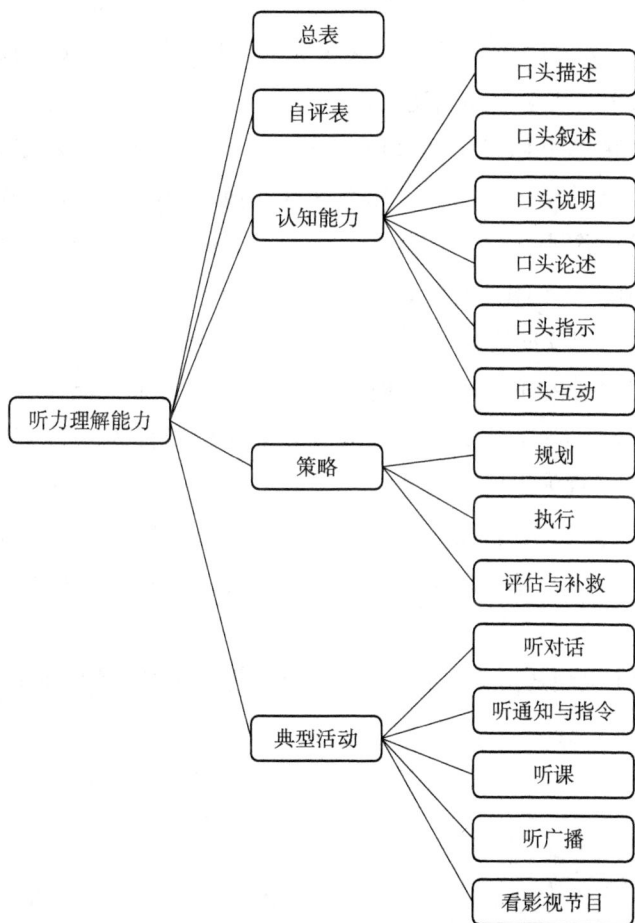

图 2.3 听力描述语参数框架（改编自 He & Chen, 2017）

素即认知能力、听力策略、（非）语言知识出发，听力量表包括 1 个总表、1 个自评表、6 个听力认知能力分量表（理解口头描述、理解口头叙述、理解口头说明、理解口头指示、理解口头论述、理解口头互动）、1 个策略表、5 个典型听力活动表，共有 14 个表。

中国英语学习者接触或参与的听力活动纷繁复杂。通过对小学、中学、大学各学段教师、学生以及职场人士的问卷调查，听力量表项目组总结出五种最常见的听力活动，即听对话、听口头通知与指令、听课、听广播、看影视节目等（何莲珍、闵尚超、张洁，2020），听力能力量表对这五种活动做了更为细致的描述，即将发布。

同样，阅读能力量表包含 1 个总表、1 个自评表、6 个阅读认知能力分量表（理解书面描述、理解书面叙述、理解书面说明、理解书面论述、理解书面指示和理解书面互动）、1 个阅读策略量表、7 个阅读典型活动量表（社交媒体类阅读、报刊类阅读、文学作品类阅读、应用文类阅读、图表类阅读、工具书类阅读、论文类阅读）（见图 2.4）。其中，7 个阅读典型活动量表即将发布。

听力和阅读描述语均采用三成分框架，包括"行为""标准""条件"，前两个成分必不可少，但第三个成分可以空缺。具体解释如下：

- 行为：语言活动本身，包括活动和认知行为，如"能听懂讲座""理解主旨大意"。
- 标准：输入语言的质量或特征，如"语速较快""语言复杂"。
- 条件：任何外部的条件，如"在图片、图像、手势等的帮助下""面对面"。

表 2.1 呈现两份量表描述语的成分分析，提供各成分示例。

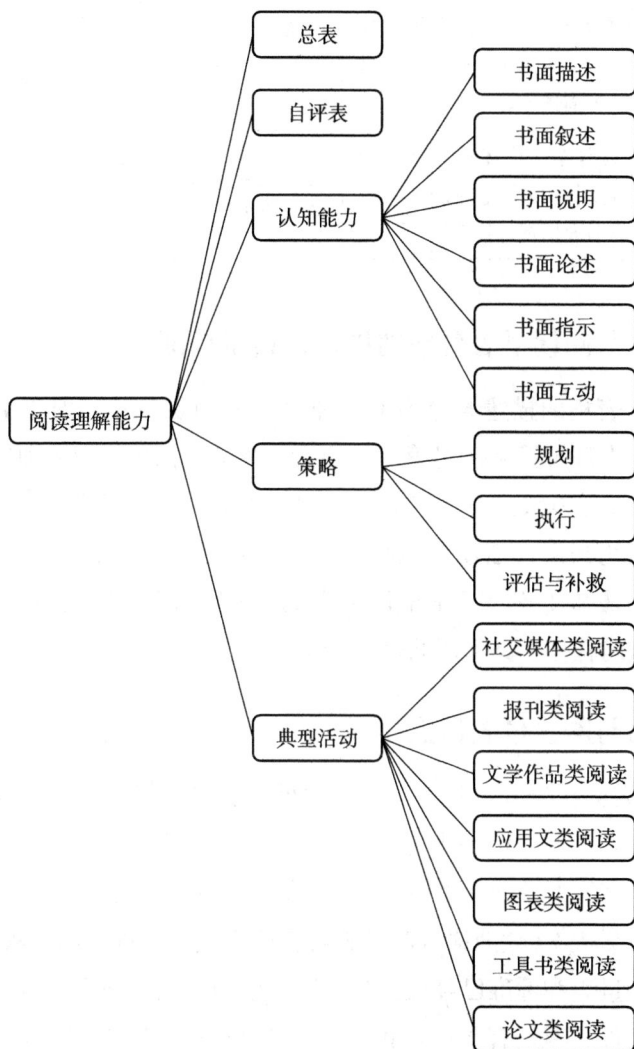

图 2.4 阅读描述语参数框架

表 2.1 听力与阅读量表描述语的三成分框架

描述语	行为	标准	条件
1. 在图片、图像、手势等的帮助下，能听懂关于人物、地点、事物等的简单描述，获取相关信息。（听力量表/理解口头描述/第2级）	听描述；获取相关信息	关于人物、地点、事物；简单	在图片、图像、手势等的帮助下
2. 在读语言复杂、描述社会文化的文章时，能理解其文化内涵（阅读量表/理解书面描述/第7级）	理解文章中的文化内涵	语言复杂；描述社会文化	/

2.3 听力与阅读量表各级别描述语典型特征

每个表格的描述语分为1—9级（理解口头论述不对第一级进行描述，听力理解策略仅对第一级到第五级进行描述，阅读理解策略仅对第二级到第八级进行描述），每个级别都描述了该级别的英语学习者在不同听力或阅读活动中能听懂何种听力材料，读懂何种阅读材料，完成何种认知任务。区分各个级别的典型特征即为听力描述语和阅读描述的纵向特征，具体请见表 2.2 和表 2.3。

2.4 听力与阅读量表特点

《量表》在研制过程中，借鉴国外相关量表研制经验，并结合中国语境在各个层面进一步完善。借鉴的国外量表包括《美国外语教学委员会语言能力量表》、《加拿大语言能力标准》、澳大利亚《国际第二语言能力量表》《欧洲语言测试者协会语言能力标准》和《欧框》等。尽管这些量表和标准已经成为各自国家或地区语言教学较有影响力的指导性文件，但是有些量表和标准并没有经过实证检验，比如《美国外语教学委员会语言能力量表》《加拿大语言能力标准》等，因此这些量表和标准对描述语难度等级划分的科学性有待商榷。目前全球范围内最具影响力的当属《欧框》。自 2001 年颁布推广以来，《欧框》在欧洲甚至欧洲以外的国家和地区都得到了广泛的研究和应用，如美国、

表 2.2 听力描述语的纵向典型特征

级别	语速	语音	语言与内容	话题	认知处理
9	语速较快(140—180词/分)	带有口音	用词生僻;含有不常见俗语或行话;用词复杂	各种话题	进行分析、推断与评价;理解其中的典故;理解其涉及的社会历史文化内涵
8	语速较快(140—180词/分)	带有口音	含有多种英语变体;俚语较多;含有部分术语;长篇	广泛话题;相近领域的专业话语	评价各方观点的合理性与逻辑性
7	语速较快(140—180词/分)	/	包含俚语或习语;含有双关语、隐喻等语言现象;带有专业术语	与自己专业领域相关、抽象话题;有关公共政策与社会问题	评价演讲者的观点与立场;概括主要内容;理解说话者话语的隐含意义;理解其涉及的社会文化内涵;评判其中的主要观点
6	语速正常(100—140词/分)	语音标准	信息量大;细微;复杂	与自己专业领域相关;时事	概括主要内容;判断报道之间的异同;判断说话者用语的得体性
5	语速正常(100—140词/分)	语音标准;发音清晰	复杂	一般性话题;话题熟悉;有关社会话题;有关学习及工作	概括大意;获取要点和细节
4	语速正常(100—140词/分)	语音标准;发音清晰	简单;简短	一般性话题;与个人兴趣相关;话题熟悉	理解大意;获取主要的事实性信息;理解说话者的观点和意图;理解说话者的言外之意
3	语速较慢(80—100词/分)	语音标准;发音清晰	简单;简短	话题熟悉	获取关键信息;识别其主题
2	语速缓慢(60—80词/分)	语音标准;发音清晰	词汇常见;简短;简单	有关日常生活	获取人物、地点、事件等信息
1	语速缓慢(60—80词/分)	发音清晰	用词简单;简单;常见	有关日常生活	识别有关自己、家庭、学校的词汇和短语

表 2.3 阅读描述语的纵向典型特征

级别	阅读材料	语言与内容	认知处理
9	科研文献；学术专著；文学名著；专业性强的说明性文章等	复杂；抽象；艺术	从多视角综合分析文本内容；对材料进行综合鉴赏和批判性评价
8	学术论文；一般性文学作品；政治及经济方面的报刊、文章等	复杂	欣赏语言艺术；提炼中心思想；评论作者观点；评价写作风格；评价措辞严谨性
7	散文；剧本；政府文件；长篇信件等	复杂	理解文化内涵；
6	故事；小说；一般性新闻；商业信函；长篇对话等	比较复杂	推断作者态度；批判性分析；总结大意；评价阅读材料的语言和内容
5	短篇散文；对话；评论；应用文；议论文等	比较复杂	进行比较分析；提取具体信息；理解关键要点
4	故事；轶事；小说节选；简单新闻；演说稿等	从简单到相对复杂	识别具体细节；理解大意；剖析观点
3	寓言；简单操作说明；简单新闻故事；日常信件等	简短；简单	理解大意或主要内容
2	语言简单的小故事；日记等	语言简单	识别和提取关键词汇和短语
1	简单的叙事性文本，如绘本；儿歌；简单故事等	语言简单	了解大意即可

澳大利亚、加拿大、日本等，但也受到不少专家学者的质疑和批评。

　　下面将主要介绍《量表》听力与阅读分量表在制定过程中相对于《欧框》而言所作的改进与完善。在详细介绍两者的区别之前，需要指出：《欧框》采用的是基于行动的方法（action-based approach），《量表》采用的是面向使用的方法（use-oriented approach），因此所有描述语都落实到"用"上。《欧框》饱受诟病的一个方面是 6 个级别太少，级别太宽，不利于实际观察、测量和报告学习者的进步。《量表》从低到高划分为基础、提高和熟练 3 个阶段，共设 9 个级别，对各等级的能力特征进行全面、清晰、翔实的描述。两者的主要区别体现在以下6 个方面。

　　（1）理论框架。尽管《欧框》以交际语言能力作为其核心理念，但仍然缺乏一个系统的理论框架，用于辨识《欧框》不同级别学习者在听力或阅读过程中所涉及的心理过程（Alderson, 2007）。《欧框》研制组的主要负责人 North（2014）也承认，《欧框》没有系统的理论框架来阐述不同级别间的语境、理解过程等要素间存在何种级差关系，听力与阅读量表在理论框架方面则更显薄弱。对此，《量表》听力和阅读量表的研制不仅基于 Bachman（1990）的交际语言能力模型，而且结合 Anderson & Krathwohl（2001）对 Bloom 的教育目标分类学（修订版）中的认知和知识框架，用不同的认知行为表示能力等级的高低或能完成的语言交际活动的难度。认知任务包括信息的识别与提取、概括与分析、批判与评价等，其中，识别与提取属于较低层次，如识别时间、地点等细节性信息；概括与分析属于高一级的理解能力，如理解主旨大意；批判与评价则是更高级的理解能力，如整合多方信息并进行批判性思考。尽管大部分级别都会涉及这三类认知活动，但相对而言，对于低级别学习者，尤其是儿童，由于其认知能力发展的局限性，所涉及的批判/评价相对较少，甚至在个别低级别可能出现空缺的情况；而在高级别，涉及的批判/评价相对更多，因此《量表》从一定程度上弥补了《欧框》没有系统的理论框架之不足。

　　（2）描述语成分。《欧框》描述语体现了语言发展的"量"和

"质"两个维度,"量"指的是语言使用者可以处理的场景、功能、场地、话题等的数量,而"质"指的是语言使用的精确度及效率。级别越高,能完成的任务数量越多,质量也相应越高。尽管如此,《欧框》听力和阅读量表描述语仍很少涉及语言特征。《量表》的描述语不仅要求体现"量"和"质"两个维度,而且明确提出描述语需包括三个成分:"行为""标准"和"条件"。前两个成分缺一不可,第三个成分有时可空缺。"行为"指能做什么,包括"认知动词"和"听力/阅读任务"两个部分,体现"量";"标准"指能处理什么样的输入材料,包括语域、话题、语体、语言特征等,体现"质"。"条件"包括限制条件和具体情境,如是否有视觉帮助、干扰声音,是否为面对面等。听力和阅读描述语通过"标准",即输入语言的特征,如话题的熟悉度、语法复杂度、词汇密度等,体现交际任务中具体的语言特征。例如,一条典型的听力描述语为"能听懂语速缓慢、词汇常见、情节简单的故事,推断事件间的因果关系"。同时,细化的、分层的描述语成分使描述语结构更为清晰。

(3)描述语的系统性。《欧框》虽说是一个可用于指导教学、学习和测试的框架,但是其描述语描述的是人们能做什么,比较适合用于指导教学与学习,并未描述测试任务,各级别间缺乏系统性,因此不能很好地用于指导测试设计(Alderson et al., 2004; Weir, 2005)。对此,《量表》采用典型特征(salient features)为主、系统性方法(systematic approach)为辅的方法对学习者语言能力进行"能做"描述。具体而言,《量表》采用典型特征方法,在各级别间通过任务特征、文本类型等参数拉开级差。该方法认为,上一个级别的人具备下一个级别所描述的语言行为,而且不在不同级别重复描述相同的语言行为,属于累进量表(朱正才,2015),即哥特曼量表(Guttman Scale)。同时,《量表》在不同级别适当融入系统性方法的限定量词,如将语速分为语速缓慢、语速较慢、语速正常、语速较快等级别,以更好地体现级别之间的系统性与连续性。尽管系统性方法受到不少专家学者的批评(Alderson, 1991; North, 2014),他们认为该描述方法使得不同级别的差异仅为语义上的程度差异，违反了量表化的基本原则，但是《量表》在中国现有教学大纲以及调研数据的基础上，对"语速缓慢""语速较慢"等表述通过具体数字予以说明，弥补了系统性方法不以标准为参照的缺陷，同时也在一定程度上解决了《欧框》系统性不足的问题。

（4）描述语来源。《欧框》绝大部分描述语来自文献法，即参考的文献主要来自其他语言能力量表、课程标准、教学大纲、教学要求、考试大纲等。除文献法以外，描述语收集方法还包括采样法，即向学习者、教师或其他参与者收集描述语的方法。文献法属于规定性方法，规定学习者应该达到什么样的能力标准；而采样法属于描述性方法，描述英语教学中学习者的实际能力。Jin & Wu（2014）提出，《量表》的建立必须考虑中国的教育体制和英语教学现状。事实上，中国的教育体制和英语教学环境与其他国家和地区如欧盟存在或大或小的差异，我们不能过于依赖其他国家和地区的语言能力量表，如《欧框》等（杨惠中，2015）。如 Ashton（2010）发现，《欧框》量表中有关快速阅读中扫读（scanning）的描述语对于母语为非字母形式的英语学习者来说，基本不可能做到。因此，《量表》坚持立足于中国英语教学与测评的实际，描述语收集以采样法为主，文献法为辅。在建立描述语库时，听力和阅读项目组成员分赴全国多所小学、初中、高中、大学，并通过网络，面向英语教师、学生以及职场人士进行了大量的描述语采集工作。经过描述语改写、分类、分级等步骤，听力描述语超过半数来源于采样法。

（5）典型任务。《欧框》对大学课堂相关的英语能力描述很少（North, 2014），《欧框》典型任务的来源是欧洲研制的入门级标准（Threshold Level），在入门级里，典型任务是在国外独立生活的人需要用语言完成的日常任务。而在中国的教育环境下，英语不是生活必需的语言，典型任务会与《欧框》中所列的有所不同。项目组在确定典型听力任务时，进行了广泛调研，听取了学校教师、学生和职场人士的意见，根据调查数据结果与专家判断确立了听力的 5 个典型任务。针对这 5 个典型任务，项目组请专家撰写了各级别对应的描述语。听课是 5 个典型任务之一，是教育环境下不可缺少的一个任务。这一典型任务的确立符合当前专门用途英语在大学的盛行趋势，符合国内教育现状，同时也弥补了《欧框》的这一不足。

（6）描述语难度划分。《欧框》描述语主要基于教师对二语学习者语言水平的评价，即教师评价，并通过多层面 Rasch 模型分析得出各描述语的难度值（Hulstijn, 2007）。虽然 North（2014）曾指出，教师评价和学生自我评价得出的描述语难度排序相关达到 0.99，但是这种高相关能否在不同外语环境下得以保持，有待考证。《量表》采用教师评价和学生自评相结合的方法，对描述语进行量表化处理。研制组通过采用平行锚题和垂直锚题相结合的方法，将 9 个级别的描述语链接在一起，组合成 80 套问卷，在全国范围内进行了大规模教师评价和学生自我评价调研，问卷调查涉及教师约 3 万人次、学生约 13 万人次。收集到大样本数据后，研制组采用多层面 Rasch 模型分析教师评价和学生自我评价数据，得出每条描述语的难度值和学习者的能力值，并按照描述语难度值、学习者能力值、专家判断等确定临界值，划分等级。

2.5 小结

本章首先介绍《量表》听力与阅读分量表的理论模型、描述语框架、各级别描述语典型特征，然后通过梳理《量表》与《欧框》的差异，指出《量表》在理论框架、描述语来源、典型任务确定、描述语量表化等方面相对于国外量表和标准的几大突破。

第三章
听力与阅读理解能力

　　自20世纪60年代以来，学界对听力和阅读能力的本质与维度问题展开了激烈讨论，并形成两类截然不同的观点。一种将听力和阅读能力各自看成单维的能力，而另一类则强调听力和阅读能力的多维特质。目前学界较统一的认识是听力和阅读理解具有多维性（Min & He, 2014; Min et al., 2022）。厘清听力和阅读能力的本质是构建诊断测评与反馈体系的前提条件，因此本章对相关理论框架与实证研究进行简要梳理。

3.1 听力与阅读理解能力的本质

　　听力理解是一个复杂、多维度的认知过程（Buck, 1994），不仅包括语言知识，还包括非语言技能，如识别能力、理解能力、推断能力等等。听力材料转瞬即逝，给信息处理增加了困难，因此听力是二语学习中最难掌握的一项技能（Graham, 2003）。鉴于听力理解过程的复杂性，学界对听力理解能力的定义尚未达成共识（Bejar et al., 2000; Brindley, 1998; Buck, 2001; Suvorov, 2013），研究者们曾尝试从不同的角度定义听力理解能力，如 Richards（1983）和 Weir（1993）从听力微技能角度定义听力能力；Buck（2001）根据听力认知过程提出听力能力框架；Rost（2002）从四类处理过程（神经加工、语言解码、语义理解、语用处理）对听力能力进行定义；以及 Vandergrift & Goh（2009）从认知维度和社会维度对听力展开讨论。

阅读理解同样是一个复杂、多维度的认知过程，不仅涉及语言知识、非语言性的认知技能（曾用强、曹琳琳，2020），而且受到阅读目的、读者水平以及情境等因素的影响（Grabe, 2009; Lunzer & Gardner, 1979）。在阅读过程中，这些因素会同时发挥作用（Alderson, 1990; McNamara, 2007; Rumelhart, 1980）。以往研究从不同的角度探究阅读理解能力的本质，如 Davis（1968）发现学生阅读材料时使用五种微技能，包括理解单词意义、识别作者的目的/态度/语气、推理、回答问题、理清文章脉络等。其他研究（如 Grabe, 2009; Shang, 2010）发现二语阅读能力的重要组成部分包括词汇知识（Perfetti, 2007; Qian, 2002）、语 法 知 识（Enright et al., 2000）、阅 读 策 略（Park & Kim, 2011）等。

听力与阅读理解均包括自下而上、自上而下和交互式这三种加工方式。自下而上的加工方式强调命题意义系统由底层的词和音素累积构建（Flowerdew & Miller, 2005）。自上而下的加工方式认为听力或阅读理解过程通过激活并利用图式里的原有知识、经验和预期，对接收到的信息进行处理（Nunan & Miller, 1997）。交互式的加工方式最初由 Rumelhart（1975）提出，用以描述阅读理解过程，后来也被应用于听力。该方式认为听力或阅读过程结合了自下而上和自上而下两种方式，理解过程需要两种方式互相补偿，且听力和阅读能力越强的人越应擅长两种加工方式的灵活转换。由此，研究者开始较为广泛地讨论语言理解的互补性机制。

研究者对补偿性机制的探索始于阅读理解。而且，在理论方面，对语言理解模型的研究主要围绕阅读理解展开（McNamara & Magliano, 2009），对听力理解的关注相对较少（Wolf et al., 2019）。在 Stanovich（1980）首次提出补偿性加工这一概念之后，Bernhardt（2005）和 McNeil（2012）对阅读过程的补偿性机制进行了较为详细的讨论。前者发现一语语言水平、二语知识水平在二语阅读理解中以一种协同、交互的方式运作，并构建出补偿性二语阅读模型。McNeil（2012）在

Bernhardt（2005）的基础上，拓展并加强了对这一模型的阐释。他认为二语阅读受到二语知识、一语阅读能力即理解文本结构的能力和技能性知识的交互作用，并对比了这些因素对高、低水平阅读者阅读理解的贡献，发现技能性知识对高水平群体而言作用更大。相对而言，学界对听力理解补偿性机制了解较少，但也有学者开展过相关研究。Field（1998）强调对听力过程进行诊断能更好地促进听力学习，他认为听力除了需要理解词、句法之外，还要靠一系列补偿性策略和技能（如激活背景知识、提取主旨等）来帮助听力加工。Vandergrift（2007）也主张听力理解中存在互补性机制，并提出了结合自下而上和自上而下方式的综合模型用于指导二语听力教学。另外，Yi（2016）采用认知诊断模型，将二语听力、阅读理解过程分别细分为若干个认知属性来分析，为语言理解的互补性机制验证提供了实证依据。以上对互补性的研究都强调了语言知识、策略、技能等对语言理解的协同作用，但对于互补性机制的讨论仍不清晰。同时，前人的研究结果大多建立在文献综述和口头报告等质性分析基础之上，缺乏扎实的定量证据。

3.2 听力与阅读理解能力的异同

虽然听力和阅读理解可能存在相似之处，但两种模态实质上提供了不同的信息处理渠道。每种模态的独特性，如阅读中的词形存取和听力中的韵律特征，可能会影响学习者的表现（Tobia et al., 2017）。正如 van Dijk & Kintsch（1983）所述，"语言理解过程可能因不同的语言场景、语言使用者和话语类型而千差万别"。对于听力和阅读这两种模态之间的关系，学界存在两种理论观点。一方面，一些学者（如Samuels, 1987）认为听力和阅读尽管有一些共同元素，但两者代表不同的语言理解过程。另一方面，一些学者认为听力和阅读密切相关，听力可能是阅读发展的主要决定因素（简明阅读观模型 [Simple View of Reading Model], Hoover & Gough, 1990）。还有一些学者甚至构建了"超越模态"（口头、书面和其他非语言形式）的整体语言理解模型（如结构构建模型 [Structure-Building Model]，Gernsbacher et al.，1990；语言理解整体认知理论 [Integrated Cognitive Theory of Comprehension]，Aryadoust，2019a）。但是，无论专家学者们立场如何，目前仍很难找到详细的解释来说明输入方式不同的两种"理解类型"之间的关系（Wolf et al.，2019）。具体而言，学界对于这两种模式在哪些方面不同以及它们可以在多大程度上被整合进一个通用模型中这一问题，尚未有明确答案。

除了理论观点不一致之外，实证研究也得出了不同的结果。一些学者认为听力和阅读是两个相关联但可分离的构念。例如，Oh（2016）、Vandergrift & Goh（2012）发现，尽管听和读之间存在共享方差，但在理解口头文本和书面文本时，理解策略会受到模态的限制。Buck（1992）的研究显示，虽然听力和阅读这两种接受型技能高度关联，但是听力理解独立于阅读理解。Song（2008）和 Tobia et al.（2017）探究了听力和阅读的因子结构差异性，同样发现描述听力和阅读差异的模型能更好地拟合数据。与之相反，一些研究人员发现这两种模态背后存在一个公共因子，甚至存在一个涵盖听力、阅读、写作和口语的更具普适性的语言因子。例如，Diakidoy et al.（2005）和 Wolf et al.（2019）发现，尽管每种模态具有不同特征，但在某些方面也体现出听力和阅读之间存在通用的理解过程。Faulkner-Bond et al.（2018）在语言测试中观察到一个高阶的因子，即通用语言能力。

所有的理论观点和实证研究结果共同表明不同模态下的语言理解既存在共性又存在独特性。基于此，笔者认为语言理解可能是部分可分的。换言之，听力理解和阅读理解存在共同的机制，但也有一些模态特定的部分使听力和阅读相互分离。因此忽略两者的差异而将听力和阅读纳入一个统一的框架，可能并不合适。

就加工方式而言，听力和阅读理解均可通过自下而上和自上而下的方式来实现，从这一方面来讲，听力和阅读理解的成分似乎颇为相似。自下而上的加工方式更受数据驱动，强调"定位和记忆"（局部）

技能的作用，而自上而下的加工方式更受概念驱动，强调"反思和整合"（整体）技能的作用（van Steensel et al., 2013）。目前，听力和阅读的加工方式仍有待商榷。加工方式是指学习者利用局部加工和整体加工型技能来理解文本的方式。局部加工型技能用于理解文本中的显性信息，如提取细节；而整体加工型技能用于理解文本的隐性信息，如推断和归纳。在语言理解中，学习者可能采用自下而上的加工方式，也有可能采用自上而下的加工方式，或两者兼而有之。

一些研究表明，听力和阅读的加工方式各有不同，自上而下的加工方式在听力理解中占主导地位，而自下而上的加工方式在阅读理解中起主要作用。例如，听力理解的早期研究表明，学习者在听力理解中可能更依赖自上而下的加工，因为他们在推理题的得分更高（Hildyard & Olson, 1978），而且听后的回答中包含了更多关于文段中心思想的信息（Lund, 1991）。最近研究也表明，听力与认知策略以及在线处理（online processing）有更强的关联（如 Guan, 2014; Oh, 2016）。与听力不同，局部加工似乎对阅读更为重要，因为自下而上的概念始于阅读相关研究（Field, 2004）。Lund（1991）发现二语学习者在阅读中能回忆起更多细节信息而非主旨大意。其他研究也证明，词汇知识作为一种重要的局部加工型技能，对学习者二语阅读表现至关重要（Mehrpour & Rahimi, 2010; Proctor et al., 2005），二语词汇的缺乏将严重阻碍学习者的阅读能力（Lesaux et al., 2010）。

相反，一些研究揭示听力和阅读理解可能存在相似的加工方式。例如，Swan & Walter（2017a, 2017b）认为，自下而上的加工方式在二语听力和阅读中都起着主导作用，而自上而下的加工方式可由学习者在一语中习得并迁移到二语中。Newton（2017）对自上而下的技能可从一语转移到二语这一观点表示怀疑，但他同意 Swan 与 Walter 自下而上的技能在语言理解中扮演重要角色的看法，并且进一步论证语言理解应当结合自下而上与自上而下的技能。这一观点得到了许多其他研究的印证（如 Egidi & Caramazza, 2013; Sheppard & Butler, 2017; Yeldham, 2018），表明在听力和阅读中，学习者都倾向于采取一种交互式的加工方式，即把整理加工与局部加工型技能相结合的方式。Deniz et al.（2019）和 Buchweitz et al.（2009）的功能性磁共振成像（fMRI）研究比较了听力和阅读时学习者的大脑活动异同，结果表明，语义表征不受输入模态的影响（Deniz et al., 2019），且自上而下的加工在听力和阅读中是相似的（Buchweitz et al., 2009）。

总而言之，大多数学者认为整体加工和局部加工型技能均对语言理解起着重要作用，但他们尚未就听力和阅读的加工方式达成一致，研究结果既显示了加工方式的相似性，又体现了两种模态的独特性。

3.3 不同水平群体听力与阅读理解加工方式的异同

极少有研究关注加工方式、模态和学习者二语水平对语言理解的交互作用。Hildyard & Olson（1982）曾进行过相关探索，他们发现高水平学习者在听力和阅读中更倾向于采用自上而下的加工方式，而低水平学习者则主要采用自下而上的加工方式。结果表明，不同水平学习者在不同模态下的加工方式可能不同，但同一水平学习者的加工方式未受到模态的影响。

有学者分别研究了两种模态下加工方式和学习者水平之间的交互作用，发现针对不同模态的研究得出了相似的结论，即水平较低的学习者似乎过度依赖于自下而上（如 Shohamy & Inbar, 1991; Taki, 2015; Vandergrift & Baker, 2015; Yang et al., 2019）或自上而下（如 Kim, 2016; Priebe et al., 2012）的加工方式，或者可能两种加工方式他们均未掌握；而水平较高的学习者之所以能成功完成语言理解任务，可归因于能均衡地使用自上而下和自下而上的加工方式（Furuya, 2021; Nix, 2016）。两种加工方式的切换越多，转换越灵活，理解就能越成功（如 Bahari et al., 2021; Verhoeven, 2011）。以上研究的详细信息参见表 3.1。

从"均衡"的观点出发，Yeldham（2022）研究不同听力教学方法对不同熟练程度的学习者的影响，结果认可均衡使用局部和整体加工对提高低水平学习者能力的重要性。但 Yeldham 注意到，对自上而

表 3.1 不同模态下不同水平学习者加工方式的相关研究

模态	作者	微技能	被试水平	研究结果	研究结果归类
听力	Shohamy & Inbar (1991)	整体与局部加工型	高三	水平较低的学生只能正确回答局部加工型项目，而较高水平的学生可以正确回答局部与整体加工型项目	
阅读	Taki (2015)	整体与局部加工型	大学	低水平学生更倾向于采用自下而上的加工方式	自下而上加工方式的作用
听力	Vandergrift & Baker (2015)	整体与局部加工型	七年级	低水平学习者可能会忙于解码声音信号，几乎没有额外的资源或空间策略性知识	
阅读	Yang et al. (2019)	整体与局部加工型	大学	低水平学习者使用自下而上的策略，而高水平学习者同时使用自下而上和自上而下的策略	
听力	Kim (2016)	整体与局部加工型	一年级	低水平学习者更多地依赖自上而下的加工方式，以弥补他们二语语言知识的不足	自上而下加工方式的作用
阅读	Priebe et al. (2012)	整体与局部加工型	四年级	低水平学习者更多地依赖自上而下的加工方式来帮助单词识别	
听力	Furuya (2021)	整体与局部加工型	大学生	低水平学习者主要依靠自下而上的加工；中等水平学习者主要依靠自上而下的加工，高水平学习者实现了在两种加工方式上的均衡	自上而下和自下而上加工方式相结合的作用
听力	Nix (2016)	整体与局部加工型	大学生	成功完成听力理解任务的学习者结合使用自下而上和自上而下两种加工方式	
阅读	Bahari et al. (2021)	整体与局部加工型	中等水平	同时使用自下而上和自上而下的加工方式有助于完成阅读理解任务	
阅读	Verhoeven (2011)	整体与局部加工型	/	自下而上和自上而下的加工方式对阅读理解十分重要	

下加工的训练有助于提升高水平学习者的能力。同样，Hersch & Andrews（2012）调查自上而下和自下而上加工对高水平学习者阅读理解的贡献，发现自上而下加工的作用随着学习者能力水平的提高而降低。因此，更高水平学习者在两种模态下的加工方式仍然存在不确定性。

简言之，低水平学习者的加工方式相对较清晰且在两种模态下相似，该水平群体对两种加工方式的使用不平衡，或者未掌握任何一种加工方式，因此对自下而上和自上而下加工方式的训练对该群体尤为重要。而高水平学习者的加工方式仍有一定的研究空间。可能该群体在两种模态下的加工方式类似，即均衡使用自下而上和自上而下两种加工方式；也有可能两种加工方式在不同模态下对该群体学习者的贡献度不一。因此，需要更多的研究来剖析加工方式、学习者水平以及模态（听力或阅读）三者之间的关系。明确不同群体在不同模态下的加工方式特征，有助于教师为目标群体提供量身定制的训练，从而提高其语言理解能力，因此具有重要的研究意义。

3.4 小结

本章首先剖析听力与阅读理解能力的本质，指出对听力和阅读理解微技能内部的互补机制缺乏扎实的定量证据。接着，探究听力和阅读在自下而上和自上而下两种加工方式方面的异同。然后，指出学习者水平可能影响学习者在听力和阅读理解中的加工方式。最后，通过综述不同水平学习者在听力和阅读理解中加工方式的相关研究，本章指出，应有更多实证研究探究听力阅读理解过程是否存在互补机制，深入探究加工方式、模态和学习者水平对语言理解的交互作用，以期更好地阐释各微技能之间的关系及其中间作用机理，从而建立更明晰的听力和阅读技能机制。

第四章
认知诊断语言测评

　　认知诊断研究已逐渐成为国内外语言测试领域的重要研究方向。这一研究基于认知心理学和心理测量学的理论框架，运用现代统计方法和计算机技术，通过对被试可观测的行为表现或反应模式进行分析，旨在测量和评估其不可观测的精细化认知属性及其对应的认知结构和知识技能（Leighton & Gierl, 2007）。相较于传统的、仅提供笼统分数的测量方法，认知诊断测评能够深入探究被试在认知加工过程中的潜在特征和属性掌握模式，为准确诊断考生的能力强项与弱项提供了有效方法。该方法不仅有助于为考生构建详尽而系统的学习档案，还有助于教师根据评估结果提供有针对性的补救措施和策略指导，同时考生也能基于这些反馈进行有效的自我干预，从而提升其自主学习的效果。

4.1 起源与基础

　　在语言学测试领域，经典测量理论和项目反应理论长期以来占据核心地位。经典测量理论基于简易的数学模型，因其直观易懂和广泛适用性，在测试研究领域中得到了广泛应用。然而其固有的缺陷，即项目统计量过度依赖被试样本的特质，导致其后期遭受了广泛批评（Nichols, 1994）。相比之下，项目反应理论自 20 世纪 50 年代起便崭露头角，其核心在于项目特征曲线，该曲线揭示了被试能力水平与其正确回答题目概率之间的内在关联。其优势在于其能将题目的难度、区分度等统计量与被试样本进行分离，并将被试的能力值置于同一量尺上。因此，项目反应理论使得不同题目之间以及不同被试之间的比较成为可能，极大地增强了测试的可靠性和有效性（Baker, 1985; Embretson & Reise, 2000）。

尽管项目反应理论在一定程度上弥补了经典测量理论的缺陷，其理论核心主要基于统计假设，即观测分数能够间接反映被试的认知过程，却未能深入细致地分析被试的心理属性。因此，项目反应理论在评估时仅能提供衡量被试整体能力的分数，而无法具体揭示考生在题目所考查的知识与属性方面的掌握状况（Snow & Lohman, 1989）。这种局限性导致答对或答错题目对于考生和教师而言，其实际意义仅限于分数的增减（Kunnan, 2004）。考生往往难以清晰了解自己在特定属性上的掌握程度及其强弱项，而教师则倾向于基于分数高低对考生的能力进行笼统判断，缺乏科学准确的诊断信息来指导教学内容和进度的调整。在难以定位学习弱项和重点的情况下，考生和教师不得不依赖题海战术，这种做法不仅效率低下，还可能导致资源（人力、财力和时间）的浪费。这种教学效率不高的现象可部分归因于传统测量方法反馈机制的不足。此外，仅提供整体分数的测量方法往往难以获得利益相关者（如考生、教师、家长和教育机构等）的充分信任，尤其在涉及高风险测试的情况下。家长可能质疑分数是否能够准确反映考生的实际能力，而考试使用者（如高校）也可能反映仅凭总分难以精确筛选出符合其要求的学生。因此，传统的教育测量方法在诊断考生能力方面存在明显的局限性，这一问题亟待引起足够的重视和研究。

鉴于传统方法在指导教学方面的局限性，认知诊断方法自20世纪90年代起逐步发展起来。该方法侧重于通过构建考查特定属性的试题或分析现有试题考查的属性，以构建观测分数与考生内部认知结构间的关联，从而精准诊断考生在属性掌握上的优势与不足（Lee, 2015; Skaggs, 2017）。此方法能够提供更为详尽、个性化的反馈信息给考试利益相关者，如教师可根据诊断结果设计更符合学生实际的教学计划，而学生则能针对自身薄弱环节进行有针对性的训练。认知诊断方法的研究不仅代表了教育测量领域的自然演进，更是当今社会对高质量教育及教育评价标准的迫切需求。

认知诊断的演进得益于四大学科领域的协同贡献，即认知心理学、心理测量学、统计学和计算机科学。认知心理学着重研究人类认知与行为背后的心理处理过程，其承认个体心理状态的存在，并采用科学方法对此进行探究。在认知心理学的理论框架下，测试研究者能够深入分析考生在答题过程中的心理状态、技能运用、加工过程以及属性间的相互关系等，为认知诊断分析提供了坚实的理论基础。然而，仅有认知心理学的分析并不足以支撑完整的认知诊断过程。心理测量学的发展，特别是心理测量模型的构建，使得考生抽象的认知结构得以量化，为不同考生在测试中的表现及属性掌握情况提供了分类依据。此外，统计学和计算机科学的进步也功不可没。认知诊断模型因其复杂性，需依赖统计学原理构建出适用于计算机处理的模型，借助计算机技术处理海量数据，确保认知诊断真正可行。

4.2 模型概述

认知诊断作为一种测评方法，其初始应用聚焦于数学教育领域，旨在验证考生对数学技能的掌握程度。随着研究领域的拓展和技术手段的革新，该方法逐步拓展至语言测试领域，为评估考生的语言能力提供了新的视角。在认知诊断的研究中，认知诊断模型的构建占据着举足轻重的地位。据 Fu & Li（2007）的研究统计，截至 2007 年，认知诊断模型的种类已超 60 种，每种模型均基于不同的理论框架，并在性能上呈现出一定的差异性。

早期的认知诊断模型包括 Fischer 的线性逻辑斯蒂克特质模型（Linear Logistic Trait Model, LLTM; Fischer & Formann, 1982），该模型在 Rasch 模型的基础上发展而来。LLTM 结合了题目难度和题目的认知属性，通过对题目所考查的技能与知识的分析，精细地描绘了题目的复杂程度，并以此衡量题目的难度。这种处理方式为 Rasch 模型中单纯的概率模型注入了认知内容，使得题目分析更具认知意义。然而，在 LLTM 模型中，被试的能力通常以一个笼统的 θ 值表示，未能精确地揭示被试对各个认知属性的具体掌握情况。其数学表达式如下：

$$P(u_j=1|\theta)=\exp(\theta-b_j)/(1+\exp(\theta-b_j))$$

其中，P 表示被试答对题目 j 的概率，θ 表示被试的能力值，j 表示第 j 个题目，b_j 表示第 j 个题目的难度参数，其值可以通过以下公式计算：

$$b_j=\sum_{k=1}^{K} \eta_k q_{jk}+d$$

K 代表属性的总数，k 表示第 k 个属性，η_k 表示属性 k 的权重，q_{jk} 表示第 j 个题目在属性 k 上的记分，d 是标准化常数。

Tatsuoka 的规则空间模型（Rule Space Model; Tatsuoka, 1983）是另一个早期广泛应用的认知诊断模型。该模型基于一个核心假设，即所有测试题目均可由一系列认知属性进行精确描述，被试的能力与知识结构亦可通过这些认知属性的掌握模式进行表征。Tatsuoka 在此模型中创新性地引入了 Q 矩阵（Q-matrix）（认知诊断测评中的一个重要元素，规定了项目与属性的关系）的概念，它允许研究者通过观测到的题目反应模式来估算不可直接观察的知识掌握状态与结构。自此之后，多数认知诊断模型均沿用了这一 Q 矩阵的构建方法。表 4.1 即为 Q 矩阵的一个实例。该矩阵包含两个主要部分：属性与题目。横向属性栏详细划分了总体能力，如阅读能力可细化为信息提取、推理、大意概括等具体技能。纵向题目列则对应测试中的各个题目。若某题目涉及特定属性，则在相应属性下标注"1"，反之则标注"0"。例如，题目 1 仅涉及属性 4，故仅在属性 4 下标注"1"；而题目 2 同时涉及属性 2 和属性 4，因此在属性 2 和属性 4 下方均标注"1"。这一矩阵有效地建立了题目与认知属性之间的关联，为后续的认知诊断提供了重要的数据基础。

表 4.1　Q 矩阵示例

序号 题号	属性 1	属性 2	属性 3	属性 4	属性 5	…
题目 1	0	0	0	1	0	
题目 2	0	1	0	1	0	
题目 3	0	0	0	1	1	
题目 4	1	0	0	1	0	
题目 5	0	1	0	0	0	
题目 6	0	1	0	1	0	
……						

　　除上述两种模型之外，认知诊断领域还涌现出了一系列重要的模型，如 AHM 模型（Attribute Hierarchy Model; Leighton et al., 2004）、DINA 模型（Deterministic Inputs, Noisy And Gate; Junker & Sijtsma, 2001）、RUM 模型（Reparameterized Unified Model，也就是融合模型 [Fusion Model; Hartz, 2002]）、G-DINA 模型（Generalized DINA; de la Torre & Douglas, 2004）、DINO 模型（Deterministic Inputs, Noisy "Or" Gate；Templin & Henson, 2006）、ACDM 模型（Additive Cognitive Diagnostic Model; de la Torre, 2011）等。在模型分类上，认知诊断模型具有多样性。根据题目的评分方式，可以分为针对二级记分题目的模型和针对多级记分题目的模型；从认知策略间的关系来看，可以分为简约型（reduced）和饱和型（saturated）模型；而基于认知属性对解题的影响，则可以分为补偿型模型和非补偿型模型。补偿型模型假定被试在答题时，已掌握的属性能够补偿未掌握的属性，而非补偿型模型则认为属性在解题过程中的作用是相互独立、互不影响的。早期模型多倾向于非补偿型，这主要归因于数学微技能间的相对独立性，鲜有互补情况。然而，随着应用领域的不断扩展，补偿型模型也逐渐受到重视。在非补偿型模型中，规则空间模型、融合模型、AHM 模型

和 DINA 模型等占据重要地位，而 DINO 模型和 ACDM 模型等则是补偿型模型的典型代表。

其中，DINA 模型因其公式简单、便于理解，受到相当一部分研究者的青睐，其后的 MS-DINA 模型（Multiple Strategy-DINA Model）、G-DINA 模型（Generalized-DINA Model）等均是在 DINA 模型基础上进一步发展的。DINA 模型中只引入了失误（slipping）和猜测（guessing）两个参数，这种简化的设定使得参数识别过程更为高效。失误是指被试掌握了所测属性，但是因为噪音（noise）的作用导致漏答或错选其他选项；猜测是指被试在缺乏相关属性知识时，仅凭猜测而意外答对的情况。尽管这种简化模型为研究者提供了便利，但 Rupp & Templin（2008）指出，Q 矩阵的变化可能对参数估计的准确性产生影响，具体而言，若从 Q 矩阵中删除一些属性，可能会高估失误参数值，新增属性则可能高估猜测参数值。

此外，融合模型（Fusion Model）亦在认知诊断领域占据一席之地。该模型基于统一模型（Unified Model; DiBello et al., 1995）进行简化，旨在解决统一模型因复杂性过高而无法准确估计参数的问题。然而，Henson & Douglas（2005）的研究表明，融合模型的诊断能力受到认知属性数量及其间相关程度的影响。具体而言，当属性数量较少且属性间相关性较高时，融合模型的诊断结果更为精确。因此，在实际应用中，应谨慎考虑属性数量及其相互关系，通常融合模型更适用于属性数量不多于五个的情境。

近年来，G-DINA 模型因其更优的数据拟合能力，逐渐受到研究者的青睐（de la Torre, 2011; Min et al., 2022; 陈慧麟、陈劲松，2013）。作为饱和模型的一种，G-DINA 模型不仅纳入了单一属性的参数，还融入了多个属性之间的交互参数，这在语言测试领域中有助于更深入地探究认知属性间的相互作用。值得注意的是，de la Torre（2011）提出的 G-DINA 模型框架不仅包含了饱和的 G-DINA 模型，还涵盖了其他非饱和模型，这为研究者提供了更多的选择空间。研究者可以根据模型的拟合度直接比较不同模型，或针对特定题目的特性选择最适宜的模型进行分析，从而增强了认知诊断的灵活性和准确性。然而，G-DINA 模型作为一个新兴模型，其发展过程中仍面临一些挑战。首先，G-DINA 模型框架所涵盖的认知诊断模型种类有限，可能无法满足所有研究需求。其次，模型对样本量和属性分布的具体要求尚不够明确，这在实际应用中可能带来一定的困扰。此外，由于 G-DINA 模型的饱和性质，其复杂度较高，这可能导致在参数估计时更容易出现第一类错误。因此，未来的研究需要进一步完善 G-DINA 模型，并探索更有效的估计方法，以充分发挥其在认知诊断领域的潜力。

上文提及的这些认知诊断模型的共性在于，认知属性只能被强制划分为离散的"掌握"和"未掌握"两种状态，而更加合理的做法是将认知属性的掌握状态作为连续变量处理。基于项目反应理论的方法使用等距量表描述考生连续的潜在能力估计值（Embretson & Reise, 2000），相较于使用原始分数代表考生能力的方法，其优势毋庸赘述。基于认知诊断模型的方法却只能将连续的能力估计值切分成"掌握"和"未掌握"两种状态（Stout, 2007）。通常情况下，属性掌握概率达到 0.50 及以上代表考生已掌握该认知属性；掌握概率为 0.49 则代表考生未掌握该认知属性。这一判别方法不禁让人质疑：掌握概率 0.50 和 0.49 之间是否存在本质区别？

为解决上述认知诊断方法的局限性，教育测量领域的学者尝试提出新的认知诊断模型，比如高阶 DINA 模型（HO-DINA; de la Torre & Douglas, 2004）和用于诊断的多成分潜在特质模型（Embretson & Yang, 2013）。这类模型能够同时解释高阶总体能力因子和低阶微技能因子。通过引入高阶因子，这类模型能够解释所有可能存在却并未加以定义的认知属性。此外，这类模型采用一个模型便实现双重功能：获取离散的属性分类信息，并同时解释总体能力这一连续变量。另有研究采用多维项目反应理论模型（Multidimensional Item Response Theory Model, MIRT）提取诊断信息。这一方法与上述方法的不同之处在于，所有属性（包括总体能力和微技能属性）均被表征为连续变量（Stout, 2007）。比如 Bolt（2019）曾将双因子 MIRT 模型应用于数学测试，对学生的数学能力进行诊断，结果显示，双因子 MIRT 模型的诊断结果与高阶认知诊断模型（如 HO-DINA 模型）的诊断结果相同。

双因子 MIRT 模型与高阶认知诊断模型的区别主要在于以下四个方面。

第一，高阶认知诊断模型通过确定高阶能力因子和低阶属性因子的联合分布，描述宏观的总体水平和微观的认知状态以及两者之间的关系（de la Torre & Douglas, 2004）。高阶认知诊断模型是一个二级模型，第一级是一个认知诊断模型，该模型假定认知属性是离散的；第二级是一个项目反应理论模型，该模型假定考生的总体能力是连续的（Liu, Huggins-Manley, et al., 2018）。双因子 MIRT 模型不仅包含一个连续的全局因子，用于反映所有项目所测的总体能力，还包含多个连续的局部因子，用于反映一组项目的共同变异。双因子 MIRT 模型的这一特点使其成为认知诊断模型强有力的替代方案（Bolt, 2019）。与基于 MIRT 的其他认知诊断模型相比，双因子 MIRT 模型的维度更低，因而运算过程更加高效（Cai, 2010）。此外，双因子 MIRT 模型使用正交的统计维度，因此可以量化局部因子所占的增量信息，从而为认知诊断提供依据。

第二，高阶认知诊断模型与双因子 MIRT 模型之间的根本区别在于它们对属性性质的基本假设不同。在高阶认知诊断模型中，属性被定义为离散的分类变量（de la Torre & Douglas, 2004）。考生对属性的掌握模式只有"掌握"与"未掌握"两种。相反，双因子 MIRT 模型将属性解释为连续变量。考生对属性的掌握状态表现为一个从弱到强的连续统。如有必要，考生的属性掌握状态可以通过划定分数线的方式进一步区分为"掌握"和"未掌握"两类。

第三，两者的区别与模型的测量不变性有关。理论上，高阶认知诊断模型具有测量不变性。由于认知诊断分析并不要求分析者赋予参数一个固定的初始值，因此不存在量表不定性问题，无需进行等值（de la Torre & Lee, 2010）。但研究表明，运用认知诊断模型分析数据时，无论是分析适用于项目反应理论模型的模拟数据（Bradshaw & Madison, 2016），还是将属性视作连续变量，分析真实的测试数据（Bolt, 2019），认知诊断模型测量不变性这一特征都将不复存在。相反，在测量界，项目反应理论模型测量不变性这一特征的确立由来已久（Bradshaw & Madison, 2016）。由于项目反应理论模型具有量表不定性（scale indeterminacy），运用项目反应理论分析之前需要赋予参数一个固定的初始值，这一初始值可以在量表上任何一个有用的位置。因此，为确保双因子 MIRT 模型的测量不变性，不同样本数据的分数需要进行分数转换，作等值处理。

第四，两者的区别与模型中每个项目可测量的属性数量有关。在高阶认知诊断模型中，每个项目可测量一项及多项认知属性，但在双因子 MIRT 模型中，每个项目除了测量总体能力之外，仅可测量一项认知属性。换言之，高阶认知诊断模型是一种具有复杂载荷结构的、更为粗糙的测量方式，而双因子 MIRT 模型是一种具有简单载荷结构、更加精细的测量方式。据 Von Davier & Haberman（2014）所述，由于 MIRT 模型较为简约，几乎对所有测试而言，低维度的 MIRT 模型都能产生比认知诊断模型更优或至少是不亚于认知诊断模型的拟合值。

4.3 基本步骤

认知诊断大致有两种应用方法，"翻新法"（retrofitted approach）与"归纳法"（inductive approach）（Alderson, 2005），两者在步骤上存在区别。"翻新法"主要侧重于将现有的非诊断性考试转化为具有诊断功能的考试，从而提取诊断信息；而"归纳法"则强调从命题环节开始，直接设计开发具有明确诊断性质的试题，并构建完整的评价体系。尽管学术界对"翻新法"的评价褒贬不一，但在当前尚未能全面开发出高质量、系统化的诊断测试的背景下，笔者认为从既有的考试（如校本考试、期末考试等）中提取诊断信息是一种既经济又高效的做法，值得进一步探索。

"翻新法"通常包括四个关键步骤。首先,需要定义认知属性,即考生在正确解答问题时所需的知识、能力和策略等(Lee & Sawaki, 2009a)。定义认知属性的方法多样,包括文献回顾、现有技能分类、试题内容分析、试题开发者和专家的判断等自上而下的方法,以及考生有声思维或深度访谈等实证研究的方法。在明确所有可能涉及的认知属性及其定义后,第二步是构建 Q 矩阵,这一步骤通常结合专家分析与学生有声思维调查或访谈的结果。由于受访者观点的差异,可能产生多个不同的 Q 矩阵,若专家认为均具合理性,则可依据拟合度数据,选择最优的 Q 矩阵作为最终版本。第三步是确定适用的认知诊断模型,诊断分析软件在输出结果前会提供模型的拟合度数据,研究者可根据这些数据比较不同模型的拟合效果,以确定最适合的模型。最后,在得出诊断结果后,研究者需向相关方反馈诊断信息,包括考生成绩、能力水平以及认知属性的掌握情况等。在条件允许的情况下,教师可以基于这些反馈信息开展针对性的教学活动,学生也可以根据这些信息制定个性化的学习计划。

相较于"翻新法","归纳法"在操作流程上与其大致相似,但关键的区别在于"归纳法"在定义认知属性之前,会先明确测量目标,并据此细化测试所涵盖的认知属性,然后依据这些属性设计具体的试题。试题的编制需要领域专家的参与,并在编制过程中明确每道试题所考查的认知属性。

4.4 认知诊断模型在语言测评中的应用

认知诊断在语言测试领域的应用已有近三十年的历史。在此期间,该领域的研究在多个方面均取得显著进展,可概括为以下三个方面:首先,作为教育统计方法的一种,认知诊断经历了从初步探索到持续革新的演进过程,其方法学体系日益成熟和完善;其次,作为一个新兴的测试研究方向,虽然尚未形成系统的理论体系,但正从实践操作层面逐步向理论构建层面转变,展现出蓬勃的发展势头;最后,作为一项测试和教育研究的重要工具,认知诊断以其独特的视角和精确的实证证据，为众多研究提供了全新的分析框架，从而吸引了越来越多研究者的关注和参与。本小节将针对上述三个方面进行详尽的阐述，并系统回顾认知诊断在语言测试领域中几十年的应用历程。

首先，作为一种教育统计方法，认知诊断经历了从统计理论构想到可操作模型的转变，并在持续的研究探索中，涌现出多种具有不同特征和适用性的模型，这些模型已广泛应用于语言测试研究中。自 Tatsuoka（1983）开创性地提出规则空间模型后，Buck et al.（1997）首次将这一新技术应用于语言测试领域，分别针对二语听力（Buck et al., 1997b; Buck & Tatsuoka, 1998）和阅读（Buck et al., 1997a）考试中的考生作答情况进行了深入分析。Buck et al.（1997b）和 Buck & Tatsuoka（1998）的研究分别揭示了 14 个和 15 个关键的听力子技能，为听力能力的技能划分提供了实证支持。值得注意的是，这两项研究分别采用多项选择题和简答题，体现了认知诊断在不同题型中的适用性。Buck et al.（1997a）对 TOEIC 阅读试题中的阅读子技能进行了诊断分析，结果显示所确定的 16 个子技能能够成功诊断 91% 考生的知识状态，并解释了考生总成绩 97% 的方差，这标志着认知诊断在语言测试领域的初步成功应用。进入 21 世纪后，随着认知诊断模型的不断开发，研究者们开始尝试使用更多样化的模型，如 AHM 模型、DINA 模型、融合模型等，以适应不同研究需求。Wang & Gierl（2011）以批判性阅读为例，详细介绍了 AHM 模型的原理及操作过程，而蔡艳、丁树良、涂冬波（2011）则采用 AHM 模型对我国中学生的英语阅读能力进行了诊断分析，揭示了该群体在不同属性上的掌握情况。DINA 模型和融合模型是另外两个备受关注的模型。Ravand et al.（2012）利用 DINA 模型验证了从现有高风险阅读测试中提取诊断信息的可行性及其对教学的积极影响。而 Jang（2009）则利用融合模型对 LanguEdge 测试中的阅读试题进行了深入分析，为考生属性掌握情况提供了更全面的了解。然而，Jang 也指出，尽管可以从现有考试中提取诊断信息，但并非所有考题都具有诊断力，因此在尝试类似方法时需谨慎筛选题目。近年来，G-DINA 模型因其出色的数据拟合能力和模型选择的灵活性而备受关注。多项研究证实，G-DINA 模型在阅读测试（陈慧麟、陈劲松，2013）和听力测试（Min et al., 2022；孟亚茹，2013）中均表现出良好的适应性。此外，研究者们还探索了其他多种新模型的特性，如 RRUM 模型（Bolt el al., 2008）、GDM 模型（von Davier, 2005）、多项选择 DINA 模型、多策略 DINA 模型、连续型数据诊断模型（郭磊、苑春永、边玉芳，2013）及 pG-DINA 模型（Chen & de la Torre, 2013）等。这些模型基于不同的理论思想、计量性能和题目计分方式，为研究者提供了更多的选择空间，以应对不同研究场景下的需求。

随着认知诊断模型数量的不断增加，研究者们逐渐将焦点转向如何针对具体研究情境选择合适的模型。由此，大批关于模型比较的研究涌现。Lee & Sawaki（2009b）在其研究中对比了 GDM 模型、融合模型以及潜在分类模型在托福考试阅读和听力部分中的诊断效果。他们发现，尽管 GDM 模型与另外两种模型的诊断结果在某些方面略有出入，但总体而言，三个模型的诊断结果大体一致，特别是在听力部分的诊断上，这种一致性更为显著。不一致之处可能归因于 GDM 模型的补偿性质。同时，作者还指出，补偿性模型与非补偿型模型在结果稳健性上的差异并不显著。此外，Li et al.（2016）通过对比 G-DINA、DINO、ACDM、DINA、RRUM 五种不同模型在 MELAB 阅读测试中的诊断性能，发现饱和模型 G-DINA 和补偿模型 ACDM 与数据的拟合度最高。这一发现为特定情境下的模型选择提供了实证依据。蔡艳、丁树良、涂冬波（2013）的研究进一步揭示了模型选择中的复杂性。他们对比了五种不同的认知诊断模型，并发现不同模型的诊断正确率受到知识状态分布形态、样本容量以及认知属性个数等多种因素的影响。因此，研究者在选择模型时，需要综合考虑这些因素，以确保所选模型能够准确地反映实际情况，并有效地支持研究目的。

其次，作为一个测试研究方向，认知诊断正逐步从实际操作层面过渡到理论构建层面。在实际操作层面，研究者们不仅应用了上文提及的多种模型，还深入探讨了认知诊断模型应用过程中的关键环节，如认知属性的确定与验证、Q 矩阵的构建与改进以及考生认知类型的分类等。杜文博、马晓梅（2018）在构建英语阅读诊断模型时，提出结合定量与定性数据以确定认知属性，通过 Fleiss Kappa 系数检验专家内部一致性，并结合 12 位考生的有声思维来确保属性定义的有效性。Jang（2009）聚焦于 Q 矩阵的建立与完善，从测试考查能力与 Q 矩阵构建过程这两个方面检验 Q 矩阵的有效性，并详细列出了构建过程中需遵循的原则和注意事项。Sawaki et al.（2009）则通过重复认知诊断分析来修正 Q 矩阵。在有效 Q 矩阵构建之后，研究者进一步探讨如何分析和解释结果。Kirkpatrick et al.（2013）指出，由于认知诊断模型提供的考生属性掌握模式存在 2^k 种可能性，研究者难以直接从中发现规律。因此，他们提出了凝聚式层次聚类（Hierarchical Agglomerative Clustering, HAC）和中心点算法（Partitioning Around Medoids, PAM）两种方法，以协助归类考生的属性掌握情况，从而更好地解释研究结果。

随着认知诊断方法的实践深入和过程完善，研究者们开始追求构建系统的认知诊断理论体系。尽管目前尚未形成完整的理论体系，但已有初步的探索。部分研究者致力于整理诊断方法，试图提出认知诊断的实施框架。例如，Nichols（1994）曾尝试构建认知诊断框架，但随着技术发展，其部分方法和原则已不再适用。Alderson et al.（2015）虽未直接涉及认知诊断，但其对诊断测试理论框架的讨论，特别是在诊断定义、方法、被试确定、实施步骤、考试决策与反馈以及后续干预性教学措施等方面的探讨，为认知诊断框架的构建提供了重要启示。Harding et al.（2015）在此基础上针对考生的强弱项诊断提出了五条广义的实施原则，进一步强化了诊断测试的实验性理论框架。陈慧麟（2015）则针对操作流程，向国内研究者介绍了语言测试中的认知诊断方法与应用步骤。另一方面，部分研究者通过回顾与反思认知诊断的发展历程，虽未直接提出理论框架，但为未来的研究提供了方向。例如，Lee & Sawaki（2009a）梳理了语言测试中认知诊断应用的历史沿革，并对比介绍了一些常用模型的特点。Lee（2015）在综述认知诊断发展的基础上，指出了过往研究的局限性及未来发展方向，特别强调了在"诊断"之外，反馈和针对性学习作为认知诊断另外两个核心要素的重要性，这也是未来研究的重要方向之一。

第三，作为测试和教育研究的重要工具，认知诊断为相关领域的研究提供了新颖的视角和更为精确、深入的实证依据。首先，认知诊断的核心要素——诊断、反馈和针对性学习——是先前测量理论所未能涵盖的，因而认知诊断天生具有推动学习与教学的独特优势。Lee（2015）指出学界对反馈和针对性学习的关注不足后，已有学者开始探索这一领域。Jang et al.（2015）针对阅读测试的认知诊断反馈进行了专项研究，发现反馈效果因学生特性而异，特别强调了青少年语言学习者受学习环境影响显著，其中父母期望对考生能力水平具有显著影响，因此在提供反馈时需充分考虑学生的心理因素。Doe（2015）在探讨学生对诊断反馈的理解时发现，教师的指导在促进学生学习调整上发挥着重要作用，但指出影响学生接受反馈的因素复杂多样，仍需进一步探索。除反馈效果外，孟亚茹（2013）和杜文博、马晓梅（2018）还尝试设计分数报告模板，但关于其对学生学习和教师教学的实际效用尚待研究。其次，认知诊断作为研究工具，能够深入探究语言能力的内在结构，弥补了传统测量工具在语言能力构成要素分析上的不足，进而更好地分析语言学习者的知识状态和认知过程。Yi（2017）通过对比补偿型模型和非补偿型模型与二语听力、阅读数据的拟合情况，发现补偿型模型拟合度更高，进而推断出二语语言理解能力具有补偿性特征。同时，作者还探讨了不同属性对语言理解的贡献度，发现同一技能的贡献度随题目而异，这有助于我们更深入地理解二语语言理解能力及其下属认知属性之间的关系。此外，认知诊断对测试效度的验证亦有所贡献。认知模型与诊断测评之间的关系是评估诊断测试效度的关键，丁树良等（2012）探讨了教育认知诊断测评与认知模型的一致性，并提出了提高认知诊断测评效度的设想。王卓然等（2014）则提出了在认知诊断测评中检测项目功能差异的方法，但此类尝试仍处于初级阶段，需要更多研究来完善诊断测试效度的验证。最后，认知诊断的开发增加了测试的多样性，使其能够与其他测试方式和研究方向相结合。例如，与计算机化测试结合形成计算机化的认知诊断测评（Alderson & Huhta, 2005）和计算机自适应认知诊断测评（林海菁、丁树良，2007）；或将认知诊断融入标准设定中，探讨以考生属性掌握情况作为临界分判断依据的可行性（Skaggs et al., 2016）。作为通过科学方法确定临界分以区分不同水平受试者的过程，标准设定与认知诊断的结合提供了一种新的视角。Skagges et al.（2016）的研究表明，结合认知诊断的标准设定方法与改良 Angoff 法结果相似，且新方法下专家评判的一致性更高。

总而言之，自 20 世纪末以来，认知诊断在语言测试界已得到了较大的发展。正如 Davidson（2010）所言，认知诊断的发展有必要，而且它已经在大规模测试中占据重要地位，在很大程度上，认知诊断还会在未来继续发展。但同时我们也应该注意到，当前认知诊断研究的发展仍存在一些问题与挑战。

4.5 发展与挑战

随着测试使用者对更细致的测试反馈的需求大幅增长，越来越多的包括学术能力评估测试（Scholastic Assessment Test, SAT®）、美国高校入学考试（American College Test, ACT®）、美国教师资格认证考试（Praxis）和美国法学院入学考试（Law School Admission Test, LSAT）等在内的大规模教育测评项目在提供成绩报告时，除提供测试总分以外，还呈现考生在各项微技能上的表现（Sinharay et al., 2019）。这种趋势也体现在诸多大规模语言测试项目中，学者们利用认知诊断模型来提供诊断反馈（Aryadoust, 2021; Jang, 2009; Javidanmehr & Sarab, 2019; Kunnan & Jang, 2009; Lee & Sawaki, 2009b; Li et al., 2016; Mirzaei et al., 2020; Yi, 2017），以满足测试使用者对更细颗粒化评估的渴求。尽管以上研究取得了可喜的成果，但认知诊断报告尚未完成从理论研究到在大规模语言测试中应用的转变。

在认知诊断测评的发展进程中，存在不均衡现象。首先，国外对于认知诊断的研究起步早于国内，研究数量上远超过国内，而且国外的认知诊断研究涵盖了多种认知诊断模型，并且应用于多种测试类型，研究层次更为丰富和多样化。其次，不论是在国内还是国外，当前的认知诊断研究主要集中在阅读理解和听力理解上，包括理论层面的诊断框架的建立（Alderson, 2005; Harding et al., 2015）、认知诊断模型特点比较（Lee & Sawaki, 2009a），以及实证层面对认知属性的探究（Aryadoust, 2018）、Q 矩阵建立的讨论（Sawaki et al., 2009）、不同模型诊断结果比较（Lee & Sawaki, 2009b）和认知诊断测评构建（孟亚茹，2013）。涉及写作和口语的认知诊断研究微乎其微，甚至可以说目前尚未出现类似阅读和听力诊断那样较为统一、完整的研究范式。认知诊断测评若要获得更好发展，还需解决理论和实践方面的问题与挑战。

认知诊断在理论方面需要进一步考虑以下三个问题：（1）语言微技能的可分性；（2）粒度大小的适宜性；（3）认知诊断模型的适切性。

首先，尽管当前语言学界普遍认同语言能力是一个多维度的构念，既包含总体的语言能力因子，也涵盖听力、阅读、口语、写作等技能因子，但认知诊断测评的独特之处在于其进一步将这些技能因子细化为具体的微技能，从而从微观层面揭示考生的能力掌握状况。这一细分策略为语言研究提供了新的视角，然而，关于听力、阅读等技能在实际操作中是否具备足够的可分性，仍是一个值得深入探讨的问题。这种细分不仅要求理论上的合理性，还需在实践操作中验证其可行性和有效性，以确保认知诊断测评结果的准确性和可靠性。目前绝大部分认知诊断语言测试采用的是翻新法，即用认知诊断模型分析现有的语言考试。从心理维度（psychological dimensionality）而言，现有的考试通常考查多维的构念，比如听力考试考查细节、推断、主旨等，符合认知诊断模型的假设。但是从测量维度（psychometric dimensionality）而言，考试原本用于报道一个单一分数，测量上可能呈现单维性，那么用多维的认知诊断模型来分析单维的数据，能在多大程度上获得比总分更多的信息，有待探索。以往一些认知诊断研究

（如 Aryadoust，2021）也发现认知属性的相关系数高达 0.8，甚至 0.9，说明每个属性带来的独特信息可能比较有限。这也就是为什么一些研究（如 Lee & Sawaki，2009b）发现 70% 甚至 80% 的学生被诊断为掌握了所有微技能，或者所有微技能都没有掌握，也就是仅能给极少数人提供诊断信息。

其次，属性的粒度是认知诊断中另一个重要的理论问题。粒度，具体指的是属性所涵盖的概念内涵的广度，即属性的精细或粗略程度。当粒度较大时，测量结果的精确性会相应降低，导致所提供的诊断信息显得较为粗略。反之，当粒度较小时，技能划分将更为精细，从而带来更高的测量精确性。然而，这也伴随着一系列挑战：更小的粒度要求构建更为复杂的模型，增加了待估计的参数数量，并对数据量提出了更高的要求，从而可能降低测量效率。对于研究者而言，较小的粒度虽然有助于更精确地解释结果，但同时也会因为参数估计的增加和模型复杂性的提升，而使得诊断信息的准确性受到影响。另一方面，过大的粒度则会限制对结果的解释深度，使得研究者难以从中获取丰富的分析信息。以往研究如 Davis（1968）、Reves & Levine（1988）和 Song（2008）对微技能的分类并不一致，且目前学界也并没有统一的分类标准，因此为认知诊断的实施造成了一定困难。如何在属性的粒度上做出取舍，在保证效率的情况下寻求更精准的诊断，还需要学者继续研究。

最后，认知诊断模型在语言测试中运用的适切性值得思考。绝大部分认知诊断模型假定属性是一个分类变量，具有离散性，即考生要么掌握某个属性，要么没有掌握该属性。虽然认知诊断测评模型会提供学生掌握微技能的概率，但概率并不等同于掌握程度。而在语言测试领域，属性通常被认为是连续型的。比如，我们不会判断一个学生是否具有推断能力，而是判断这个学生的推断能力较好或较差。连续型变量的假设比较符合 MIRT 模型的假设。但目前在语言测试领域，很少有研究探索 MIRT 模型在诊断测评中运用的可行性。

认知诊断在实践方面需要进一步探讨以下三个问题：（1）反馈的

信度；（2）反馈方式的确定；（3）针对性教学措施的确定。

首先，要在语言测试实践中真正运用诊断反馈，就需要先保证反馈的信度。以往相关研究主要报道模型拟合度，但模型拟合并不意味着诊断信度高，如果要把诊断结果真正运用到实践中，我们需要进一步探究在属性层面、考生个体层面、整个考试层面的诊断信度究竟如何。

其次，认知诊断的初衷是想从更细颗粒化的认知属性角度分析学习者学习过程，通过提供更细致的反馈帮助其完成学习目标，提升能力。因此如何将诊断结果反馈给学生和教师是认知诊断的一项核心议题。Balzer & Doherty（1989）研究发现，与单纯的正误结果报告相比，认知反馈更有利于提高学习者能力，更有助于做出学业有关决策。相对于抽象的数字而言，图文并茂等定量定性信息结合的诊断报告往往更能被理解与接受。但是，学界目前对个性化认知诊断的反馈报告还处在持续探索阶段。同时，输入文本本身的难度不一样，考生的微技能掌握情况会发生变化。比如，考生在四级英语听力时的表现是已经掌握细节信息，但在六级英语听力考试中不一定已同样掌握细节信息。换言之，如果只报道微技能掌握情况，而不提供关于考生能理解的听力或阅读材料难度的相关信息，也无法指导教师在针对性教学中的选材，无法有效地帮助学生提升能力。因此，反馈报告具体需要包括哪些内容、内容如何解释、结构如何设置、语言采取何种形式等都还是值得思考的问题。

再次，多数现有的认知诊断研究过度聚焦于"诊断"环节，而对后续针对性的教学措施缺乏足够的重视。然而，认知诊断测评的真正价值在于将诊断信息有效应用于实际教学，以提升学生的能力。传统语言教学往往局限于语言知识的传授，忽视了学生认知结构对测试表现的重要影响，而认知诊断测评恰好能够填补这一空白。然而，目前关于认知诊断后续补救性措施的研究仍显不足。因此，如何根据学生的属性掌握情况和掌握模式，设计出群体和个体层面的针对性教学方案，以及如何评估这些方案的有效性，成为亟待解决的问题。

当前，认知诊断的发展不仅面临理论与实践层面的挑战，还受到专业人才紧缺的制约。无论是直接设计认知诊断测评，还是从现有考试中提取诊断信息，认知诊断的流程均较为复杂。开发认知诊断考试需投入大量的人力、物力和财力，编写高质量的试题和定义认知属性需要跨学科领域专家的参与，软件学习和数据分析亦颇具难度。因此，迄今为止，认知诊断的应用范围相对有限。在国内，多数大、中、小学英语教师在分析答题数据时仍主要依赖较为简单的经典测量理论，掌握项目反应理论的教师数量尚显不足，能够应用认知诊断模型者更是寥寥无几。学校决策层及教师群体对认知诊断的了解不足，进一步增加了其应用难度。随着当前教学和学习对更精细化的诊断需求日益增长，开发更多面向广泛群体定制的诊断项目变得尤为重要。未来认知诊断测评的研究应涵盖但不限于以下五个方面：

第一，作为新一代测量手段，认知诊断在逐渐丰满的同时，还需要建立起系统的理论体系，以帮助测试研究者更全面了解并应用这一方法。第二，认知诊断的一个核心是对学习者认知状态的分析，研究者在研究认知诊断时，还需要加强考生实际认知结构与认知诊断模型的结合，重视定性数据的价值，使分析结果更加符合学习者真实的认知过程。第三，认知诊断方法可以从更精细化认知属性角度剖析考生的认知过程，如果能将这一方法应用到产出性技能测试中，可能会给这一领域打开新的研究视角，因此对写作和口语的探索是认知诊断研究者亟待开展的一个方向。第四，认知诊断所研究的题型主要集中于二级计分的选择题，未来认知诊断模型在开发上应注意拓宽模型可处理的数据类型，开发出操作简便又能较好拟合多种项目类型的模型，实现这一过程可能需要语言测试领域专家与心理测量领域专家的合作。第五，研究者在阐释认知诊断结果时，还应拓宽思路。大多数诊断测试研究者在分析诊断结果时，只从被试角度分析原因，认为属性掌握较弱一定是由于考生本身在此方面能力不足，但如果是整个群体都出现相似的弱项，也应该反思是否学校以及教师的关注点存在偏颇。因此认知诊断的研究不应只着眼于考生个人，还可从教师教学、课堂设置、教学目标等方面寻找思路，应当进一步探讨如何设计群体和个体层面的针对性教学方案并跟踪研究这些方案的有效性。

总而言之，认知诊断作为语言测试界的一个新兴议题，展示了教育测量未来的发展潜力，随着认知诊断应用价值的不断开发，其发展前景将会更加广阔。

4.6 小结

本章首先综述认知诊断的起源，梳理认知诊断测评模型，并介绍实施认知诊断测评的步骤。接着，探讨认知诊断在语言测试领域的实际应用，提出当前认知诊断研究所面临的问题与挑战。最后，指出认知诊断语言测试的未来发展方向。

第五章
考试对接标准

第四章介绍了认知诊断测评，探究如何诊断学生在语言发展的具体阶段中，对于各微技能的掌握情况。第五章简介考试对接标准，解决学生在语言发展全局中的宏观定位问题。自从《对接语言考试与欧洲语言共同参考框架手册》（以下简称《对接手册》）发表以来，语言考试与语言标准的对接研究在全球范围内迅速展开（Martyniuk, 2010）。将考试与语言标准对接，本质上是将考试成绩关联到描述语言能力表现的语言标准，有助于赋予抽象的考试分数以具体的含义（Tannenbaum & Cho, 2014）；有助于促进不同考试之间的沟通与互认，避免资源浪费和考试的误用与滥用（Council of Europe, 2001）；有助于促进考试质量的提升，充分发挥考试的正面反拨效应（Milanovic & Weir, 2010; North, 2014; Kane, 2012）。为确保对接效度，研究者需理解对接的起源与基础，遵循科学的对接研究规范，按照科学的对接步骤进行实证研究。

5.1 起源与基础

对接（linking 或 aligning）指的是将两个独立的测量工具连接起来的过程（North & Piccardo, 2018），包括对接一项考试与另一项考试、对接考试与语言能力标准、对接一个语言能力标准与另一个语言能力标准等。文献中对考试与考试的对接有较多记载，采用的术语也有所差异，如等值（equating）、校准（calibrating）等（North, 2000a）。然而早期的对接研究并没有采用或没有完全掌握科学的对接方法，导致对接结果缺乏效度，甚至对教育部门乃至边境管理局的决策产生了影响（North & Piccardo, 2018）。

为提高考试与语言能力标准对接的效度，欧洲理事会于 2003 年和 2009 年分别颁布了《对接手册》及其修订版，旨在为对接研究提供科学的指导，为对接实操者提供一套行之有效的步骤，增强对接研究的透明度（Council of Europe, 2009）。自从《对接手册》发表以来，各类对接研究迅速开展起来。如 Martyniuk（2010）一书报道了各个国家和地区根据《对接手册》开展的语言考试与语言标准对接研究，不仅证实了各地区不同层次单项语言考试与《欧框》对接的可行性，同时证明将系列性语言考试对接到《欧框》的可能性。对接研究逐渐成为语言测试领域一个值得关注的研究方向。

近年来，不同国家和地区的考试机构纷纷将其语言考试与各类语言标准进行对接，如托福考试与《欧框》对接（Papageorgiou et al., 2015; Tannenbaum & Wylie, 2008）、托福考试与《量表》对接（Papageorgiou et al., 2019）、雅思考试与《欧框》对接（Lim et al., 2013）、雅思考试与《量表》对接（Dunlea et al., 2019）、普思考试与《量表》对接（O'Sullivan et al., 2020）、培生学术英语考试与《欧框》对接（de Jong & Zheng, 2016）、法语考试（TEF、TCF、DELF 等）与《欧框》及《加拿大语言能力标准》（简称 CLB）对接（Government of Canada, 2019）等。

对接是一个复杂的过程，主要通过专家判断完成（Harsch & Hartig, 2015），然而专家判断具有不确定性，甚至会受到个人偏见或其他无关因素的影响，因此对接过程需严格按照标准的对接步骤进行，并在相应的监督下完成（Eckes, 2012）。

5.2 基本步骤

对接包括四大步骤：框架熟悉、内容检视、标准设定和效度验证。这些步骤都融入了传统的考试对接方法，框架熟悉、内容检视和标准设定在不同层面上呈现了社会协调方法（social moderation），而标准设定也体现了预测（predicting）和校准的方法（North & Piccardo, 2018）。因此语言考试与语言能力量表对接实际上是在应用传统考试对接方法的基础上进一步创新，不仅指出技术支持与对接的严格程度息息相关，还强调了使用两组独立数据源以验证对接效度的重要性（North & Piccardo, 2018）。以下简要介绍这四个步骤。

（1）框架熟悉

框架熟悉旨在通过一系列培训活动，确保所有参与对接的专家不仅对语言标准或框架有整体了解，而且对各级别描述的语言能力典型特征有充分认识和理解。影响框架熟悉效度的主要因素包括：语言标准本身的系统性和一致性（Harsch & Hartig, 2015）、培训师的经验（张洁、王伟强，2019）、对接专家背景和语言标准相关知识储备（Tannenbaum & Cho, 2014）等。作为对接研究的第一步，框架熟悉可以为整个对接项目提供重要的背景支持，且可重复用于内容检视和标准设定阶段之前。

（2）内容检视

内容检视环节旨在帮助对接专家了解考试的考查要求和题型、分析考试构念与语言标准所描述的语言能力之间的关系，从内容层面为对接的可行性积累证据（Davis-Becker & Buckendahl, 2013; Tannenbaum & Cho, 2014）。如果考试构念和任务类型与语言标准构念和描述语所描述的任务重合度不高，对接将毫无意义。内容检视的步骤如下：首先，专家按照框架熟悉阶段所述内容对标准进行充分的了解。其次，对测试内容进行一系列的分析。然后，在内容分析的基础上依据语言标准中的相关描述语对测试进行定级描述。最后，讨论对接的结果。整个阶段可以通过小组讨论完成，也可通过单独分析再讨论完成。一般而言，参与者越多，内容检视结果越可靠。

（3）标准设定

标准设定旨在通过采用某种标准设定方法，将考生划分到不同的能力等级，并计算各等级的临界分数，是对接过程中最关键的一步。标准设定的方法很多，大致可分为两大类：试题中心法（test-centered）和考生中心法（examinee-centered）。前者要求专家深入分析试题内容并逐题判断题目难度，后者要求专家根据考生实际表现判断其等级。接受型语言考试标准设定方法多采用试题中心法，产出型语言考试多采用考生中心法。第六章将详细介绍各类常见标准设定方法。

（4）效度验证

效度验证在对接研究中发挥核心作用，它决定了最终对接结果的精确度和信度。Kane（1994, 2001）指出可以从程序效度（procedural validity）、内部效度（internal validity）和外部效度（external validity）三方面评价对接效度。

程序效度指对接实施环节的有效性，其证据主要包括程序的清晰性、可操作性、合理性、专家对于标准设定程序和结果的反馈以及标准设定过程的文档记录等（Cizek, 2012）。Kane（2001）指出程序效度证据常常是评价对接研究的第一手资料，因此尤为重要。程序效度验证通常通过问卷调查收集证据，如探究标准设定专家对标准的熟悉度、对标准设定方法的理解程度、对判断的自信程度等信息。

内部效度指对接结果的准确性和一致性，证据来源主要包括六个方面：方法的一致性、专家自身的一致性、专家之间的一致性、结果的可复制性、分类的一致性和准确性等（Cizek, 2012）。内部效度证据通常以这些定量信息为主，但也包括定性信息，如专家判断的认知过程等。

外部效度借助于外部资源验证标准设定结果的可靠性。可借助的外部资源主要有：不同标准设定方法产生的结果（如对照组法），其他可用于衡量测试者的知识、技能和能力的资源（如同一批考生在其他相关考试中获得的分数），合理性，即不同表现等级的人数分布是否合理（Hambleton et al., 2012）。此外，许多研究者还通过循环验证临界分数的方式进行检验，如进行两个专家组标准设定结果之间的比较等（何莲珍、罗蓝，2020）。

这种"效度三分法"是目前运用最为广泛的标准设定效度研究理论框架。虽然目前已有许多实证研究（如 Zieky, 2012; Tannenbaum & Kannan, 2015; Clauser et al., 2009）证实了该框架内一些要素确实会对标准设定结果效度产生影响，如标准设定方法的选择、专家判断的一致性、程序的科学性与可操作性等，但该框架也遭受着一些质疑。在语言测试与语言标准对接研究中，何莲珍（2019a）和闵尚超（2019）都曾指出，这种"三分法"收集的证据是零散的、不全面的，无法形成一个连贯的有机体且忽视了对接后效（即对接结果对考生、社会等产生的正面或者负面的影响）的问题。因而，何莲珍（2019a）提出了基于评估使用论证框架（Assessment Use Argument, 简称 AUA; Bachman & Palmer, 2010）的对接使用论证（Linking Use Argument, 简称 LUA）框架（见图 5.1），旨在将各类证据有机连接起来，形成一个完整连贯的整体。但 LUA 的提出只是尝试性的，目前还缺乏充足的实证研究。

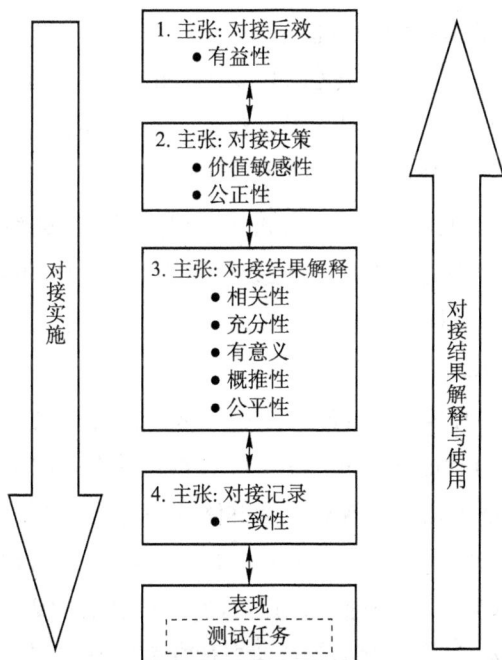

图 5.1 "对接使用论证"框架的主张
（节选自何莲珍，2019a）

5.3 发展与挑战

尽管对接研究在国内外较为成熟，但考试与语言能力量表的对接仍充满挑战，存在许多影响语言考试与语言标准对接效度的因素，包括标准设定方法的多样性（Zieky, 2012）、专家判断的一致性（Tannenbaum & Kannan, 2015）与有效性（Harsch & Hartig, 2015）、对接流程的科学性和可操作性（Mee et al., 2013）、考试构念与标准构念的匹配度（Tannenbaum, & Cho, 2014）、考试自身信度与效度（Council of Europe, 2009）、标准及其描述语的清晰度与一致性（Green, 2018）、对接效度验证框架的离散性（何莲珍，2019a）等等。以下仅简要介绍三类最为突出的挑战。

（1）标准设定方法的多样性。标准设定方法多达 100 多种（揭薇，2019），不同标准设定方法可能会产生不同的临界分数（Zieky, 2012），会在很大程度上影响对接结果的一致性。更为复杂的是，不同机构可能会采用不同的数值取整方法。标准设定得出的临界分数通常有小数，很少为整数（Cizek & Bunch, 2007）。向上或向下取整将影响所得出的每个级别的临界分数（Lim et al., 2013）。此外，标准设定中可以通过估计误差和置信区间调整临界分数（Cizek & Bunch, 2007），此类调整也对保证不同标准设定研究得出的临界分数具有可比性构成了挑战。因此，如何在对接研究中选择最佳的标准设定方法，并尽量保证不同对接研究对接结果的一致性成为对接研究的一大挑战（Cizek, 2012；Reckase, 2009）。

（2）反馈的有效性。标准设定中经常会进行两轮判断，两轮之间加入反馈环节（Clauser et al., 2017），反馈全体专家的判断结果、题目实考难度值、基于临界分数对实考群体分级的结果等，组织专家进行讨论，帮助他们达成一致有效的判断（Plake et al., 1994）。反馈对提高对接结果一致性具有重要的作用，然而，部分研究者（Clauser et al., 2009; Hurtz & Auerbach, 2003）认为反馈让专家判断不再基于对接的标准，而是基于题目的相对难度值，影响标准设定效度。例如，Clauser et al.（2009）通过实证研究发现，即使反馈环节给予专家们错误的难度值数据，专家们也会根据难度值修改第一轮的判断。该研究结果对反馈的效度提出质疑，指出反馈这些数据可能使得专家们的第二轮判断不再是基于标准的判断，而是回归到基于常模的判断，弱化了标准设定的意义。因此，尽管研究者通常通过一系列指标证明反馈有助于提高一致性，包括专家判断的一致性（专家之间以及专家自身的一致性）、专家判断与题目实测难度的相关性、临界分数的稳定性（Cizek & Bunch, 2007; Tannenbaum & Cho, 2014）等等，但是研究者面临的一大难题是确保反馈不仅能提高对接结果的一致性，而且确保反馈对促进一致性的提高具有意义。

（3）对接效度验证框架的完整性。以往对接效度验证研究通常从内部效度、外部效度、程序效度三个角度收集证据（Dunlea, 2015; Tannenbaum & Cho, 2014），但其问题在于效度证据间关联较弱，未形成完整连贯的有机体。更为遗憾的是，目前对接效度验证理论框架和实证研究基本止步于对接结果的解释，很少关注对接结果使用的后效。对接使用论证框架通过具体的主张和理据把各个重要属性有机地联系起来，构建了对接效度整体观（何连珍，2019a）。使用该框架进行效度验证时，研究者可将各类证据通过推理链有机整合，让其环环相扣、完整连贯。该框架对语言考试对接语言标准研究具有理论指导意义，但目前仍无基于对接使用论证框架的对接效度研究，也尚无研究探索使用对接结果的后效。

5.4 小结

本章首先简要介绍对接研究的起源与基础，随后指出对接过程涵盖的四大步骤：框架熟悉、内容检视、标准设定、效度验证。在梳理这些步骤的基础上，本章阐明对接研究的挑战及其发展方向，以期为我国对接研究的开展提供一定的借鉴。

第六章
标准设定

　　第五章简要介绍如何通过考试对接标准，从宏观层面定位学生在语言发展全局中所处的阶段。考试对接标准的核心步骤是标准设定，因此本章详细介绍标准设定，旨在帮助读者获得更全面的认识。标准设定是指基于不同级别描述语设定一个或多个临界分的过程（Cizek & Bunch, 2007）。尽管在 1950 年左右，标准设定研究已在教学领域兴起（Kozaki, 2010），但据 Kenyon & Römhild（2013）所言，直至 2002 年美国正式签署"有教无类法案"（No Child Left Behind Act）后，标准设定才被开始规范应用于语言测试领域。随后，《对接手册》的发表进一步推动了以标准设定为核心的对接研究，使之在全球范围内迅速展开（Martyniuk, 2010），例如托福与《欧框》（Fleckenstein et al., 2020; Papageorgiou et al., 2015; Tannenbaum & Wylie, 2008）、雅思与《欧框》（Lim et al., 2013）以及雅思、普思与《量表》的对接等（Dunlea et al., 2019; 蔡宏文，2019；闵尚超，2019；张洁、王伟强，2019）。

　　标准设定是一项重要且必要的活动，它对考试开发、实施和分数报告等都有着深远的意义（Cizek, 2012）。在高风险考试中，标准设定的结果将直接影响某一个群体能否成功升学、能否获得学位、是否有资格从事某个行业等。但标准设定离不开人为判断，这一点长久以来为人诟病（如 Eckes, 2017; Papageorgiou, 2010）。同时，语言测试领域的研究人员对标准设定和对接的关系看法不一。一些学者认为将考试对接到外部能力框架是一种特殊的标准设定，因为外部能力框架的描述语可以被视为标准设定中各水平级别的描述语（Papageorgiou & Tannenbaum, 2016）。另一些学者则认为标准设定是对接的环节之一。如第五章所述，对接共有四个步骤，包括框架熟悉、试题检视、标准设定、效度验证（Council of Europe, 2009）。笔者同意后者的观点，即认为对接包含标准设定，是一个更广泛的概念。对接中的等级描述语（level descriptors）在测评场景之外也有其意义，但是标准设定中的描述语大多仅适用于某一具体情境下的考试（Kenyon, 2012; Powers et al., 2017）。

鉴于标准设定在考试对接标准过程中的核心地位，笔者将标准设定单独设为一章。本章聚焦语言测试领域，通过回顾标准设定相关实践和研究，探讨现有标准设定实践中存在的问题和未来的研究方向，以期对研究者有所启发，从而推进标准设定的科学化进程。

6.1 基本步骤

标准设定的核心方法虽然简单，但其流程却十分强调系统化，包含一系列配套活动（汪存友，2013）。其中比较典型的是由 Hambleton et al.（2012）提出的"九步走"流程，其具体环节包括：（1）选择标准设定方法和完成准备工作；（2）遴选专家；（3）描述不同表现等级；（4）培训专家；（5）开展一轮评价和收集专家意见；（6）反馈相关信息和组织专家讨论；（7）开展二轮评价和再次收集专家意见；（8）计算并推荐临界分数；（9）获取专家对标准设定过程评价，并收集、整理技术文档和效度证据。各环节的具体操作说明如表 6.1 所示。

在不同的标准设定方法中，这些环节的顺序和数目可能会有所改动。但总体而言，不论操作流程如何变化，这些标准设定方法的关键步骤与表 6.1 中所示并无本质区别（Hambleton et al., 2012）。因此，"九步走"流程可以为绝大多数标准设定流程提供思路框架。

表 6.1 Hambleton et al.（2012）提出的标准设定常用流程

序号	具体环节	操作说明
1	选择标准设定方法和完成准备工作	选择标准设定方法时应综合考量测试题型、流程时间安排、相关标准设定方法的实际操作经验和相关效度证据等因素。准备工作主要包括：策划标准设定整个流程和具体安排、准备培训资料、邀请目标专家等。
2	遴选专家	参加标准设定的专家一般包括在职教师、学科专家、学校管理人员等，其规模通常为 15—20 人。同时，遴选时应确保专家的学科背景和地域的代表性以及文化背景、性别、年龄、技术背景等方面的广泛性。此外，在遴选时，可考虑多选择几名专家（建议选择数目为目标专家数的两倍）作为备选；在实际操作时，可将专家按照人口学特征分为两个平行组，以便交叉验证，增强信度。
3	描述不同表现等级	对于不同表现等级的描述应当包括属于不同等级或类别的测试者所各自拥有的知识、技能和能力水平。值得注意的是，这些描述在标准设定过程中并不是固定不变的。在确定临界分数后，为使得临界分数与不同表现等级的具体描述之间更加契合，专家可对此做出调整。
4	培训专家	有效的专家培训流程通常包括了以下九个步骤：①解释和模拟标准设定流程；②阐述评分规则，确保专家了解如何评分；③解释评分表格的使用；④进行评分过程操练；⑤阐释标准设定过程中可能涉及的常模性资料（Normative Data）；⑥增强专家对测试内容的熟悉度；⑦当缺少具体描述不同表现等级的表现等级描述语（PLDs）时，则须商议并形成 PLDs；⑧组织专家参加标准设定所用测试或至少完成部分测试题；⑨回顾标准设定所用的测试题目。
5	开展一轮评价和收集专家意见	在此过程中，专家采用预先确定的标准设定方法进行正式判断，组织者应给予专家足够的时间进行评价。此外，在条件允许和数据安全有所保障时，最好使用电子设备进行评价记录，以做好资料的保存、整理和分析。

（待续）

（续表）

序号	具体环节	操作说明
6	反馈相关信息和组织专家讨论	完成数据的收集和整理后，向专家提供反馈信息，如平均表现水平、总得分分布、各分项得分分布等，并组织专家进行讨论，方便专家相互交换意见。
7	开展二轮评价和再次收集专家意见	在得到反馈和相互讨论后，专家再次做出评价，此时专家有权修改或保持自己第一轮的判断结果。一般而言，大多数的标准设定过程都涉及二轮评价，但进行这一过程并非必要条件。有些研究可能还涉及三轮评价、四轮评价等。
8	计算并推荐临界分数	通过计算平均值、取中位数、利用 Rasch 模型、逻辑回归等方式计算临界分数；向考试委员会推荐专家商议后得出的标准设定的临界分数，汇报标准设定过程等。
9	获取专家对标准设定过程的评价，并收集、整理技术文档和效度证据	通过问卷等方式收集专家对 PLDs、培训过程、标准设定过程和结果的满意度资料。收集的技术文档主要包含标准设定方法的选择过程、专家招募过程和专家们的资质介绍、标准设定具体议程安排、标准设定详细操作过程、所提供反馈的内容、每轮评价的总结、专家对标准设定过程的评价等，而这些也都是重要的效度评估证据。

6.2 方法概述

选择合适的标准设定方法至关重要，因为它为整个标准设定流程奠定基调。目前，已知的标准设定方法已有一百多种（揭薇，2019）。与此同时，标准设定的新方法层出不穷，如诊断剖析法（Diagnostic Profiles Method）（Skaggs et al., 2016, 2020）、集中掌握模式法（Condensed Mastery Profile Method）（Clark et al., 2017）、试题与描述语匹配法（Item-Descriptor-Matching Method）辅以标杆分析法（Benchmarking Method）（Harsch & Kanistra, 2020）等。在实际运用中，标准设定的方法因题型差异而有所不同，下文将分别介绍接受型考试和产出型考试中常用的标准设定方法。

6.2.1 接受型考试

接受型技能考试常常采用选择题型进行考查，因此听力、阅读测试的标准设定常采用试题中心法，如投篮法（Basket Method, Kaftandjieva, 2009）、Angoff 法（Angoff, 1971）及其衍生方法如改良 Angoff 法（Livingston & Zieky, 1982）、书签法（Bookmark Method）（Lewis et al., 1996）等。

投篮法操作简便，仅需专家判断哪一级别的考生是可以正确答对某道题的最低级别考生；其缺点是判断不够精细，导致得出的两端临界分数偏极端，且其判断结果与其他方法的一致性较低（Kaftandjieva, 2009），从而对结果一致性主张构成较大威胁。

目前在接受型考试中运用最为广泛的是基于 Angoff 法（Angoff, 1971）的各类改良方法（Cizek & Bunch, 2007; Tannenbaum & Kannan, 2015），其基本任务是界定各级别"最低能力考生"（minimally acceptable person/ just qualified candidate），然后逐题判断各级别"最低能力考生"答对每道题目的概率。由于原始 Angoff 法在评判过程、适用范围和预测具体概率方面存在局限性，又分别衍生出了改良 Angoff 法（Modified Angoff Method）、扩展 Angoff 法（Extended Angoff Method）和是 / 否方法（Yes/No Method）。

Angoff 法及其各种衍生方法的优点主要在于易于理解和实测数据收集简便（Tannenbaum & Cho, 2014），在最大程度上实现了科学性和可操作性的平衡，因此被广泛运用于高风险、大规模语言考试对标中，如托福考试对接《欧框》（Papageorgiou et al., 2015; Tannenbaum & Wylie, 2008），雅思、普思、托福考试对接《量表》（Dunlea et al., 2019; O'Sullivan et al., 2020; Papageorgiou et al., 2019）。其缺点则主要在于给专家带来的认知负担较重，预测"最低能力考生"答对各题的具体概率或具体分数难度较大（Hsieh, 2013; Plake & Cizek, 2012; Shin & Lidster, 2017），且专家往往会在面对不熟悉的测试内容时人为夸大预测难度（Clauser et al., 2016）等。

在 Angoff 法及其衍生方法饱受争议的背景下，书签法开始受到关注（Lewis et al., 2012），并逐渐得到广泛使用，尤其是在 K-12 测试中（Baldwin, 2018）。书签法依据项目反应理论，事先将试题按从易到难的顺序排列于有序试题册（Ordered Item Booklet, 简称 OIB）中。专家们只需在分析每道试题内容和难度的基础上，将书签放置于 OIB 中适当的位置，使得"最低能力考生"正确回答书签位置前所有题目的概率至少达到某个预先设定的反应概率（Response Probability，简称 RP，常用的 RP 有 0.50、0.67 和 0.80）。相较于 Angoff 法，书签法降低了专家在预估考生答对概率时的难度（Tiffin-Richards et al., 2013）。但目前为数不多的相关实证研究（Clauser et al., 2017; Davis-Becker et al., 2011）发现，采用书签法时，试题难度值变化会导致专家判断的临界值产生大幅度漂移，这对书签法所得出的临界分的一致性带来很大挑战（闵尚超，2019）。此外，书签法的争议焦点还集中于 RP 值的选择（Baldwin, 2018; Baldwin et al., 2020）以及试题抽样方式（Tiffin-Richards et al., 2013）等。

6.2.2 产出型考试

产出型技能（口语和写作）的考试以建构反应题型（constructed response）为主，其标准设定更多地运用考生中心法，如分析性判断法（Analytic Judgment Method）（Plake & Hambleton, 2001）和表现剖析法（Modified Performance Profile Method）（Hambleton et al., 2000）。

分析性判断法（Plake & Hambleton, 2001）颇受研究者青睐，被广泛运用于高风险、大规模产出型语言考试与语言标准对接研究，如雅思考试对接《欧框》（Lim et al., 2013），雅思、普思考试对接《量表》（Dunlea et al., 2019; O'Sullivan et al., 2020）。该方法要求专家基于考生真实的考试表现作出评判，具有操作简便直观、省时等特点，且不依赖于标准卷或参照卷（Abbott, 2006）。在其早期版本中，专家们需要将样本划分为若干个表现等级（如未达到基本要求、达到基本要求、高于基本要求等），而每一个表现等级又分为若干个档次（如高、中、低）。相邻两个表现等级的临界分即较低等级中的高分与较高等级中的低分相加所得的平均值。后期的改良版则是在两个相邻表现等级之间增添了一个"边缘地带"（Pill & McNamara, 2016），而临界分便来源于这一"边缘地带"。该方法基于考生的真实作答情况进行等级划分，直截了当，操作流程简便。但它最大的问题在于当"边缘地带"的样本数量较小时，临界分存在不稳定性（Hambleton et al., 2000）。针对这一问题，Dunlea et al.（2019）提出的解决方案是参考对照组法（Contrasting Group Method）（Livingston & Zieky, 1982）的临界分计算方式，即寻找相邻表现等级考生得分分布曲线的交汇点，未来的研究亦可加以借鉴。

表现剖析法（Performance Profile Method）则是从宏观层面对学生表现做出总体判断。托福系列考试多采用表现剖析法（如 Tannenbaum & Wylie, 2008; Wylie & Tannenbaum, 2006）进行标准设定。该方法适用于题量较少的测试，其工作原理是由专家从每道题已打分的样本中筛选出符合临界特征的样本，继而将每道题相应临界特征样本的得分相加得到初步的临界总分，并找出总得分等于该临界总分的所有样本。假设临界总分为 18 分，则对应样本的得分情况可能是 9，2，1，6 或者 5，4，5，4。随后，再由专家对样本的作答情况进行逐个判断，决议是否符合"最低能力考生"的特征。当专家一致认为所有样本均不及最低标准时，则调高临界总分，找寻并分析相应分数的所有样本。这一过程将不断重复，直至找到理想的临界分。该流程恰恰体现了表现剖析法的优势——对考生的整体作答情况进行评判（Fleckenstein et al., 2020），而非孤立地依次推断"最低能力考生"在各个试题上的表现。但与分析性判断法类似，该方法极其依赖于样本的数量和质量。若样本无法涵盖各种可能的分数组合，该方法的实施效果将大打折扣。

表 6.2 对标准设定方法的应用实例进行梳理，可为研究者提供一些思路。但在未来的实践中，研究者应结合具体的情境，进而做出最为合适的选择。

表 6.2 语言测试中标准设定常用方法概览

题型	技能	标准设定方法	应用实例
选择题	听力、阅读	改良 Angoff 法	托福对接《欧框》（Papageorgiou et al., 2015; Tannenbaum & Baron, 2011; Tannenbaum & Wylie, 2008）；托福对接《量表》（Papageorgiou et al., 2019）；大学英语四、六级对接《量表》（金艳等，2022）
		是/否 Angoff 法	雅思对接《欧框》（Lim et al., 2013）；美国政府组织的高风险语言水平测试（Fechter & Yoon, 2024）
		投篮法和改良 Angoff 法	雅思、普思对接《量表》（Dunlea et al., 2019）；高考英语（上海卷）对接《量表》（潘鸣威等，2022）
		改良 Angoff 法和对照组法	校本考试对接《量表》（闵尚超、姜子芸，2020）
		是/否 Angoff 法和书签法	中国台湾地区六年级学生英语能力评估（Hsieh, 2013）
		书签法、临界组法（Borderline Group Method）和聚类分析法（Cluster Analysis）（Sireci et al., 1999; Sireci, 2001）	ESL 分级测试（Shin & Lidster, 2017）
建构反应题	口语、写作	分析性判断法	以雅思成绩设定护士行业的准入标准（O'Neill et al., 2007）；雅思对接《欧框》（Lim et al., 2013）；雅思、普思对接《量表》（Dunlea et al., 2019）；雅思对接《量表》（蔡宏文，2019）；校本考试对接《量表》（何莲珍等，2021）

（待续）

（续表）

题型	技能	标准设定方法	应用实例
建构反应题	口语、写作	改良表现剖析法	托福对接《欧框》（Fleckenstein et al., 2020; Papageorgiou et al., 2015; Tannenbaum & Wylie, 2008; Wylie & Tannenbaum, 2006）；托福对接《量表》（Papageorgiou et al., 2019）
		试题–描述语匹配法辅以标杆分析法	托福对接《欧框》（Harsch & Kanistra, 2020）
		整体表现法（Body of Work Method）（Kingston & Tiemann, 2012）	综合型听说考试对接《量表》（陈大建、胡杰辉，2023）

6.2.3 常见方法

标准设定方法数量众多，笔者从中选取五种较为常见的方法进行阐述，分别是 Angoff 法及其衍生方法、书签法、工作主体法、临界组法和对照组法。这五种方法中，前三种在标准设定研究中使用频率较高，而后两种使用频率较低。

（1）Angoff 法及其衍生方法

Angoff 法最先由美国学者 William Angoff 于 1971 年提出，是以试题为中心的标准设定方法中最为重要和使用最为广泛的方法之一（Ferdous & Plake, 2005）。其中心任务为在界定"最低能力考生"的基础上，组织专家估测"最低能力考生"答对每一道题的概率，随后将每一题相应的概率相加并转换成具体的分数，而所得分数即为临界分数。所谓的"最低能力考生"是指在测试中展现出来的知识、技能和能力恰好达到对应表现等级"最低要求"的学生（Plake & Cizek, 2012）。由于原始 Angoff 法在评判过程、适用范围和预测具体概率方面存在局限性，又分别衍生出了改良 Angoff 法、扩展 Angoff 法和是 / 否方法。

首先，由于原始 Angoff 法只进行一轮评价，专家们的评判结果往往相差较大。在此情况下，Livingston & Zieck（1982）率先提出改良 Angoff 法。该方法与原始 Angoff 法的区别在于改良 Angoff 法设置了二轮评价和多轮评价的环节，并且在第一轮评价结束后给专家提供试题的难度值作为参考。改良 Angoff 法的操作流程较为简单，与前文所提及流程基本吻合，其专家小组会议期间的流程如图6.1 所示。

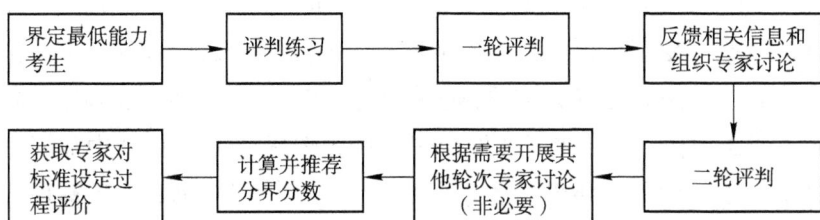

图 6.1　专家小组会议期间的流程（改良 Angoff 法）

其次，原始 Angoff 法适用范围有限，只适用于选择题形式的测试。为了使 Angoff 法适用于建构反应题型如简答题、写作等，Hambleton & Plake（1995）提出可套用原始 Angoff 法，将估算答对概率改为估算"最低能力考生"在每道题上的得分。这种方法被称为扩展 Angoff 法。

最后，针对难以预测"最低能力考生"答对各题的具体概率这一问题，Impara & Plake（1997）提出仅适用于选择题的是／否方法。在此方法中，专家只需判断"最低能力考生"是否有可能答对某一选择题，若能，则记为"1"，反之则记为"0"。最后，只需要将每位专家的判断结果相加后除以专家人数便可得出临界分数。

总体而言，Angoff 法及其衍生方法的优点主要在于易于理解和数据收集简便（Berk, 1986），其缺点则主要集中于预测"最低能力考生"答对各题的具体概率或具体分数的操作难度较大（Plake & Cizek, 2012）、带给专家的认知负荷较重（Lewis et al., 2012）和专家对于不熟悉的测试内容往往会人为夸大预测难度（Clauser et al., 2016）等。

此外，虽然是 / 否方法降低了预测相应概率的操作难度，但该方法仍因其使用范围的局限性和判断过程中不可避免的武断性受人诟病。即便如此，Angoff 法及其衍生方法对于标准设定而言仍意义重大，并且在未来还有可能继续流行。

（2）书签法

在 Angoff 法及其衍生方法饱受争议的背景下，由 Lewis et al.（1996）提出的书签法开始受到关注，并逐渐被广泛使用，尤其是在 K-12 测试中（Baldwin, 2018）。相较于 Angoff 法，书签法为专家减负，降低了专家在预估概率时的难度。基于项目反应理论，书签法的核心思想是事先将测试项目按照由易到难的顺序排列于有序试题册（OIB）中，随后在标准设定过程中，要求专家在 OIB 中放置书签于适当的位置，使得"最低能力考生"正确回答书签位置前所有项目的概率至少达到某个预先设定的反应概率（Response Probability，简称 RP），但正确回答书签位置后面项目的概率却无法达到这个预先设定的 RP。其中，常用的 RP=0.67（也可写作 RP67），代表"最低能力考生"有 67% 的概率答对。书签法专家小组讨论会议的流程见图 6.2。

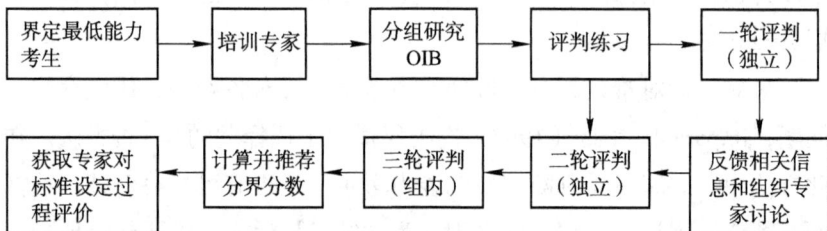

图 6.2　专家小组会议期间的流程（书签法）

相较于其他标准设定的方法，书签法的特殊之处在于 OIB 的使用，而确保专家对 OIB 中的每个测试项目有较高的熟悉度是书签法中十分重要的一个环节。在分组研究 OIB 这一环节，专家们通常以 4—8 人为一组，小组讨论并回答以下两个问题：（1）这一测试项目测试的是什么？或者说，若学生正确回答该项目，你可以从中知道什么？
（2）为什么这一测试项目比它前面的测试项目难？这两个问题旨在帮
助专家明晰整个测试的构念（Lee & Lewis, 2008）。换言之，通过回答
这两个问题，专家可以更加了解整个测试所考察的学生的知识、技能
和能力水平。

除前文提及的为专家减负的优点外，书签法得以广泛适用，还受益
于适用范围广泛（即选择题与建构反应题型都适用）、降低了 PLDs 的描
述难度以及有效利用专家所具备的专业知识等优点（Lewis et al., 2012）。
但目前为数不多的相关实证研究（Clauser et al., 2017; Davis-Becker et al.,
2011）发现，试题难度值变化会导致专家判断的临界值产生大幅度漂移，
这对书签法所得出的临界分数的一致性构成很大挑战（闵尚超，2019）。
此外，书签法的争议焦点还集中于 RP 值的选择（如 Baldwin, 2018;
Dimitrov, 2022; Lewis et al., 1998）、专家可能会不认同 OIB 中的项目排序
（Skaggs & Tessema, 2001）以及过度关注项目难度（Zieky, 2001）等问题。
这些争议或许将一直伴随着书签法，但也将不断促进它的发展。

（3）工作主体法

工作主体法最早在 1992 年被应用于美国肯塔基州教学结果信息系
统中（Kentucky Instructional Results Information System）（Kingston &
Tiemann, 2012），但当时工作主体法还未发展成为一种标准设定的方
法，仅仅只是具备了标准设定方法的一些核心特征。随后，经过多名
学者（如 Kahl et al., 1994; Kingston et al., 2001）的不断努力，工作主
体法不断发展并逐渐走向完善，Cizek & Bunch（2007）认为它可能是
使用最为广泛的、以整体为中心的标准设定方法。而它之所以被称为
"以整体为中心"，是因为专家在评判过程中需要查看学生在测验中的
所有作答反应，包括选择题答案和建构反应项目答案，并从学生工作
样本（Work Sample）的整体角度出发将学生归类于不同的表现等级。

不同于其他方法的基本流程，工作主体法流程以寻找最为贴近
PLDs 的学生工作样本为中心展开。其专家小组讨论会的流程如图 6.3
所示，主要涉及 7 个环节：①介绍流程全过程；②培训专家；③进行

范围界定（Range Finding）（一轮评判）；④选择额外所需的学生工作样本文件夹；⑤进行精准界定（Pinpointing）（二轮评判）；⑥计算并推荐临界分数；⑦获取专家对标准设定过程评价。

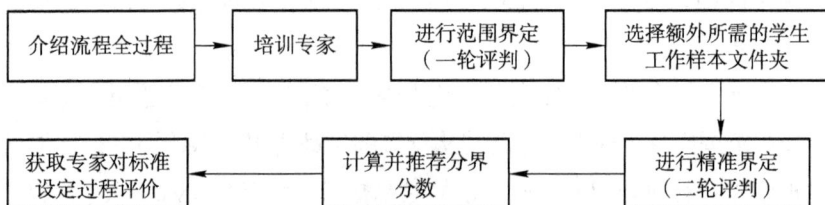

图6.3 专家小组会议期间的流程（工作主体法）

表6.3列示各个环节较为具体的操作说明。值得注意的是，工作主体法主要适用于以建构反应题型为主的测试，而不适用于以大量选择题为主的测试（Perie & Thurlow, 2012）。除此之外，工作主体法的效度还会因某一分数段的样本空缺以及专家将相近分数的样本归于不同的表现等级等情况而有所降低（Wyse et al., 2014）。但工作主体法产生的标准误差较小，且信度较高（Kingston & Tiemann, 2012），因而也广受好评。作为以整体为中心的标准设定方法，工作主体法有着乐观的应用前景。

表6.3 工作主体法的专家小组会议期间流程操作说明

环节序号	环节名称	操作说明
1	介绍流程全过程	解释标准设定流程，介绍后勤保障等。
2	培训专家	在培训过程中训练专家，使其对PLDs形成全面、准确的理解，这是重中之重。此外，还须解释建构反应题不同得分的打分依据；提供一小部分学生工作样本，组织专家进行评判练习；在专家将这些工作样本归为不同表现等级后，给予反馈。需要注意的是，所提供的工作样本一般含有一个高分、一个低分以及几个中等分数。

（待续）

（续表）

环节序号	环节名称	操作说明
3	进行范围界定（一轮评判）	利用提前备好的范围界定所用文件，对学生的答卷进行初评，以确定表现标准的大致范围。在独立完成评价后，专家可进行组内讨论，并有权修改自己的评判结果。
4	选择额外所需的学生工作样本文件夹	完成一轮评判后，当临界分数已经基本确定时，便可直接进入下一个表现等级的临界分数确定环节；但若临界分数未能确定，则需借助逻辑回归模型，得出专家有50%的可能将某一分数归于某一表现等级的分数。而为了更好地估计专家对于何种工作样本才有50%的可能将其归于某一类表现等级，则依赖于选择更多的学生工作样本。
5	进行精准界定（二轮评判）	与范围界定操作过程类似，专家对上一轮所找到的工作样本进行深入分析，并将它们归于不同表现等级。
6	计算并推荐临界分数	借助逻辑回归模型计算临界分数，并向考试委员会推荐该临界分数。
7	获取专家对标准设定过程评价	通过问卷等方式收集专家对 PLDs、培训过程、自己的评判以及标准设定过程和结果的满意度资料。

（4）临界组法

Angoff 法、书签法等多种标准设定方法都要求专家在评判过程中构想"最低能力考生"，但 Dimitrov（2022）指出，目前仍缺乏有足够说服力的研究来证实专家有能力在书签法的培训专家环节形成有效的"最低能力考生"构想。实际上，不仅是书签法，其他有关方法亦是如此。但临界组法避免了这一点，要求专家从真实的样本中寻找符合"最低能力考生"特征的样本。专家只需从大量学生中辨别出能力最低者并组建"最低能力考生组"（Borderline Group）——即知识、技能和能力水平介于掌握和不掌握之间的学生（Livingston & Zieck, 1982）。

Livingston 和 Zieck 进一步指出，"最低能力考生组"中测验分数的中位数即为临界分数，而之所以选择中位数而非平均数是为了避免极端值对临界分数造成的影响。

临界组法的操作流程较为简单，主要包含 6 个基本环节，如图 6.4 所示。这是临界组法的优点之一（如 Hambleton & Pitoniak, 2006; Jaeger, 1989）。但临界组法的弊端也很明显，主要在于其过度依赖大量的学生样本。若所能辨别的"最低能力考生"的数量很少，则会直接影响所得结果的准确性（Zieky et al., 2008）。同时，若"最低能力考生组"的得分之间差异较大，甚至出现与某一表现等级的典型学生得分重叠情况，最终便会影响临界分数的稳定性（Berk, 1986; Shin & Lidster, 2017）。但总体而言，临界组法将抽象的"最低能力考生"具体化，这对于标准设定的未来研究具有启示和借鉴意义。

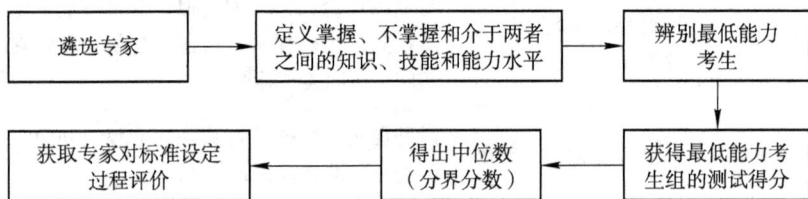

图 6.4 临界组法的基本流程

（5）对照组法

为避免出现标准有时未能完全反映或正确描述学生实际的知识、技能和能力水平这一情况，Zieky 和 Livingston 提出了对照组法（Shepard, 1980）。其依据的理论假设是根据学生实际所具备的知识、技能和能力，将学生划分为"合格"（Qualified）和"不合格"（Unqualified）两组，然后统计两组学生的得分分布并绘制成两条曲线，而这两条曲线的交汇点所对应的得分便是临界分数（Livingston & Zieky, 1982; Shepard, 1980）。

在实际操作中，受样本数量影响，可能各个分数阶段的人数分布存在着较大波动，如得分比为 20% 的人数为 20 人，而得分比为

30%的人数却只有10人，此时便会导致绘制的曲线不平滑。因此，Livingston & Zieky（1982）提出，在对照组法的操作基本流程（见图6.5）中，一般还需要进行数据"平滑"（Smoothing），而对数据进行"平滑"的方法可以是简单地将不平滑的折线绘制成平滑的曲线，或者是通过一系列复杂的计算来使得数据变得更为合理。与此同时，由于对照组法依赖于专家对学生归属类别的精准划分，该过程中可能会出现"误报通过"和"误报不通过"的分类错误。而当这两种错误对临界分数造成的影响不均衡时，则需提供必要的数据来更好地选择临界分数，以减少这两种错误造成的误差（Zieky, 2012）。换言之，通过绘制曲线图得出的临界分数并不一定是最终的临界分数，专家可对此进行合理调整。

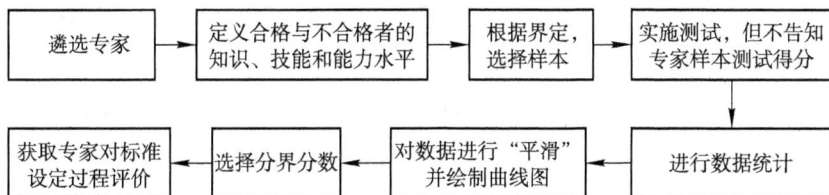

图6.5 对照组法的基本流程

对照组法虽然有效避免了对测试内容进行人为判断，但这一方法下的标准设定过程仍具有主观性和任意性（Shepard, 1980）。专家对"合格"与"不合格"的评判对于最终结果起着至关重要的作用。Koffler（1980）的研究中曾出现过一种极端情况——由于"合格者"与"不合格者"分布几乎完全重合，使得所得测试通过率是100%。因此，如何尽量降低人为判断对于标准设定结果的影响，是对照组法实施过程中需要考虑的一个话题。对于其他标准设定方法而言，亦是如此。

总的来说，标准设定是艺术与科学的结合体（Cizek, 2001），这对研究者而言，既是一种趣味，也是一种挑战。到目前为止，不论何种标准设定方法都有其自身的优点和缺点，这也意味着标准设定的研究还具有很大的空间，目前的各种标准设定方法仍有待完善。

6.3 发展与挑战

近二十年来，标准设定在语言测试界如火如荼地展开。除美国教育考试服务中心（ETS）、英国文化教育协会（British Council）等大型机构外，越来越多的学校也参与其中，开展校本考试的标准设定（如何莲珍等，2021；闵尚超、姜子芸，2020）。标准设定的实践和研究不断推动其流程朝着更加科学化的方向发展。目前，标准设定已形成一套比较系统化的流程：①选择标准设定方法和完成准备工作；②遴选专家；③描述不同表现等级；④培训专家；⑤开展第一轮评价和收集专家意见；⑥反馈相关信息和组织专家讨论；⑦开展第二轮评价和再次收集专家意见；⑧获取专家对标准设定过程评价，计算并推荐临界分；⑨收集、整理技术文档和效度证据。

在此基础上，标准设定的流程也在不断经历着革新。以 Angoff 法为例，为解决估计"最低能力考生"答对概率困难这一问题，在雅思与《量表》对接研究中，Dunlea et al.（2019）将投篮法（Kaftandjieva, 2009）作为改良 Angoff 法的预备活动，以让专家们进一步了解试题难度和各个表现等级考生能力的典型特征。结果表明，专家们的首轮试题难度预测与试题实测难度有着较高的相关性。在"优诊学"听力技能与《量表》的对接研究中，则是引入了判断各个试题所考查的微技能这一预备活动，而事后的专家访谈也表明这一环节的设置对于 Angoff 判断有一定的帮助（闵尚超，2021）。未来的标准设定实践亦可参考这些做法。尽管标准设定的流程已越来越科学化，但在实践过程中，目前仍存在以下几点值得注意的问题。

（1）专家判断的随意性

专家判断易受个人偏见或无关因素的影响（Eckes, 2012）。标准设定依赖于专家丰富的专业经验，但专家在构想"最低能力考生"时却也容易受到经验的干扰，将"最低能力考生"与现实生活中自己熟悉的学生进行关联。此外，虽然大部分研究（如 Busch & Jaeger, 1990；

闵尚超，2019）表明反馈和小组讨论可以促进专家意见的一致性，但Clauser，Mee et al.（2009）的研究发现，即便是面对虚假的参考数据，专家们也会不假思索地对首轮预判结果进行大幅度修改。与此同时，Clauser，Harik et al. 的研究（2008）指出，小组讨论虽然促进了专家意见的一致性，但专家预测试题难度值与试题实际难度值之间的相关性却有所下降，且小组中经验最丰富的老师的意见往往容易占据上风，从而影响其他专家们的判断（Shin & Lidster, 2017）。而这一问题的解决，既依赖于专家自身丰富的标准设定实践经验，也依赖于负责培训的人员恰到好处地发挥引导作用。未来的研究可就此展开，探索有效降低个人偏见或无关因素影响的最佳途径。

（2）专家判断过程的模糊性

McGinty（2005）曾将专家判断的过程比作"黑匣子"，寓意我们对此知之甚少。近二十年以来，这一困境似乎并未得到改善。专家们是如何理解"最低能力考生"这个概念，又是如何将试题实测难度值、小组讨论结果等内化为自己的判断标准，我们对此几乎是一无所知。McGinty（2005）通过自然观察的方式发现，专家们普遍认为构想"最低能力考生"比较困难，他们容易在高标准和标准设定结果的公众接受程度之间摇摆不定。同时，专家们也会考虑最后形成的临界分是否会被决策机构采纳等问题。尽管这些发现较为零散，但不可否认的是，它们对于标准设定未来的研究和实践都具有较强的启示意义。鉴于专家判断过程在标准设定中的重要作用，未来的研究可采用有声思维法或认知心理学的研究方法等就这一问题做出探讨，进而为专家判断的有效性提供证据。

（3）最终决策的主观性

专家会议所产生的临界分仅仅是原始分数，临界分的最终决定权在相关组织机构手中。然而，这些机构的决策过程往往较为主观，且缺乏公开透明性。譬如在雅思考试中，当专家会议推荐的原始临界分为 6.25 时，相关组织机构可以采用 6 或 6.5，但究竟采用何者更为合理，目前鲜少有研究对此展开论证。Xi（2007）和 Eckes（2017）曾尝试用受试者工作特征曲线（Receiver Operating Characteristic Curve）辅助决策机构进行最终决策，但相较于此类数据分析方法，逻辑思维层次的探讨显然更具价值。Geisinger & McCormick（2010）曾罗列了最终决策过程中16种应考虑的因素，除基本的合格率/不合格率、测量误差等因素外，他们还提及了某些更深层次的经济、社会等多方面的考量。该研究虽然具有一定的意义，但它却更像是形成了一张"清单"，仅仅是对要素的简单罗列，而未能对最终决策形成过程性的引导。未来的研究则可致力于此，在不断充实这张"清单"内容的基础上，推进最终决策过程的科学化，以帮助相关组织、机构等更好地做出决策。

尽管本研究的焦点在于语言测试领域，但现存标准设定实践和研究中的弊端却是各个领域共同面临的挑战。因此，本研究对于其他教育领域，诸如医学、数学等亦能有所启发。正如Cizek（2001）所言，标准设定既是一门科学，也是一门艺术。标准设定的研究目前还面临着诸多挑战，各个领域的研究者应共同致力于此，促使其朝着更加科学化、公平化、公正化的方向迈进。

6.4 小结

本章聚焦语言测试领域，首先对标准设定的背景做了简要介绍。接着，在梳理相关标准设定研究的基础上，本章归纳阐释接受型考试和产出型考试常用的标准设定方法，并罗列选择方法时应考虑的因素。最后，本章总结标准设定过程中亟待解决的问题，点明未来研究的方向。

第七章
基于《量表》的诊断反馈促教促学体系构建

本章尝试在第二至六章的基础上，提出一个理论模型，梳理影响《量表》应用到地方语境的因素，阐释如何基于《量表》，结合认知诊断与标准设定方法，构建英语认知诊断测评与反馈促教促学体系，发掘《量表》为学生提供个性化定性反馈报告的功能，从而促进英语教、学、评的有机融合。

7.1 模型构建

本章尝试提出一个模型，呈现如何将国家语言能力标准（即《量表》）应用于地方语境，从而指导语言测评、语言教学和语言学习（详见图 7.1）。正如 Dimova et al.（2020）所言，与校本考试开发相关的本地价值观和教学需求可能与更宏观的教育情境（如自上而下的国家政策）相互作用。因此，图中国家语言能力标准和地方语境之间是虚线相隔，而非实线，表明这两个相邻层可以互相渗透。教师和学生位于模型中心，表明他们是推动模型内整个过程发生的两个群体。换言之，在地方语境下，教师和学生共同调节国家语言能力标准在学习圈中发挥的作用。具体而言，模型内学习圈的四要素包括评估、反馈报告、教学以及语言发展。国家语言能力标准中的各级描述语能为前三个阶段提供参考，进而有望促成学生第四阶段的语言发展。

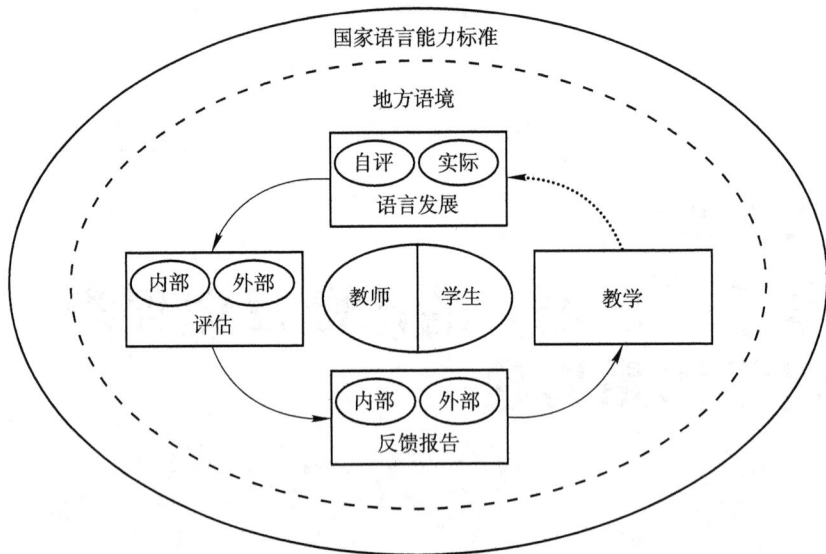

图 7.1 基于《量表》的诊断反馈促教促学模型

在评估阶段，图中内部评估和外部评估分别指在地方语境下进行的学生自评和语言测试。就内部评估而言，教师可以将《量表》中的"能做"描述语纳入自评问卷，让学生反思他们可以用语言做什么（Moeller & Yu, 2015; Summers et al., 2019）。就外部评估而言，校本考试可与《量表》对接，为基于分数所作的决策增加透明度和合理性（Harsch, 2018; Jin et al., 2017; Papageorgiou et al., 2019）。在《量表》的指导下，内部评估和外部评估所得出的结果（即学生自评的能力水平与实际水平）之间具有可比性，能为学生提供有意义的反馈。

在反馈报告阶段，图中内部反馈和外部反馈分别指学生的自评结果和考试分数报告。由于自评促使学生积极反思自身的学习表现，学生参照《量表》"能做"描述语进行自评能获得内部反馈。教师可以从《量表》中挑选并改编描述语，用于考后向学生提供基于《量表》的个性化反馈报告。个性化反馈报告一方面可以描述学生在微技能上的掌握情况，另一方面可以描述学生所能加工的输入材料的典型特征。通过准确描述学生在目标任务上的表现，来自内部渠道（即自评）和外部渠道（即考试表现）的反馈报告有助于将评估结果与后续教学以及学习实践联系起来（Min & He, 2022）。

在教学阶段，《量表》"能做"描述语可为个性化课程和学习任务的设计提供参考（Kane, 2012）。例如，根据内部和外部反馈报告中的"能做"描述语，教师可以给学生提供分级练习材料和有针对性的课程。值得一提的是，尽管教学对于反馈报告的使用而言至关重要，但教学最终并不一定能够带来学生自评层面或实际层面的语言发展，毕竟基于反馈报告教学的有效性受到多种因素的影响，如学生特点（Jang et al., 2015; Ryan, 1982; Schunk & Zimmerman, 2007）和教师测评素养（Carless & Boud, 2018; Zapata-Rivera et al., 2016）。

总体而言，该模型展示了教师和学生在四个不同阶段携手共进，促使《量表》融入地方语境。首先，该模型强调将《量表》应用于地方教育情境离不开当地教师的专业知识。在地方语境下，教师可以身兼数职，包括但不限于测试开发者、项目管理者和研究者。该模型还强调以学生为中心，这与"以评促学"所倡导的理念一致（Popham, 2008; Wiliam, 2011）。学生总是在整个学习阶段发挥核心作用。他们反思自己的学习表现，接受外部反馈和持续教学，努力取得进步。通过提出该模型，笔者希望基于《量表》的反馈报告和针对性教学能成为语言测评和语言学习之间的桥梁纽带。同时，后续实证研究可以探讨内部和外部评估结果间的一致性、基于《量表》的反馈报告设计和教学的有效性等问题，从而为验证该模型提供实证证据。

7.2 诊断测评与自评

外部评估形式多样。校本考试作为外部评估的一种方式，最显著的特点是评估、教学和学习三者紧密相连（Yan, 2021）。在地方语境下，校本考试与当地行政机构规定的教学要求密切相关（Dimova et al., 2020）。以往研究表明校本考试可以通过提供细粒度的反馈报告来促进学习（Dimova, 2021），尤其是当校本考试被用于诊断用途的时候，其促教促学作用尤为明显（Min et al., 2022）。相较于简单地对考生进行排序的传统考试，认知诊断测评的独特优势在于它可以综合分析语言理解的多维认知过程，预测考生对微技能（或认知属性）的掌握情况。认知诊断测评根据考生的作答情况将考生分为不同的微技能掌握模式。微技能掌握模式的种类由题目考查的微技能数量决定（Jang et al., 2019）。例如，如果题目考查了四个微技能，则微技能掌握模式的种类最多为 16 类（2^4）。每类微技能掌握模式是由数字 0 和 1 组成的多维档案（0 表示未掌握，1 表示掌握）。通过对考生在每一微技能上的强弱项进行细粒度的诊断，认知诊断测评为后续的针对性学习和教学提供了帮助（Jang et al., 2015）。

除了外部评估，自评作为一种内部评估形式，也能将语言测评和语言学习联系起来，且这一作用已得到充分证明。研究表明，自评可以让学生反思过去的学习情况，明确自身强项和有待改进之处，设定学习目标并参与相关活动，以缩小当前水平和目标水平之间的差距（Belgrad, 2013; Cox & Dewey, 2021; Zimmerman & Schunk, 2001）。作为"自己给自己的反馈"（Andrade & Du, 2007, p. 160），自评也鼓励学生积极参考外部测试提供的反馈报告，从而使他们更清楚自身问题，明白下一步该做什么以及采取何种学习策略（Yuan et al., 2021）。

当与《量表》相结合时，校本考试（即外部评估）和自评（即内部评估）都能从中获益。在校本考试方面，将考试分数对应到《量表》有助于加强本地决策的透明度和合理性（Harsch, 2018）。该做法还能给《量表》赋予语境意义，并有助于完善校本考试（Martyniuk, 2010）。在自评方面，教师的首要任务是决定要使用何种自评工具。自评工具可以是明确的评估标准，也就是学生能够理解且教师认可的评分量表（Falchikov, 2004; Sadler, 2010）。其中，语言能力标准已被广泛认为是一种可获取且可操作的自评工具（Edele et al., 2015; Runnels, 2016）。例如，在线诊断系统 DIALANG（Alderson, 2005）很好地诠释了如何将内部和外部评估与语言量表相结合。DIALANG 系统中的自评和诊断测试板块会给考生提供反馈报告，这两份反馈报告均对接《欧框》的六个级别（Council of Europe, 2001）。

当同时使用内部和外部评估时，两种评估之间的一致性很重要。如果学生自评结果和考试测出的实际水平之间存在较大差异，可能会削弱评估结果的有效性。同时，这种差异可能引起学生的心理变化（如动机、情绪、自我效能感），而这最终又或会成为学生使用反馈报告的绊脚石，妨碍他们的学习（Kahneman, 2011; Stanovich, 2011）。因此，研究者有必要调查学生如何看待自评和考试提供的反馈报告，并进一步探究在整个学习周期内这两部分的反馈报告如何发挥促学作用。

7.3 个性化反馈

为满足学生对细致的个性化反馈报告的需求，可将认知诊断和标准设定方法结合起来，提供包含更丰富信息的测试反馈报告（Min & He, 2022）。基于语言能力标准的个性化反馈报告能让校本考试成为理想中的有用工具，使其能向利益相关者提供相关的、完整的和有意义的反馈报告（Bachman & Palmer, 1996）。

认知诊断和标准设定之间既有相似性，也有许多不同点。相似性在于两者都体现出标准参照的特点：标准设定通过比较临界表现，做出达标/不达标的分类决策；认知诊断通过分析微技能掌握的情况，做出通过/不通过的分类决策（Bradshaw, 2015）。不同之处在于两个方面：第一，标准设定通常用在技能或测试整体层面，决定某一表现是否达到了标准，而认知诊断测评关注的是微技能层面的掌握情况。第二，标准设定是一种强大的理论方法，主要依赖专家判断得出临界分数，而认知诊断测评是一种强大的统计方法，通过考生对考查不同微技能的题目的回答进行建模，以确定通过/不通过的分类（Liu et al., 2018）。

结合这两种方法不仅为提供个性化的定性反馈创造了条件，也能更好地帮助我们了解某一特定语言能力构念的本质，例如听力测评的构念。学界普遍认为听力能力是多维的，但对于听力微技能的数量和种类的划分仍存在争议，且微技能对听力理解的贡献度也尚不清断（Buck & Tatsuoka, 1998; Yi, 2017）。专家学者们提出了不同的听力微技能分类法，从简单的二元分类（Carroll, 1972）到更详细的分类列表（Field, 2013; Vandergrift & Goh, 2012）。尽管学界对于听力微技能的数量尚未达成共识，但考虑到需要权衡诊断信息的丰富性和诊断的稳定性（Haberman & von Davier, 2006），以往的听力认知诊断研究通常定义三到四个微技能（如 Lee & Sawaki, 2009b; Sawaki et al., 2009; Toprak et al., 2019; Yi, 2017）。微技能的定义越宽泛，诊断信息可能越稳定。此外，理解细节信息、推断和信息综合这三个听力微技能在以往的听力认知诊断研究中反复出现（如 Lee & Sawaki, 2009; Sawaki et al., 2009; Toprak et al., 2019; Yi, 2017）。这三个微技能也是在语言能力标准（如《欧框》）和听力诊断评估（如 DIALANG）中所描述和考查的微技能。结合认知诊断和标准设定方法有助于我们理解微技能掌握情况与基于语言能力标准的级别分类之间的关系。

但是，这两种方法的兼容性还存在争议。Skaggs et al.（2016）证明了将两种方法结合起来的可行性，提出了一种基于微技能掌握类型（以下简称 DP）的标准设定方法。在 DP 标准设定法中，专家组成员需要判断每类微技能掌握模式的考生的表现水平，然后计算每类微技能掌握模式的原始分数分布，并进行加权，以决定考试最终的临界分数。他们的研究结果表明，通过 DP 法和 Angoff 法得到的临界分数具有可比性，且 DP 法的专家组成员之间的一致性更高。另一方面，Liu et al.（2018）对在整体水平的通过 / 不通过决策基础上增加对微技能掌握的二元分类的适切性提出了质疑，因为这两种分类可能会出现矛盾之处，比如一个整体水平上通过考试的考生可能会被诊断为未掌握所有微技能。因此，他们提出了一个相对的诊断性掌握模式框架来报告每个人相对的强弱项，以避免对微技能做出绝对判断。但是他们也承认考察两种分类方式之间的关系对未来的考试开发十分重要。因此，研究者有必要调查认知诊断对考生微技能的分类结果与标准设定中对考生总体技能的分类结果是否一致，并进一步探究结合认知诊断与标准设定研发个性化反馈报告的可行性。

7.4 针对性教学

反馈报告一定要与后续针对性教学衔接起来。通过后续针对性教学，学生有望从被动的反馈报告接收者转变为主动使用者，继而促进语言能力的发展。许多全球高等院校的语言测评项目已将个性化测试反馈报告与后续针对性教学相关联。例如，出于诊断和分级目的，墨尔本大学设置了入学诊断英语考试（DELA[Diagnostic English Language Assessment], 详见 Elder & Read, 2015a）。考后，学生获得一份个性化的沟通技能提升计划、一系列的线上或线下项目（包括学分课程、辅导课和研讨会）以及指导老师的帮助，以强化他们的学术和英语沟通技能。中国香港地区采用的诊断性英语分班考试（DELTA [Diagnostic English Language Tracking Assessment], 详见 Elder & Read, 2015b）提供在线学习材料库，供学生练习。普渡大学的英语口语水平考试（OEPT [Oral English Proficiency Test], Oral English Proficiency Program, 2015, 2019）与教学项目双管齐下，通过考试所确定的学生个性化学习需求直接与针对性教学挂钩，这些教学包括辅导课、课堂教学以及自评和同伴互评活动。

虽然以往研究者设计了不同形式的针对性教学活动，旨在加强地方性语言测评项目在教学方面的作用，以期带来积极后效（Lee, 2015; Mason & Singh, 2010），但是这些活动可能无法改善学生的语言表现。设计基于反馈报告的干预活动时考虑地方语境特征是一回事，设计学生认可且其有助于提升学习结果的有效干预活动则是另一回事。目前鲜有研究将干预活动和基于语言能力标准的个性化反馈报告结合起来，且几乎没有研究调查这些针对性教学活动的有效性。

7.5 小结

本章首先提出本书的理论模型，用于指导如何将国家语言能力标准（即《量表》）应用于地方语境，从而指导诊断反馈促教促学体系建设。接着，本章从测评角度介绍《量表》如何在外部评估（即诊断测评）和内部评估（即自评）中发挥作用。然后，本章指出可结合认知诊断和标准设定方法，研发基于《量表》的个性化反馈。最后，本章提出可以基于个性化反馈，实施基于《量表》的针对性教学。

第八章
认知诊断测评研究：互补性机制

8.1 研究背景

正如第三章所述，听力和阅读理解过程均存在互补性机制。语言理解过程的互补性机制指二语学习者在其目标语语言知识不足时，会运用语言策略等技能来弥补，以完成理解（Nassaji, 2003; Stanovich, 1980）。当前对互补性机制的研究主要集中在阅读理解方面（如 Jang, 2009; Li et al., 2016），虽然也有研究者提出听力理解策略同样具备补偿性功能（如 Field, 1998; Vandergrift, 2007），但较少有研究探索听力理解的补偿机制。因此本研究探索听力理解过程的互补性机制。本研究尝试采用认知诊断模型，从认知属性层面探究听力理解的过程与本质，研究重点着眼于互补性机制，探究这一机制在听力理解中的具体体现。

认知诊断不同于其他测量方法，其本质在于通过考生可观察的表现或反应模式来测量其不可观察的、粒化认知属性层面上的认知结构和加工技能（Huebner et al., 2018），因此需要将听、说、读、写等技能因子再细分为不同的微技能，以此来更好地挖掘考生认知加工过程中的潜在特性和属性掌握模式（杜文博、马晓梅，2018）。虽然有学者如 Alderson（2000）对语言能力是否可分提出了质疑，但诸多研究如

Reves & Levine（1988）和 Song（2008）等从多个角度为听力、阅读的可分性提供了证据，显示了该做法的可行性。认知诊断方法能深入剖析考生认知加工过程，对于了解听力理解及其内部运作机制提供可靠帮助，在方法上使得对互补性的深入探究成为可能。

认知诊断方法在语言测试中的应用可追溯到 Buck et al. 20 世纪末的听力诊断研究（Buck & Tatsuoka, 1998）。作为认知诊断在语言测试界的初探，该研究虽然在操作上还有不成熟之处，但无疑为认知诊断在语言研究和听力研究中的应用开辟了一条新的路径，证明了这一方法的可适用性。此后，不同的研究者纷纷使用不同的认知诊断模型从现有二语听力水平测试中提取诊断信息（Aryadoust, 2011, 2021; Lee & Sawaki, 2009b; Liu, Huggins-Manley, et al., 2018; Sawaki et al., 2009; Toprak et al., 2019; Yi, 2017）。这些模型可以分为补偿型模型、非补偿型模型与饱和模型。补偿型模型假设考生在某一属性上的缺陷可以由另一属性的掌握来弥补，非补偿型模型认为各属性对解题的作用相互独立、不受影响。饱和模型则具有较强的灵活性，既可以用于捕捉属性间的补偿关系，也可以捕捉非补偿关系。如表 8.1 所示，早期应用于听力测试的认知诊断模型为非补偿型模型，如规则空间模型（Buck & Tatsuoka, 1998）和融合模型（Sawaki et al., 2009b）。随后，诸多研究通过比较不同认知诊断模型的拟合参数，最终选定拟合效果最佳的模型进行分析，这些模型既包括非补偿型模型（如 Aryadoust [2021] 使用的 RRUM 模型），也包括补偿型模型（如 Yi [2017] 使用的 CRUM 模型）。另有研究出于饱和模型的灵活性，直接选用这类模型进行分析，比如对数线性认知诊断模型（LCDM）（Toprak et al., 2019）等。其中，特别值得一提的是 Yi（2017）的研究。该研究比较三种补偿型认知诊断模型和一种非补偿型认知诊断模型对数据的拟合度，发现总体而言，补偿型模型能更好地拟合听力数据，从数据上证明前人对听力理解补偿性机制论断的合理性。但是 Yi 的研究止步于呈现拟合结果，没有阐释清楚互补性机制究竟如何体现在听力理解中，以及不同认知属性的补偿功能是否有差异，因此需要进一步研究来弥补这一缺口。

表 8.1 听力认知诊断研究

研究	听力测试	选取的模型	最终使用的模型类型	认知属性的性质
Buck & Tatsuoka（1998）	日本某听力测试	规则空间模型（Rule Space Model）	非补偿型	离散
Sawaki et al.（2009b）	托福 iBT 听力测试	融合模型（Fusion Model）	非补偿型	离散
Lee & Sawaki 2009b）	托福 iBT 听力测试	广义诊断模型（General Diagnostic Model）、融合模型（Fusion Model）、潜在类别分析（Latent Class Analysis）	补偿型与非补偿型	离散
Aryadoust（2011）	雅思听力测试	融合模型（Fusion Model）	非补偿型	离散
Yi（2017）	托福 iBT 听力测试	DINA 模型、DINO 模型、NIDO 模型、CRUM 模型（最终使用的模型）	补偿型	离散
Aryadoust（2021）	新加坡–剑桥普通教育证书考试听力测试	DINA 模型、G-DINA 模型、DINO 模型、HO-DINA 模型、RRUM 模型（最终使用的模型）	非补偿型	离散
Liu, Huggins-Manley, et al.（2018）	托福 iBT 听力模拟测试	G-DINA 模型、ACDM 模型、DINA 模型、DINO 模型、HO-DINA 模型	饱和型、补偿型与非补偿型	离散
Toprak et al.（2019）	密歇根英语考试听力测试	LCDM 模型	饱和型	离散
Min & He（2022）	中国某全国性听力测试	G-DINA 模型（最终使用的模型）、ACDM 模型、DINA 模型、DINO 模型、RRUM 模型	饱和型	离散

综上所述，学界对听力理解认知过程的了解还有待进一步挖掘，对于语言理解，尤其是听力理解的补偿性机制还认识不足。基于此，本文采用认知诊断方法，尝试从认知属性层面深入探索听力理解的过程及其补偿型机制的具体体现。具体而言，本研究将借用 McNeil（2012）对影响二语阅读因素的阐释，将影响听力理解的因素划分为四个部分：二语知识（即词汇、句法结构等二语语言相关的知识）、一语听力能力（即理解听力文本行文结构的能力）、技能性知识（即除语言知识以外能帮助考生加工听力材料的认知技能，如推断、理解主旨大意等）和其他不可解释的方差（即误差方差），并重点探究二语知识和技能性知识之间的补偿性关系。

8.2 研究设计

8.2.1 研究问题

本研究尝试回答以下两个研究问题：

（1）听力理解过程具有互补性吗？若有，其具体体现是什么？

（2）不同听力认知属性的补偿功能有差异吗？若有，其具体体现是什么？

8.2.2 研究对象

本研究的被试包括 917 名非英语专业本科生，其中大二 268 名，大三 332 名，大四 317 名。考生全部来自中国某重点高校，但专业各不相同，涉及人文、社科、理、工、医、农等类。

8.2.3 研究工具

本研究使用的听力测试是该高校英语水平考试中的一套听力试卷[1]。试题均由领域专家设计，并经过多轮审题与复核，具有较高的信、效度。试卷包含短对话、长对话和听力短文三类题型，共 30 题，全部为二级计分的单项选择题。考试时间为 30 分钟。

1　第八、九、十章报道的三项实证研究均采用同一高校的学位英语测试，但三章所使用的数据为三批考生在三套不同试卷中的作答。

8.2.4 研究步骤

认知诊断测试一般包括三个准备步骤。第一步，定义认知属性。研究者参考以往文献和两位领域专家试卷分析结果，最终确定"语音识别"（属性1）、"词意及句法理解"（属性2）、"主旨大意归纳"（属性3）、"细节信息提取"（属性4）、"推断"（属性5）、"态度和意图识别"（属性6）这6条认知属性。其中属性1和属性2属于语言知识层面，其余四条属性属于技能性知识层面。

第二步，建立Q矩阵。研究者根据领域专家的试题分析结果构建出矩阵Q1，之后邀请了四位与考生整体语言水平相似的学生对试题进行了口头反思报告，将报告结果形成第二个矩阵Q2。最后结合Q1和Q2的结果形成一个修正后的矩阵Q3。

第三步，选择认知诊断模型。认知诊断模型已经发展出超过60种（Fu & Li，2007），按照不同的标准，认知诊断模型可以有很多种分类方法，研究者可依据各自需要，选取适合其研究目的的模型。本文旨在研究听力理解的补偿性机制，因此分别选择了两个常见的非补偿型模型（RRUM、DINA）和补偿型模型（ACDM、DINO）。其中DINO是与非补偿DINA模型对应的补偿型模型，ACDM是与非补偿RRUM模型对应的补偿型模型。补偿型模型假设考生在答题时，已掌握的属性会补偿未掌握的属性，而非补偿型的模型假设考生只有同时掌握题目涉及的所有属性，才能正确作答。另外，DINO和DINA分别是最严格的补偿和非补偿型模型，但因为其过于严格，也被Li et al.（2016）认为不符合考生的认知过程。ACDM与RRUM弥补了前两者的不足，还进一步剔除了模型中不同题目考查属性之间的交互作用，诊断结果更便于阐释（Yi，2012）。

8.2.5 数据分析

数据分析包括：（1）将三个Q矩阵分别导入四个认知诊断模型，比较矩阵与模型的拟合度，并选出拟合度最高的矩阵；（2）再将拟合度最高的矩阵重新导入四个模型，观察数据分别与四个模型的拟合度；（3）以及格分18分为界线，将考试通过组与未通过组分别作为高水平组与低水平组，比较两组的属性掌握模式和特点。

8.3 研究结果

8.3.1 理解过程的互补性

本研究首先比较了三个矩阵在四个模型中的相对拟合值。结果显示 Q3 在四个模型中都具有最好的拟合度，因此被作为最终矩阵保留下来。之后，研究者又重新将 Q3 分别导入四个模型，观察四个模型与数据的拟合情况，如表 8.2。其中，-2loglikelihood、AIC 值都是用于反映模型拟合度的重要指标。-2loglikelihood 表示似然函数值的自然对数的负 2 倍，常用来反映模型与数据的拟合程度；AIC 是赤池信息指数，一般用来衡量模型复杂度。两者值越小，表示拟合程度越好（Rijmen, 2010）。从表 8.1 可以看出，总体而言，补偿型模型 ACDM 的 -2loglikelihood 与 AIC 值最小，RRUM 次之，DINO 和 DINA 较差，且在两组模型中，补偿型模型的两个拟合指标均优于非补偿型模型。因此从最优模型和两组模型组内对比情况来看，补偿型模型都与本文数据拟合得更好。

但还需注意的是，虽然 ACDM 模型拟合度最好，但非补偿模型 RRUM 与 ACDM 的差距不是特别大，且 RRUM 模型的拟合值优于补偿模型 DINO。这暗示了听力理解过程的复杂性，它可能同时包含互补和非互补的情况。但可以确定的是，互补性机制的确存在。

表 8.2　认知诊断模型与数据的拟合情况

类别	模型	-2loglikelihood	AIC
补偿型	ACDM	30293.19	30595.19
非补偿型	RRUM	30300.45	30602.45
补偿型	DINO	30380.54	30626.54
非补偿型	DINA	30419.16	30665.16

8.3.2 不同认知属性的互补性功能比较

鉴于目前的分析手段有限，认知诊断模型无法直接呈现各个属性对总体听力理解的贡献度，但它提供了丰富的、个性化的题目信息与考生信息，因此，可以通过分析考生的属性掌握模式及题目答对概率来合理推测属性的补偿作用。

（1）高水平组与低水平组考生的属性掌握模式比较

本研究首先将考生分成高、低两个水平组，通过比较两组的属性掌握模式差异来剖析听力认知属性的补偿性及其对听力理解的贡献，具体分布情况见表 8.3。

表 8.3 高水平组与低水平组分布情况

	人数	约占总人数比例
高水平组	661	72.08%
低水平组	256	27.92%
总计	917	100%

接着，本研究统计两组考生主要的属性掌握模式，呈现于图 8.1。图 8.1 横坐标表示不同的模式，其中"1"代表掌握了某一属性，"0"代表未掌握某一属性，例如"110000"模式代表考生只掌握了属性 1（语音识别）和属性 2（词意及句法理解）。纵坐标表示某一模式人数在总人数中所占的百分比。对比可看出两组考生有两个显著区别。

首先，在属性掌握类型方面，高水平组比低水平组更加丰富。由图 8.1 可知，低水平考生主要的属性掌握模式仅有五类，且掌握的属性主要集中在两个语言知识属性（大部分模式中前两个属性掌握状态被诊断为"1"，如"110010""110001""110000"模式）和技能性属性 6"态度识别"（如"000001"模式）上；而高水平组有七类主要的掌握模式，且该群体不仅掌握了语言知识属性（大部分模式中前两个属性掌握状态被诊断为"1"），对技能性属性的掌握程度和掌握模式丰富度上也远超过低水平群体。超过 45% 的高水平考生六个属性全部掌握，且除了模式"110000"之外，其他模式均含有至少1个技能性属性。

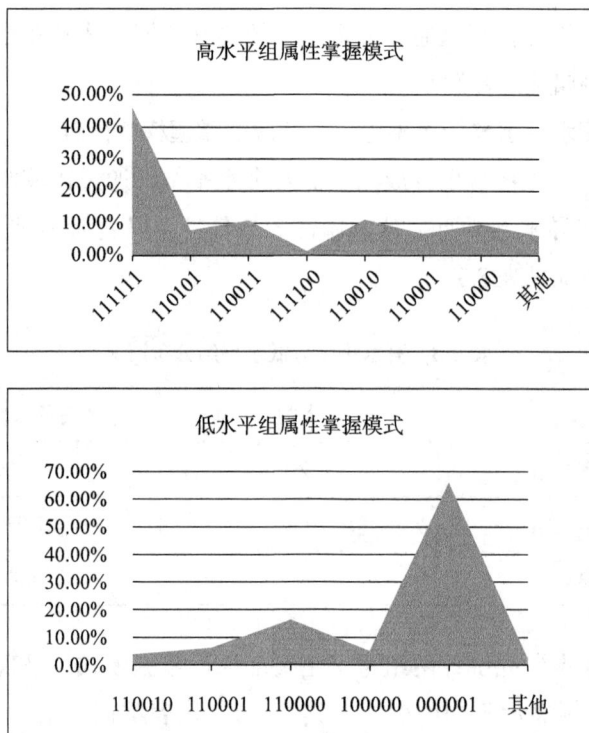

图 8.1　高低水平组主要属性掌握模式对比

其次，在属性掌握数量上，高水平组考生整体上超过低水平组。从图 8.1 可知，低水平者的掌握模式显示该群体最多只能同时掌握 3 个属性，且就人数比例而言，同时掌握 3 个属性的考生总人数仅占比约 10%，多数考生只掌握了两个甚至是一个属性。但高水平群体的情况截然不同，相当一部分考生 6 个属性全部掌握（模式"111111"），且同时掌握三个及以上属性的考生占比近 85%。

（2）不同属性掌握模式的考生得分情况

为了更直观地观察不同属性掌握模式的考生能力，研究者整理了不同模式考生的平均分及得分范围，如图 8.2。图中纵坐标表示掌握属性数量分别为一至六个的考生群体；横坐标表示该群体考生的平均得分；条状图形右边的数值分别表示该群体考生的最低分和最高分；此外，右下角还标注了每个类别具体包含的属性掌握模式。

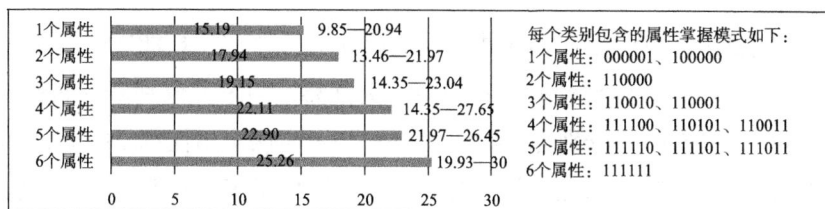

类别	平均得分	最低分—最高分
1个属性	15.19	9.85—20.94
2个属性	17.94	13.46—21.97
3个属性	19.15	14.35—23.04
4个属性	22.11	14.35—27.65
5个属性	22.90	21.97—26.45
6个属性	25.26	19.93—30

每个类别包含的属性掌握模式如下：
1个属性：000001、100000
2个属性：110000
3个属性：110010、110001
4个属性：111100、110101、110011
5个属性：111110、111101、111011
6个属性：111111

图8.2　不同属性掌握模式考生平均得分

从图中的标注可知，就属性掌握类型而言，语言知识属性出现次数最多。除了第一类只掌握一个属性的考生外，其余五类考生在前两个属性的掌握状态上均被标注为"1"，表示这五类学生都掌握了语言知识属性。另外，考生群体中出现了只掌握语言知识属性的情况（如第二类考生的掌握模式为"110000"），但单独掌握技能性属性的考生却很少（仅在第一类考生中出现了"000001"这一模式），且没有单独掌握两个及以上技能性属性的情况。最后，综合属性数量、属性类型和考生得分来看，属性个数的增长主要体现在技能性属性上，且随着掌握的技能性属性增多，考生的平均得分与两端最大值最小值均基本呈递增趋势。

（3）题目在不同属性掌握模式下的答对概率

假设题目 j 测量了 n 个属性，那么在回答 j 时考生用到的属性（组合）就有 2^n 种可能，认知诊断模型计算了每种可能性下题目 j 的答对概率。本研究分析发现，在总共30道题目中，有25个题目的答对概率符合"递增"趋势，即掌握的属性越多，答对题目的概率越高，如以下两个例子：

题目18

P（00）	P（10）	P（01）	P（11）
0.35	0.49	0.56	0.70

题目 10

P（000）	P（100）	P（010）	P（001）	P（110）	P（101）	P（011）	P（111）
0.24	0.62	0.28	0.51	0.66	0.89	0.55	0.93

题目 18 考查了属性 2（语言层面属性）、属性 4（技能层面属性）。当考生不掌握任何属性时，答对概率为 0.35；当考生分别掌握属性 2 和 4 时，答对概率分别为 0.49 和 0.56；当考生两个属性都掌握时，其概率上升到 0.70。因此，掌握题目要求的属性越多，其答对概率也就越高，且技能性属性的掌握往往更能提高答对概率。但研究者也发现了一些例外，虽然总体而言掌握属性增加会使得答对概率提高，但在掌握属性个数相同的情况下，不同属性组合的答对概率并不统一。如题 10，它考查了属性 2、4 和 6，考生只掌握语言层面属性（属性 2）时的答对概率为 0.62，比只掌握一个技能性属性高（即 0.28、0.51），且考生掌握模式为 110 和 101 时，答对概率为 0.66 和 0.89，高于掌握模式 011 时的概率 0.55。研究者仔细分析了每个题目在每种模式下的答对概率，发现有 1/5 的"递增型"题目存在这种现象。具体来讲，大多数情况下技能性属性是提高题目答对率的关键，但在少量题目上，语言性知识和语言、技能知识的结合也对题目解答有着重要作用。

8.4 讨论

8.4.1 理解过程的互补性及体现

研究结果显示，在拟合度上补偿型模型 ACDM 与 DINO 都分别优于与其相对的非补偿型模型 RRUM 和 DINA，从数据上证实了听力理解过程中互补性机制的存在。这与 Yi（2017）的研究结果一致，虽然 Yi 的研究使用的模型和数据与本研究有较大不同，但结果都是补偿型模型与数据更为拟合，说明听力理解过程存在互补性机制这一主张较为可靠。另外这一结果也符合 Field（1998）等学者关于听力理解互补性机制的论述。语言不同于数学等学科，各个微技能之间没有非常清晰的界限。在语言测试中，很多时候某一项目可能同时涉及了两种或多种认知属性。当考生没有完全掌握这一项目考查的所有属性时，并不一定意味着该考生就一定会做错，考生掌握的其他认知属性可能会补偿缺失项，帮助其正确作答。正如 O'Malley et al.（1989）的研究对听力理解交互性模式作出的阐释，听力理解过程结合自上而下、自下而上两种模式，两种模式之间互相补偿，学习者在听力过程中需要转换处理底层的词和音素的能力与利用原有知识对接收信息进行处理的能力，而且往往听力能力越强的人越擅长模式的灵活转换。当然，本研究的补偿性论断是在排除了猜测因素基础之上作出的。如果加上猜测，情况则会更加复杂。

同时，拟合结果还显示非补偿型 RRUM 模型与补偿型 ACDM 模型之间的差异相对较小，且前者的拟合度指标甚至优于补偿型模型 DINO。表面上看起来这似乎与上文作出的互补机制论断相冲突，但我们认为，听力理解的过程是复杂的，其中可能既包含了互补性机制，也包含了非互补的情况。目前虽然没有听力研究得出过相似结论，但在阅读理解方面，已有不少学者（如 Jang, 2009; Li et al., 2016）提出类似的观点，认为阅读理解中互补与非互补情况同时存在。这也可以解释为什么除了听力理解的交互性模式之外，学界也存在自上而下和自下而上的观点。换言之，在听力理解中，互补与非互补并不是一对互不相容的概念，他们灵活地存在于符合各自条件的情况中，若条件发生改变，则"互补／非互补"机制也会发生改变。

8.4.2 不同认知属性的互补性差异及体现

二语听力理解过程中各属性的补偿功能并不一致，在本研究中具体表现为技能性知识具有更强的补偿力度。从图 8.1、图 8.2 可以看出高水平听者与低水平听者的明显差别在于技能性知识的掌握。技能层面属性掌握得越好，其听力得分就越高。从题目答对率上看也是如此。技能性属性的掌握是提高听力理解的一大关键。

但是，这并不意味着掌握了任一技能性属性就能保证顺利完成听力任务。图 8.1 中 60% 以上的低水平听者的属性掌握模式都是"000001"，说明仅凭"态度和意图识别"这一项技能，无法给予考生的听力过程足够的补偿。图 8.2 也证明了这一点，掌握三个属性的考生比掌握两个属性的考生多了一个技能层面的属性，但其平均分却相差不大（分别为 17.94 和 19.15 分），但当技能性属性增加到两个及以上时，其平均分则有了明显的提高（22.11 分）。同时研究者还发现掌握三个属性的考生中，仍有很大一部分人没能合格，但技能性属性增至三个及以上时，分数低于 18 的群体大大减少。这些发现暗示着虽然技能性知识具有更强的补偿功能，但补偿型机制的启动可能存在属性掌握阈值，即并不是掌握了任一种技能性知识，就能保证听力理解过程顺畅进行，只有当技能性知识的掌握达到一定程度时，才可以发挥其补偿功能。Clarke（1980）曾提出"语言起点水平假设"，他认为只有二语能力达到一定水平，用于理解一语的技巧和知识才能迁移到二语中。与这种语言能力阈值相似，听力理解中互补性机制的运作也需要听者技能性知识的掌握达到一定水平。低水平者因技能性知识掌握不足，只能更多地依靠语言性知识，完成听力任务有一定困难；高水平者在掌握语言知识基础上，还具备了一定的技能性知识，能较顺利地完成听力任务。

由此，笔者基于 McNeil（2012）的阅读理解过程框架以及本研究实证发现，提出听力理解贡献性框架（见图 8.3），推测影响听力高、低水平群体听力理解各个因素的相对贡献度。如图 8.3 所示，对于低水平听者来说，由于其技能性知识掌握相对较弱，听力理解主要靠识别二语语音、单词及句法结构等语言知识完成，因此二语语言知识所占比重相对更大。而高水平听者对技能性知识的掌握较低水平群体有很大提升，本研究发现这也是区别两个群体得分的一个重要因素。因此笔者推测，技能性知识对高水平群体听力理解的贡献度更高。另外，一语语言知识与不可解释的方差在两个群体中没有明显区别。

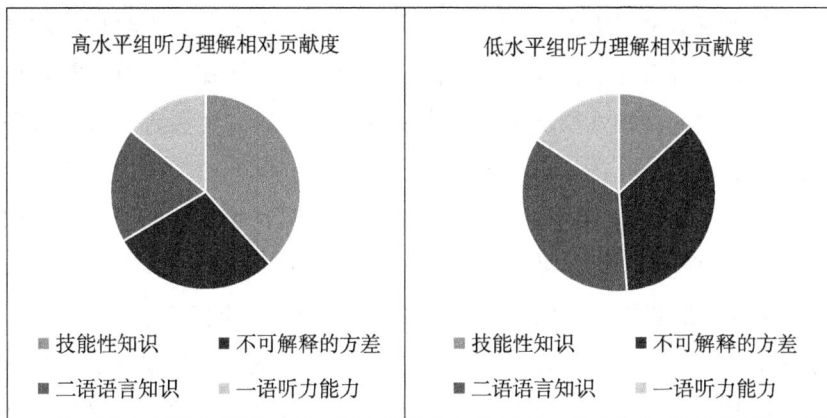

图 8.3　技能性知识、二语语言知识和一语听力能力对听力低水平与高水平组听力理解的相对贡献度

此外，也不能忽视语言知识的作用。在个别题目上，单独使用技能性知识的效果可能不如使用语言知识或语言与技能知识组合。同时从属性掌握模式上看，本研究中有一部分考生只掌握了语言知识而没有掌握技能知识，但却少有单独掌握技能知识而不掌握语言知识的情况，说明就考生的认知习惯而言，通常更倾向于先掌握语言知识，再在其基础上加强对技能知识的掌握。换句话说，语言知识是听力理解的重要基础，在掌握语言知识的条件下增强对技能性知识的使用，最有可能达到听力理解过程的最优化。这与 Vandergrift（2007）的讨论相符，也和前人如 Bernhardt（2005）和 McNeil（2012）对二语阅读互补性机制的阐释一致。

8.5 小结

本研究表明，听力理解过程的确存在互补性机制。相比而言，技能性知识对听力理解过程的补偿性更强。但这种补偿功能的实现具有条件性，考生掌握的技能性知识需要达到一定阈值，其补偿作用才能发挥出来。同时，语言性知识虽不像技能性知识具有很强的补偿性，但作为听力理解的重要基础，它也是技能性知识作用得以更好发挥的必要前提。

本研究结论对听力本质探索、听力教学及听力研究方法均有重要指导意义。听力理解包含了复杂的认知过程，用认知诊断方法能够从更加精细的认知属性层面剖析听力过程，帮助研究者深入了解听力理解的本质。本研究还提出了听力理解贡献性框架，影响听力理解的因素除了一些不可解释的方差外，主要包括技能性知识、二语语言知识和一语听力能力，但这些因素对学生的听力理解贡献度并不恒定，会随学生水平的变化而变化。一部分教师在描述听力能力较差的群体时，习惯称之为"基础较差的学生"，认为提高其听力水平需要从语言基础知识着手。但本研究结果显示，考生听力能力弱可能并不是因为对语音或是词汇、句法掌握得不好，而是他们的技能性知识掌握较差。因此，在考生已经掌握一定的语言知识情况下，加强技能性知识的训练可能对其听力理解的提高更有帮助。

本研究的局限之处在于涉及的技能性属性尚不全面，没有包含元认知技能。未来研究可以涉及更多技能性属性，从而更全面深入地了解技能性属性在听力过程中的作用。此外，本研究构建的听力理解过程框架还有待通过实证研究来进一步讨论其可行性，对互补性机制阈值范围的界定也需开展研究进行深入探讨。另外，本研究以定量分析为主，还需要更多深入的定性数据来对本研究结果进行补充。

第九章
认知诊断测评研究：跨模态稳定性

9.1 研究背景

第八章的实证研究发现，听力理解过程同阅读理解过程相似，存在互补性机制。但是，听力属于口语模态下对任务进行加工处理，而阅读属于书面模态下对任务进行加工处理，那么两者的加工方式在跨模态中是否具有稳定性？有何异同？本研究旨在探究中国语境下英语听力与阅读中的认知属性间的相似性和差异性。

以往理论和实证文献对听力和阅读中的认知属性异同暂无明确的定义。以往大多数相关研究均聚焦一语或一般性语言理解（Aryadoust，2020），二语接受型技能之间的关系仍不明晰。学习者习得二语的顺序与一语有较大差异，因此，有必要在二语语境下来研究该问题。以往文献表明，在二语场景下，听力和阅读的相关性可能并不高，尤其是当学习者的母语与二语具有不同的拼写系统时（如母语是字母语言而二语是非字母语言）（Uchikoshi，2013），听力和阅读的相关性可能会更低。因此，有必要对在拼写系统上具有对比性的母语和二语开展相关研究。在本研究中，学习者的母语为中文，二语为英语。

要深入了解二语听力和阅读的异同，从微技能着手不失为一种好方法。事实上，前人研究已为微技能法的应用做了很好的例证（如Aryadoust, 2020; Becker, 2016; Schoonen, 2019），帮助我们从更细粒度层面更好地解读语言理解能力。但前人研究也存在方法上的局限。比如一些研究所使用的试题只允许每个题目测量一个微技能（一对一），但事实上语言理解过程可能同时涉及多个微技能（Yi, 2017）。针对这一问题，本研究采用认知诊断模型。认知诊断测评方法允许一个题目同时与多个微技能（或认知属性）相关联（一对多），这一假设与学习者实际的考试过程更贴近。认知属性是认知诊断测评研究中一个重要和常见的概念（如He et al., 2021; Liang et al., 2021），定义认知属性是采用认知诊断模型进行分析的基础。本研究遵循 Buck & Tatsuoka（1998）对认知属性的广义定义，定义认知属性为完成任务所需的一切知识、技能或能力。在本研究中，下属构念、微技能和认知属性这些术语的含义相同，将被交替使用。

认知诊断测评旨在测量学习者在微技能层面的知识结构，以提供关于群体和个人认知优势和劣势的反馈（Tu et al., 2019），因此认知诊断测评可以提供更丰富的有关学习者"学习结果"（即学习者的知识/技能掌握状况）的信息。鉴于当前测评研究的重点已经从呈现单一分数或整体判断转移到提供更丰富的信息以更好地指导教学和学习上（Liu, Huggins-Manley, et al., 2018），如何从测试结果中获得最大的教育收益已成为教育测量领域的一个关键问题（de la Torre & Minchen, 2014）。在此背景下，为响应对细粒度诊断信息的迫切需求，认知诊断测评方法将是一项有效的分析手段。此外，许多学者在构建 Q 矩阵时还参考了语言学习者有声思维的结果，这一信息能帮助我们更好地了解学习者在与文本互动时使用了什么认知属性，为我们认识学习者语言理解的"过程"带来一定启示。此外，借助认知诊断测评方法，我们还可观察到不同表现群体的属性掌握模式，从而窥见中国英语学习者理解能力的发展轨迹。目前这方面的实证研究还很少。由于本研究主要关注的是不同群体的学习模式，因而诊断分析将仅限于群体层面。

简而言之，本研究旨在探讨中国语境中英语听力与阅读之间的关系，重点是利用认知诊断模型对两种模态共有的认知属性的表现稳定性（相似性）和可变性（差异性）进行研究。本研究认为，对共同属性的考察是一种有效而直接的方式，可以直接展现语言理解在两种模态下有何异同。本文假设，二语听力和阅读构念的某些部分存在相似性，但模态效应也在语言理解过程中起着一定作用。对这一问题的研究将对二语学习、教学和测试开发产生重要影响。对听力和阅读理解过程的剖析能帮助学习者深入了解这两种不同的信息处理渠道，帮助教师根据不同模态的特点有针对性地准备教学材料，并协助测试开发人员设计出更恰当的项目来测量学习者的语言理解能力。

9.2 研究设计

9.2.1 研究问题

本研究将探讨不同水平的中国英语学习者在听力和阅读两种模态下对整体和局部加工型技能掌握的稳定性与可变性。具体而言，本研究试图解决以下三个研究问题：

（1）英语学习者的听力和阅读能力在多大程度上存在差异？

（2）英语学习者在两种模态下对整体和局部加工型微技能的掌握模式有何差异？

（3）高水平和低水平学习者在两种模态下对整体和局部加工型微技能的掌握模式有何差异？

9.2.2 研究对象

本研究的被试包括 797 名本科生，其中大二 229 人，大三 330 人，大四 238 人。他们全部来自中国某重点大学，就读专业涉及人文、社会科学和自然科学。他们都参加了同一场大规模英语校本考试[1]。被试的男女比例为 1.4 ∶ 1，年龄从 19 岁到 21 岁不等，学习英语至少已

1　第八、九、十章报道的三项实证研究均采用同一高校的学位英语测试，但三章所使用的数据为三批考生在三套不同试卷中的作答。

有 8 年。被试大部分是《量表》四级至六级的中等水平英语学习者。此外，笔者邀请了 3 位领域专家分析听力和阅读题目的认知属性；6 名本科生进行听力和阅读题目口头反思报告，回忆他们完成任务时的想法。

9.2.3 研究工具

研究工具为上述大规模高风险校本考试的听力和阅读部分。该考试每年举行两次，包括听力、阅读、写作和口语测试。该大学所有非英语专业本科生都需要通过考试才能获得学士学位。听力和阅读部分均在电脑上施测。若考生未通过听力和阅读考试，则需要重新参加听力和阅读考试。

所有测试项目均选自该校为上述校本考试构建的题库，测试专家在挑选时确保听力和阅读两个部分的难度大致相当。题库由经验丰富的领域专家开发，涵盖了学习者熟悉的话题，如日常生活、教育和其他一般性话题。听力部分包含 30 个单项选择题，其中 1—10 题基于 10 段简短对话，11—15 题基于 1 段长对话，16—30 题基于 3 段独白。阅读部分共有 20 题，1—10 题为单项选择题，11—20 题为完形填空题。单项选择题基于 2 个篇章，每个篇章设有 5 个题目。集库式完形填空题共 10 处空白，需要学习者从 15 个单词中选择合适的单词来填补空白。

尽管该测试在设计之初为终结性考试，但个人和学校层面都存在对更细粒度信息的持续需求。学生（尤其是未通过考试者）和教师都希望了解微技能的掌握情况，以便开展针对性更强的学习和教学活动。学校也希望通过学习者的成绩档案来评估和调整大学英语课程。

9.2.4 研究步骤

认知诊断大致有两种应用方法。一种是归纳法（inductive approach）（Jang, 2008），指直接设计开发具有诊断性质的试题，从命题环节开始到分数报告，形成一个完整的体系。归纳法开发过程耗时又昂贵（Lee & Sawaki, 2009a; Toprak & Cakir, 2021），且研究人员需要收集足够多的数据来满足认知诊断模型的统计要求（Toprak &

Cakir, 2021），因此相对会耗费更多的人力和财力资源。Toprak & Cakir
（2021）的研究属于归纳法在语言测试领域的典型尝试。另一种是翻
新法（retrofitted approach），这也是本研究采用的方法。一般来说，翻
新就是向旧系统添加"新技术或新功能"（Gierl et al., 2009），具体而
言，指将认知诊断模型应用到现有的、非诊断目的的考试中，以提
取诊断信息（Liu, Huggins-Manley, et al., 2018）。尽管学界对"翻新
法"褒贬不一，但语言测试领域已有许多使用翻新法的成功例子（如
Aryadoust, 2018; Chen & Chen, 2016; Javidanmehr & Sarab, 2019）。事实
证明，这种方法能提供丰富的诊断信息，并为认知诊断的发展做出较
大贡献（Lee & Sawaki, 2009a）。

　　翻新法包括四个步骤：认知属性定义、Q矩阵构建、模型选择和
属性掌握度估计。定义认知属性有多种方法，例如文献参考、试题内
容分析和学习者有声思维等。以上三种方法在本研究中均被使用。研
究者通过回顾文献搜集了九条听力和阅读共有的属性（包括整体加工
型和局部加工型），见表9.1（列表A）。

表9.1　认知属性列表

类型	列表 A	列表 B
局部加工型	理解关键词	理解关键的词和句法结构（属性1）
	理解关键的句法结构	提取特定细节（属性2）
	提取特定细节	
整体加工型	理解文本结构并综合信息	理解文本结构并综合信息（属性3）
	推断	推断（属性4）
	归纳主旨大意	
	识别态度和意图	
	识别修辞手法	
	理解文化背景	

随后，笔者邀请了三位领域专家分析听力和阅读题目，并对列表A进行修改。三位专家都具备听力和阅读测试方面的专业知识，也都有大学英语教学和项目内容分析的经验。其中一位专家是上述大型考试项目编写和试卷组卷的核心成员。另外两位均为测试研究组成员。在分析试卷内容时，专家首先需要参考考试蓝图，以确定考试涉及的内容范围和学习者完成考试需要达到的认知水平；然后对每个题目的内容进行仔细分析，以决定每个题目所考察的认知属性。在此期间，三位专家先提出自己的判断，经过讨论后做出最终决定。研究者还邀请了六名未参加该考试的非英语专业本科生来进行回溯式口头报告，要求他们回忆自己完成任务时的想法。在回忆期间，这六名被试未接触已经定义好的认知属性，只是简单讲述他们的思考过程。回忆结束后，被试还需要从 9 个原始属性中选出他们在每个项目上所用到的认知属性，这一环节将帮助被试对自己的认知过程进行分类。根据领域专家的判断和学生的回顾，9 个初始属性最终只保留了 4 个（见表 9.1列表 B）。确定好属性后，研究者根据专家的内容分析和学生的口头报告构建了 Q 矩阵，以记录项目和属性之间的关系（Tatsuoka, 1983）。研究工具包括听力和阅读两个测试，因此研究者一共构建了两个 Q 矩阵。由于篇幅限制，本章将这两个矩阵放在同一个表格中展示（表9.2）。表中的条目"1"表示该项目考查了某特定属性，条目"0"表示该项目未考查某属性。

表 9.2　听力与阅读 Q 矩阵

项目	听力				阅读			
	属性 1	属性 2	属性 3	属性 4	属性 1	属性 2	属性 3	属性 4
1	0	1	1	0	1	0	1	1
2	0	1	0	1	1	1	1	0
3	1	0	1	0	1	0	1	0

（待续）

（续表）

项目	听力				阅读			
	属性1	属性2	属性3	属性4	属性1	属性2	属性3	属性4
4	0	0	1	1	0	0	1	1
5	0	0	1	0	0	0	1	1
6	1	0	1	1	1	0	1	0
7	1	0	1	0	0	1	0	1
8	1	0	0	0	0	1	1	0
9	0	0	1	1	0	1	0	0
10	1	1	1	0	0	0	1	1
11	0	0	1	0	1	0	0	0
12	0	1	0	0	1	0	0	0
13	0	1	0	0	1	0	1	0
14	0	1	0	0	1	0	0	0
15	0	1	0	0	1	0	0	0
16	0	1	1	0	1	0	0	0
17	0	1	0	0	1	0	0	0
18	0	1	0	0	1	0	0	0
19	0	1	0	0	1	0	0	0
20	0	0	1	0	1	0	1	0
21	0	1	1	0				
22	0	1	0	0				
23	0	1	0	0				
24	0	1	0	0				
25	0	0	1	0				

（待续）

（续表）

项目	听力				阅读			
	属性 1	属性 2	属性 3	属性 4	属性 1	属性 2	属性 3	属性 4
26	1	1	0	0				
27	0	1	0	0				
28	0	1	1	0				
29	0	1	0	0				
30	0	1	1	0				

9.2.5 数据分析

由于 G-DINA 软件包无法提供"听力阅读"题目的难度值和学习者的标准分，笔者采用双参数逻辑模型（2PLM）进行项目难度和学生能力估计。在使用 2PLM 之前，笔者检查了集库式完形填空题目之间的依赖性，因为完形填空题目之间可能存在局部项目依赖性（Baghaei & Ravan, 2016; Wang et al., 2005），而局部项目依赖性又违反了 2PLM 的局部独立性假设。

为了获取学习者的标准分，笔者采用项目反应理论框架下的 Stocking-Lord 方法（Stocking & Lord, 1983）进行等值，保证不同试卷之间和不同年份的考试之间成绩具有可比性。听力和阅读部分均经过校准（calibration）和等值（equating）。同时，笔者将学生在两个部分的原始分数转换为项目反应理论标准分并加以报告。两项测试的标准分满分均为 30。依据学习者的标准分，笔者将学习者分为高水平组和低水平组。高水平组包括同时通过听力和阅读部分的学习者，共 327 名；而低水平组包括剩下的全部学习者，共 470 名。听力和阅读部分的及格分数通过一项标准设定研究确定，均为 18 分。标准设定是一种设定分数的科学方法，由"各种系统的、基于判断的过程"构成（Tannenbaum & Cho, 2014）。笔者将学生划分为这样两组的原因是：（1）作为大学教师，笔者希望了解学生的学习状况，尤其是希望了解未通过考试的学生的弱项，以便调整教学实践，更好地促进他们的学习并帮助他们通过考试。因此，将学生分为通过（高水平）和未通过（低水平）组是更直接和有效的方式；（2）本研究的重点是检验二语理解过程是否因模态而异。因此，根据学生在听力和阅读理解测试中的整体表现来对他们进行分组更合理。笔者还尝试对听力和阅读部分的分数进行同时校准，探究听力和阅读部分的项目难度值是否具有可比性。

目前较常用的认知诊断模型包括 DINA 模型（Junker & Sijtsma, 2001）、DINO模型（Templin & Henson, 2006）、ACDM模型（de la Torre, 2011）和 G-DINA 模型（de La Torre, 2011）等。测试从业者选择模型的一种方法是比较模型与数据的相对拟合度。常用的相对拟合度指标有 -2LL、AIC 和 BIC（Chen et al., 2013）。这些指标的数值越低，表示模型与数据的拟合越好。RMSEA 和 SRMSR 是绝对拟合指标，若这两个指标数值小于 0.05（Shi et al., 2019），说明模型与数据拟合。

本研究使用 R（V.3.6.1）和 Rstudio（V.1.2.1335）软件的 "G-DINA"（V.2.8.0）分析包（Ma & de la Torre, 2020）比较了 DINA、DINO、ACDM 和 G-DINA 四个模型与数据的拟合情况。G-DINA 模型是认知诊断研究中常用的饱和模型（如 Chen & Chen, 2016; Li et al., 2016; Ravand, 2016）。饱和模型包含了潜变量之间所有可能的主效应和交互效应（Rupp et al., 2010）。与饱和模型相比，其他模型仅包含某些特定参数，例如 DINA 模型仅包含潜变量之间的交互效应。G-DINA 模型的这种饱和特性与二语听力和阅读复杂的认知过程相匹配。在二语听力和阅读过程中，学习者可能使用单个技能来完成任务，也可能综合使用多种技能（Nassaji, 2002; van den Broek et al., 2005）。由于 G-DINA 模型是高度参数化的，它通常会产生最佳的绝对拟合指数（Lei & Li, 2016）。然而，当样本量较小时，G-DINA 的相对拟合指数可能不太好（Lei & Li, 2016），因此本研究选用了四个不同的模型来比较其拟合度。选择 DINA 和 DINO 是因为这两者是教育测量界常用的认知诊断模型（Köhn & Chiu, 2016）。选择 ACDM 是因为前人研究（Li et al., 2016）在比较了 G-DINA、DINO、ACDM、DINA 和 RRUM 模型后，发现 ACDM 和 G-DINA 与数据拟合最好。模型比较的结果将在 9.3.2 节中介绍。在确定了最佳拟合模型后，笔者进一步分析属性掌握情况。本研究重点分析了三种类型的属性掌握信息，即属性掌握模式（attribute mastery profiles 或 attribute mastery patterns）、属性通过率（attribute prevalence）和属性掌握概率（attribute mastery probability）。在分析学习者的属性掌握模式时，通常使用"0"和"1"来记录学习者对所测属性的整体掌握情况（Ma et al., 2020）。如果一项测试测量了两个属性，则学习者的属性掌握模式可能为"00""01""10"和"11"，其中"0"代表不掌握某个属性，"1"代表掌握某个属性。属性通过率是掌握该属性的人占总人数的比例，它代表着学习者总体对微技能的掌握情况（DeCarlo, 2011）。如果某个特定属性的属性通过率在 0.5 以上，则意味着超过一半的学习者已经掌握了该属性。属性掌握概率是个人掌握某个属性的概率，即单个学习者对微技能的掌握程度。属性掌握概率的值高于 0.5 则表示学习者已经掌握了特定属性（Karelitz, 2008）。

9.3 研究结果

9.3.1 听力与阅读能力比较

图 9.1 是阅读测试所有项目对的 Bonferroni 校正 p 值的热图。对于每个项目对而言，如果 p 值小于 0.05，就可能存在项目依赖性。从图中可以看出，除了三对项目对（项目 12 和 13、项目 13 和 17、项目 19 和 20）外，大多数项目对均不存在依赖性。鉴于这三对项目对仅占所有项目对数量的 2%（190 对中的 3 对），因此对整体结果的影响可能不大。另外研究表明，局部依赖性的存在不一定会扭曲对项目参数和学习者能力参数的估计（Baghaei & Ravan, 2016; Zenisky et al., 2002），所以在本研究中使用 2PLM 是可接受的。

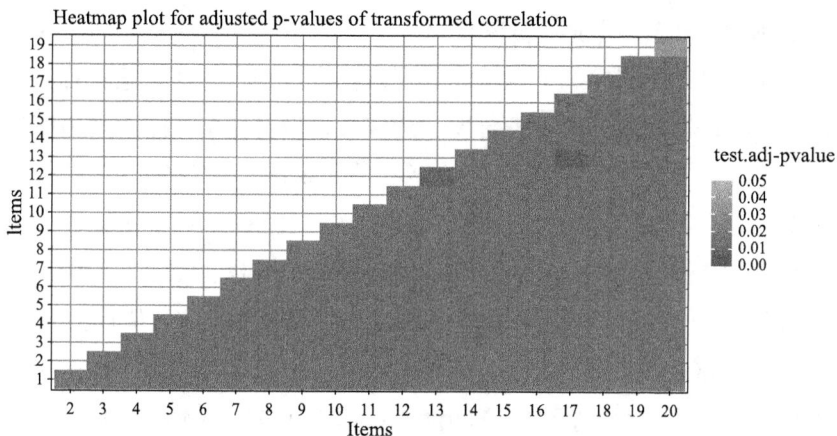

图 9.1　阅读测试项目对的 Bonferroni 校正 p 值

表 9.3 提供了项目难度和测试分数的描述性统计数据。项目难度值是由 IRT 模型计算得到的逻辑值（logit），平均分数则是在项目反应理论标准分基础上计算得出。听力和阅读部分的信度系数（Cronbach's alpha）分别为 0.73 和 0.71，表明总体而言，这两个部分的信度都较好。阅读的项目难度平均值（0.75）高于听力（0.51），但配对样本 t 检验结果显示，两个测试的难度水平无显著差异（$t(19)=-1.77$，$p=0.09$）。尽管这两部分的测试项目难度相当，但学习者在这两个部分上的表现却有差异。配对样本 t 检验结果显示，听力分数显著低于阅读分数（$t(796)=-21.04$，$p<0.001$，Cohen's $d=0.75$）。简而言之，尽管听力和阅读部分难度相似，但学习者在听力上的表现更差。

表 9.3　听力、阅读测试描述性统计

	项目难度				考试分数					
	数量	平均值	标准差	最小值	最大值	平均值	标准差	最小值	最大值	人数	信度
听力	30	0.51	1.31	-1.63	3.43	17.79	4.08	7	30	797	0.73
阅读	20	0.75	0.92	-0.86	1.67	20.92	4.27	7	29	797	0.71

9.3.2 听力与阅读微技能表现异同

为了研究不同模态下微技能表现的稳定性和可变性，笔者首先比较了不同认知诊断模型的拟合度，选取最佳拟合模型，随后采用该最佳模型，估算学习者对各个微技能的掌握情况。从表 9.4 可以看出，四个模型的绝对拟合值均低于临界值 0.05，但 G-DINA 模型的 -2LL 值和 AIC 值最低。从 -2LL 值和 AIC 值两个指标上看，G-DINA 模型与数据拟合最佳。但需要注意的是，G-DINA 的 BIC 值比其他模型更高，这可能是因为 BIC 指标对模型复杂度的惩罚更严厉（Liu, Huggins-Manley, et al., 2018; Murphy, 2012）。G-DINA 作为饱和模型，是这四个模型中最复杂的模型，因此 G-DINA 有可能产生更高的 BIC 值。基于 -2LL 值和 AIC 值以及饱和模型在语言理解方面的适用性，本研究最终选择 G-DINA 模型来进一步分析学习者的微技能掌握情况。

表 9.4　认知诊断模型与听力阅读数据的拟合情况

		相对拟合		绝对拟合		
		-2LL	AIC	BIC	RMSEA	SRMSR
听力	G-DINA	26434	26651	27162	0.0213	0.0410
	DINA	26503	26653	27005	0.0197	0.0412
	DINO	26540	26690	27041	0.0201	0.0422
	ACDM	26474	26654	27076	0.0194	0.0404
阅读	G-DINA	17638	17808	18206	0.0189	0.0385
	DINA	17717	17827	18085	0.0225	0.0424
	DINO	17718	17828	18086	0.0230	0.0424
	ACDM	17670	17806	18124	0.0180	0.0384

本研究同时检查了被试正确作答题目的预测比例和观察比例之间的差异（Shafipoor et al., 2021）（见表 9.5），用于探究项目层面的模型

拟合度。该数值越接近于零，拟合度就越高。由表 9.5 可见，所有项目的 p 值均高于 0.05，表明模型在项目层面的拟合度很好。

表 9.5 预测与观察比例差

题目	听力		阅读	
	比例差	p 值	比例差	p 值
1	0.0046	0.9963	0.1650	0.8690
2	0.0039	0.9969	0.0282	0.9775
3	0.0129	0.9897	0.0319	0.9746
4	0.1693	0.8655	0.1710	0.8642
5	0.0164	0.9869	0.0321	0.9744
6	0.1175	0.9065	0.2081	0.8352
7	0.0511	0.9592	0.0331	0.9736
8	0.1659	0.8682	0.0731	0.9417
9	0.0477	0.9619	0.0493	0.9607
10	0.1098	0.9126	0.0499	0.9602
11	0.0039	0.9969	0.0254	0.9798
12	0.0096	0.9923	0.1154	0.9081
13	0.0974	0.9224	0.0189	0.9849
14	0.0070	0.9944	0.1450	0.8847
15	0.0140	0.9889	0.0310	0.9753
16	0.1051	0.9163	0.0328	0.9738
17	0.0563	0.9551	0.0364	0.971
18	0.0140	0.9888	0.0674	0.9462
19	0.2079	0.8353	0.0483	0.9615
20	0.0799	0.9363	0.0641	0.9489

（待续）

（续表）

题目	听力		阅读	
	比例差	p 值	比例差	p 值
21	0.0441	0.9648		
22	0.0229	0.9818		
23	0.0097	0.9922		
24	0.0371	0.9704		
25	0.0622	0.9504		
26	0.0682	0.9456		
27	0.1591	0.8736		
28	0.1121	0.9107		
29	0.1939	0.8462		
30	0.1236	0.9016		

检验完 G-DINA 模型在测试层面和项目层面与数据的拟合度之后，笔者对学习者个体和群体的微技能掌握情况进行了估计。由于篇幅限制，表 9.6 和表 9.7 只列了学习者群体微技能掌握情况。

表 9.6　两种模态下的属性通过率

	属性	听力	阅读
通过率	属性 1：理解关键的词和句法结构	0.52	0.56
	属性 2：提取特定细节	0.52	0.48
	属性 3：理解文本结构并综合信息	0.51	0.52
	属性 4：推断	0.68	0.48

表 9.7　两种模态下局部与整体加工型技能的掌握概率

	类型	统计值	听力	阅读
掌握概率	局部加工型	均值	0.49	0.52
		标准差	0.36	0.38
		最小值	0.00	0.00
		最大值	1.00	1.00
		偏度	0.10	-0.09
		峰度	-1.49	-1.59
	整体加工型	均值	0.59	0.45
		标准差	0.34	0.24
		最小值	0.03	0.04
		最大值	1.00	0.97
		偏度	-0.28	0.45
		峰度	-1.31	-0.74

在四个属性的掌握情况方面，属性2（提取特定细节）（$t[796]=1.281$，$p=0.20$）和属性3（理解文本结构并综合信息）（$t[796]=1.885$，$p=0.06$）的掌握概率在不同模态下无显著差异。但是属性1（语言知识）和属性4（推理技能）的情况则相反。学习者在阅读中能更好地掌握属性1（$t[796])=-4.485$，$p<0.00$，Cohen's $d=0.17$），在听力中能更好地掌握属性4（$t[796]=16.661$，$p<0.001$，Cohen's $d=0.81$）。

本研究通过重复测量双因素方差分析，比较了听力和阅读测试中局部和整体加工型技能的属性掌握概率。结果显示，两类技能的掌握情况在不同的模态下有明显差异。模态（$F[1,796]=27.72$，$p<0.001$，偏 $\eta^2=0.03$）和技能类型（$F[1,796]=8.94$，$p=0.003$，偏 $\eta^2=0.01$）的主效应较小，但两者之间存在着明显的交互效应（$F[1,796]=5.49$，$p<0.001$，偏 $\eta^2=0.20$）。如表 9.7 所示，在听力场景下，学习者对整体加工型技能的平均掌握概率高于局部加工型技能（$t[796]=-15.261$，$p<0.001$，Cohen's $d=0.29$）；而在阅读场景下，学习者对局部加工型

技能的平均掌握概率高于整体加工型技能（$t[796]=6.56$，$p<0.001$，Cohen's $d=0.20$）。

同时，本研究计算了每种属性掌握模式的后验概率（见表9.8）。后验概率越高，意味着具备该属性掌握模式的人越多。由于有四个属性，属性掌握模式共有16类。在听力测试中，后验概率高于0.1的模式为"1111"（后验概率=0.34）和"0001"（后验概率=0.22）。在阅读测试中，后验概率高于0.1的模式为"1111"（后验概率=0.26）、"0000"（后验概率=0.15）和"1000"（后验概率=0.11）。

表9.8 两种模态中各属性掌握模式的后验概率

属性掌握模式	听力	阅读
0000	0.09	0.15
1000	0.05	0.11
0100	0.07	0.02
0010	0.00	0.09
0001	0.22	0.08
1100	0.00	0.03
1010	0.01	0.02
1001	0.06	0.02
0100	0.05	0.04
0101	0.00	0.02
0011	0.04	0.02
1110	0.05	0.04
1101	0.00	0.05
1011	0.02	0.03
0111	0.01	0.01
1111	0.34	0.26

9.3.3 学习者水平与微技能的交互作用

笔者采用混合设计方差分析对数据做进一步分析，用作方差分析的组内因素为模态和微技能类型，组间因素为学习者水平。分析结果显示存在两个显著的主效应，包括学习者水平（F[1,795]=1356.39，$p<0.001$，偏 η^2=0.63）和模态（F[1,795]=48.84，$p<0.001$，偏 η^2=0.06），以及三个显著的双因素交互效应，分别为模态 × 学习者水平（F[1,795]=84.03，$p<0.001$，偏 η^2=0.10）、微技能类型 × 学习者水平（F[1,795]=209.01，$p<0.001$，偏 η^2=0.21）和模态 × 微技能类型（F[1,795]=243.12，$p<0.001$，偏 η^2=0.23），以及一个显著的三因素交互效应，模态 × 微技能类型 × 学习者水平（F[1,795]=50.72，$p<0.001$，偏 η^2=0.06）。

随后，笔者通过简单效应分析探讨了模态 × 微技能类型 × 学习者水平这一交互作用的性质。结果显示，无论是何种模态与微技能，高水平组的掌握概率明显高于低水平组（四种情况下 $p<0.001$）。如图9.2所示，两组之间的差距很大，且这一差距在听力中更明显。另外，高水平组的最低掌握概率在 0.6 左右，而低水平组的最高掌握概率低于 0.4，说明本研究对学生属性掌握状况的诊断很可靠，两组学习者在技能掌握上有明显的区分。

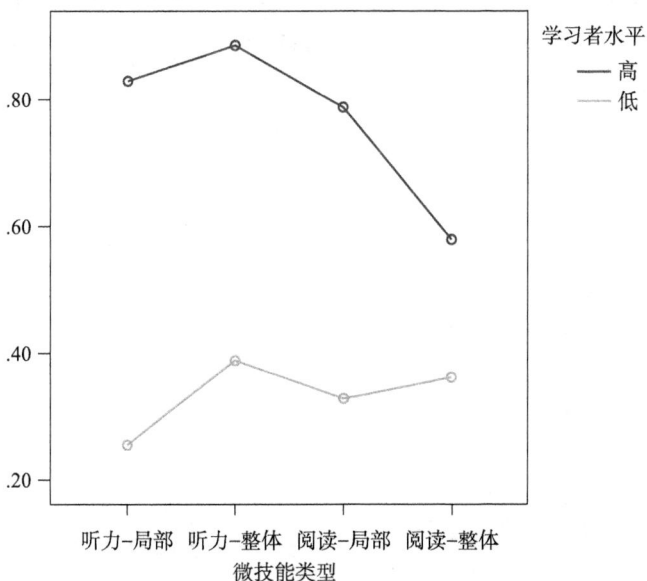

图9.2　不同水平学习者对不同类型微技能的掌握概率

图 9.3 显示了不同模态和水平下学习者的微技能掌握情况。低水平组在不同模态下的掌握情况相似，他们在听力（$t[459]=-13.496$，$p<0.001$，Cohen's $d=0.51$）和阅读（$t[459]=-2.552$，$p=0.011$，Cohen's $d=0.12$）场景中都能更好地掌握整体加工型技能，且在两类技能上的掌握概率均低于 0.5。相反，高分组的掌握情况在不同的模态下存在差异。他们在听力场景下能更好地掌握整体加工型技能（$t[326]=-7.780$，$p<0.001$，Cohen's $d=0.32$），但在阅读场景下，他们对局部加工型技能的掌握概率更高（$t[326]=19.025$，$p<0.001$，Cohen's $d=0.87$）。另外，高水平组在两类技能上的掌握概率均高于 0.5。笔者还分别分析了高、低水平组的属性掌握模式。高水平组在听力和阅读两种模态下最典型的属性掌握模式均为 "1111"。低水平组在听力中最典型的属性掌握模式为 "0001" 和 "0000"，在阅读中最典型的属性掌握模式为 "0000" "0001" 和 "0010"。

从图 9.3 还可以看出，高、低水平组在听力场景下的属性掌握情况更为稳定，因为两组学习者对整体加工型技能的掌握显著优于对局部加工型技能的掌握（在两种情况下 $p<0.001$）。在阅读场景下，两组的掌握情况不一致，其中高水平组在局部加工型技能上的掌握概率更高（$p<0.001$），而低水平组在整体加工型技能上的掌握概率更高（$p=0.004$）。

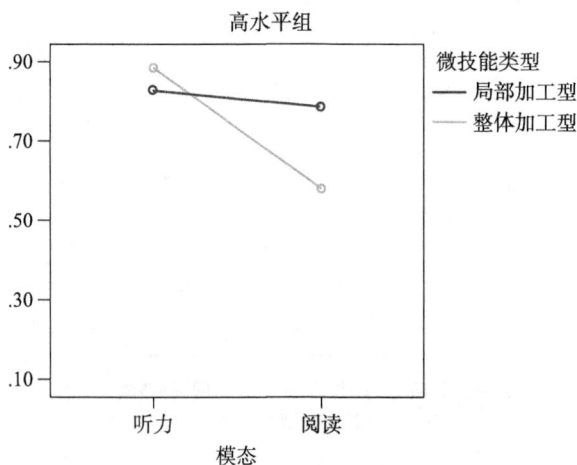

低水平组

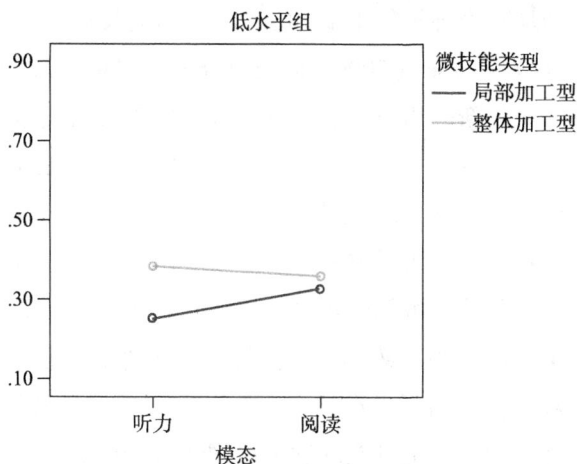

图 9.3 不同模态和水平下学习者的微技能掌握情况

9.4 讨论

9.4.1 听力与阅读能力差异

研究结果为不同模态下学习者表现的不稳定性假设提供了证据。本研究中，虽然听力、阅读两项测试的整体难度相当，但学习者的阅读成绩普遍优于听力成绩。该结果与许多二语研究结果相吻合。例如，Park（2004）对韩国 168 名大学生进行英语测试，发现考生的阅读成绩优于听力成绩。Hasan（2000）在大马士革大学的英语二语学习者中进行了一项调查，发现该校大学生认为听力是最难学习的语言技能。Ha（2021）的研究也提到，即使听力、阅读测试的输入文本具有相似的词汇难度，但听力测试通常比阅读测试更具挑战性。Chang et al.（2019）也认为在英语二语语境下，听力技能的发展比阅读技能更缓慢。

本研究认为，二语学习者听力和阅读的表现存在差异的原因可能在于以下三方面：（1）听力的独特性。听力材料转瞬即逝、听力过程中信息检索节奏不可控（Wolf et al., 2019）、语音特征识别的挑战（Vandergrift & Baker, 2015）和注意力集中的问题（Wolfgramm et al.,

2016）都会增加听力理解的难度。（2）二语听力发展可能不如一语听力发展那么高效。Cutler（2000）以及 Weber & Cutler（2006）曾多次揭示，在学习一门新的语言之前，学习者在幼年时已经形成了一语的音位体系（L1 phoneme repertoire）。这一体系可能会制约学习者对二语音对（phonetic contrasts）的辨别能力，降低二语语音的加工效率。但是，这并不意味着二语学习者不可能发展出高水平听力能力。学习者听力学习的实际情况可能会随着个体差异和教育等外部因素的变化而变化。（3）二语听力训练不足。传统的二语课程往往更关注语法、词汇、阅读和写作，而听力在教育体系中或多或少被忽视（Bingol et al., 2014）。练习的缺乏也可能反过来加剧学习者在听力测试中的焦虑（Serraj, 2015）。

9.4.2 听力与阅读微技能掌握模式差异

如前文第 3.2 节所述，学界对听力和阅读的加工方式有两种相反的观点。一种观点认为学习者的加工方式在不同的模态中有所不同，而另一种观点则认为学习者的加工方式在两种模态中相似。本研究的结果似乎支持了第一种观点，发现学习者在阅读中能更好地掌握局部加工型技能，而在听力中能更好地掌握整体加工型技能。这一发现与许多实证研究结果一致（如 Lund, 1991; Park, 2004; Stæhr, 2008）。两种模态下技能掌握的这种差异可能是由于口头和书面文本各自的独特性造成的。口头文本不允许回顾，因此学习者在听力中对词汇的依赖度更低（Van Zeeland & Schmitt, 2013），而且在无法回顾前文的情况下，在听的过程中提取和记忆细节信息对工作记忆提出了更高的要求（Brunfaut & Révész, 2015）。此外，口语文本还受到诸如省略、缩减、同化（Field, 2008）和母语用法干扰（Weber & Cutler, 2006）等特征的影响，以上特征都可能增加识别和理解局部信息的难度。然而，相较于阅读，听力并不总是处于劣势。在听力中，整体加工型技能、韵律等声学线索和其他非语言信息，可以发挥补偿作用，填补学习者语言知识的空白和遗漏的细节（Vandergrift & Goh, 2012; Van Zeeland & Schmitt, 2013）。与听力的即时加工不同，阅读理解的节奏相对可控，因为书面文本允许学习者回顾他们感兴趣或困惑的地方（Ha, 2021）。因此，包括单词识别和细节检索在内的局部信息加工在阅读中具有相对优势。另外，不断有研究表明阅读理解的成功与语言知识的掌握密切相关。例如 Schmitt et al.（2011）指出，要想充分理解二语阅读材料，学习者需要掌握材料中约 98% 的词汇。其他研究也强调了"词汇覆盖"在阅读理解中的重要性（Lesaux et al., 2010; Li & Kirby, 2015）。

上文提到，本研究发现学习者在听力中能更好地掌握整体加工型技能，在阅读中能更好地掌握局部加工型技能。这一结果似乎表明学习者在听力中可能更依赖自上而下的加工方式，而在阅读中则主要采用自下而上的加工方式。这一发现与前人研究结果一致（如 Vandergrift & Tafaghodtari, 2010; Verhoeven & van Leeuwe, 2009）。但需要注意的是，认知诊断分析并未提供关于属性贡献的直接线索，因此该结论还有待进一步证实。事实上，从本研究中听力理解的情况来看，虽然学习者在整体加工型技能上的平均表现良好（平均掌握概率 = 0.59），但他们对局部加工型技能的掌握程度仅处于边缘水平（平均掌握概率 =0.49），而这种整体加工型技能的相对优势并未带来听力理解的成功。这一点可以从考生的平均听力成绩（17.79）低于临界分数（18）看出来。基于此，研究者认为听力理解的两种加工方式之间可能存在依赖关系。这一发现与 Nix（2016）的观点相吻合，他发现自上而下和自下而上的加工是相互依赖的，虽然自上而下的加工在听力中起主导作用，但自上而下加工方式的作用很大程度上取决于学习者对自下而上加工的掌握。同样，仅使用自下而上的加工方式可能不会对理解产生显著影响。

从第二个研究问题的结果来看，不同模态下学习者的微技能表现确实存在差异。关于两种模态下考生的加工方式这一问题，本研究认为学习者在处理书面和口语输入时似乎采取了不同的加工方式，但是本研究不主张通过绝对的自上而下、自下而上或交互式加工方式对任何一种模态进行独立的解释，而是倾向于采用一种"相对观点"。即，对二语学习者来说，整体加工型技能可能在听力场景下更重要，而局部加工型技能可能在阅读场景下更重要，但这两种加工方式在两种模态中都是必不可少的，一类技能的作用可能取决于学习者对另一类技能的掌握。换言之，二语学习者在听力中倾向于采取相对以概念驱动为主的交互式加工方式，而在阅读中则采取相对以数据驱动为主的交互式加工方式。

除了分析两类技能的掌握情况外，本研究还探究了四个认知属性的掌握情况。如表9.6所示，属性1（语言知识）在阅读中掌握得更好，而属性4（推理）在听力中掌握得更好。这样的结果与前人研究结果一致，语言知识已多次被证实与阅读有更强的关系（如Murphy et al., 2016; Verhoeven & van Leeuwe, 2009, 2012），但与推理技能密切相关的工作记忆却对于听力更为重要（Language and Reading Research Consortium et al., 2018）。此外，结果显示属性2（细节）和属性3（综合）在不同模态下的掌握情况较为相似，这可能说明学习者对以上两个属性的掌握在听力和阅读中具有稳定性。但该假设还需要在未来的研究中加以验证。

9.4.3 高低水平学习者的听力与阅读微技能掌握模式差异

总体而言，学习者在阅读中能更好地掌握局部加工型技能，在听力中能更好地掌握整体加工型技能，但这一整体特点可能并不适用于所有阶段的学习者。就平均掌握概率而言，高水平组对整体和局部加工型技能的掌握概率在两种模态中均超过了0.5，表明高水平学习者在听力和阅读中都能很好地掌握两类技能。同时，高水平组在两种模态下的典型属性掌握模式（"1111"）也证明了这一点。相反，低水平组对两类技能的平均掌握概率均低于0.5，表明低水平学习者对两类技能的掌握较差。这一发现支持了Furuya（2021）和Nix（2016）的观点，即自上而下和自下而上的加工对语言理解都很关键。从这个意义上讲，听力和阅读具有相似性，因为不管是理解口头还是书面文本，都需要学习者掌握两类技能。但本研究的结果与Furuya（2021）和Nix（2016）持有的"平衡"观点并不一致。这种"平衡"的观点强调语言理解的成功需要学习者均衡地使用自上而下和自下而上的加工方式。

而本研究发现，在不同模态下，高水平学习者对两类技能的掌握程度是不同的。他们在阅读中能更好地掌握局部加工型技能，在听力中能更好地掌握整体加工型技能。事实上，Furuya（2021）和 Nix（2016）并未明确定义"平衡"这一概念。许多问题仍有待讨论，比如"什么是平衡？""学习者需要对两类技能达到什么样的掌握程度？"以及"平衡等于学习者对两类技能的掌握程度完全一致吗？"本研究结果表明，虽然学习者对两类技能的掌握概率都在 0.5 以上，但这并不一定意味着学习者对两类技能的掌握概率相等。与 Yeldham（2022）以及 Hersch & Andrews（2012）的研究结果类似，本研究认为高水平学习者在对两类技能的掌握达到一定程度后，可能在听力中更多地依赖自上而下的加工，而在阅读中更多地依赖自下而上的加工。

此外，与前人研究结果相似（如 Leonard, 2020; Priebe et al., 2012; Wolfgramm et al., 2016），本研究发现低水平组不管在听力还是阅读中都能更好地掌握整体加工型技能，低水平组的典型属性掌握模式（听力："0001"；阅读："0001"和"0010"）也反映了这一点。基于此，研究者认为自下而上的加工是水平较低的二语学习者面临的主要挑战，而自上而下的加工可以弥补他们二语知识的不足，帮助低水平学习者将信息整合到他们的知识系统中。整体加工型技能之所以受到低水平组的青睐，可能是因为整体加工型技能相较而言是一种固有技能，即使是未接受过语言培训或正规教育的人也能推断和总结说话者的含义，且整体加工型技能的运用在二语和一语中有一定共通性。而二语语言知识的获取途径主要是课堂。正如 Alderson（1984）所述，对于低水平学习者而言，阅读更多的是识字问题，而不是一语语言经验的问题。然而，整体加工型技能的相对优势是有限的。使用整体加工型技能是一个复杂的过程。如果没有适当和足够的训练，学习者便无法很好地掌握这类技能。本研究的结果表明，低水平组对整体加工型技能的掌握仍较弱，整体加工型技能的相对优势不足以弥补考生语言知识的不足，以帮助学习者通过考试。同时，研究结果还揭示了虽然整体加工型技能的运用在二语和一语中有一定共通性，但两者仍有区别。

在二语中，学习者对整体加工型技能的使用受到了学习者二语语言知识熟练程度的限制。这一发现与 Swan & Walter（2017a, 2017b）的观点不一致，他们认为自上而下的加工方式可以从一语转移到二语中，不需要单独训练。本研究认为学习者要在二语中对信息进行自上而下的加工仍需要依托于二语语言知识，因此掌握一定程度的二语知识对自上而下加工方式的运用十分重要。这一结论与语言能力的阈值假设（Clarke, 1980）相吻合，当学习者达到一定的目标语语言水平，即语言的阈值时，自上而下的加工才能更好地从一语向二语迁移。

除了分析模态间技能表现的稳定性与可变性之外，研究者还收集了每种模态内技能表现的稳定性和可变性证据。在听力中，高、低水平组均更好地掌握整体加工型技能，说明学习者在听力理解过程中可能主要依赖整体加工型技能。在阅读中，高、低水平组在属性掌握上呈现出不同的特点，表明不同水平的学习者在阅读理解过程中可能采取了不同的加工方式。这一技能掌握的可变性似乎为自下而上的加工在阅读理解中起到关键作用提供了额外支持。高、低水平组在局部加工型技能上的差异远大于整体加工型技能，这意味着在阅读中对局部加工型技能的掌握可能是区分高、低水平学习者的关键。正如 Perfetti & Stafura（2014）所言，学习者在识别单词和构建相应表征方面存在不足，这可能是导致其阅读成绩不佳的主要原因，而在局部加工型技能上的不足可能会进一步阻碍整体加工型技能的运用（Verhoeven, 2000）。

本研究发现，低水平组在不同模态下倾向于采用相似的加工方式，而高水平组在不同模态中采用了不同的加工方式。基于此结果，本研究的初步假设是，随着学习者能力的提升，学习者加工方式的模态特征可能会更加凸显。这与 Diakidoy et al.（2005）的研究结果相矛盾，他们发现模态效应会随着年级的增加而降低。经过分析，笔者认为出现不一致结果的主要原因可能是两项研究的被试不同。Diakidoy et al. 的研究聚焦一语学习者，而本研究聚焦二语学习者。本研究的被试多为中等水平学习者，在本研究中被分为中等偏低组（低水平组）

和中等偏高组（高水平组）。若在研究中纳入更多高水平学习者，结果可能会发生变化。因此，此假设仍需要更多实证研究来验证。

本研究的有趣发现是：微技能的等级概念（Alderson & Lukmani, 1989）可能并不绝对。不少研究试图用难度来区分微技能，比如将微技能划分为低阶技能和高阶技能（如 Alderson & Lukmani, 1989; Lumley, 1993）或将微技能以层级结构来排列（如 Hessamy & Sadeghi, 2013）。整体加工型技能通常被认为是高阶技能，对低水平学习者来说掌握难度尤为高。但与这一假设相反，本研究发现在两种模态下，低水平组对整体加工型技能的掌握均优于局部加工型技能。事实上，一些学者也曾对语言微技能的层级结构表示过怀疑。例如，Buck（1990）和 Brindley（1997）比较了低阶项目和高阶项目在听力理解中的难度，发现两者并不存在显著差异。Hudson（2007）也质疑过阅读技能存在等级结构这一观点，并提出警示——语言技能的难度与篇章目的和内容等因素有关。同样，Song（2008）和 Yi（2017）发现微技能对二语理解的贡献度可能因项目、测试和考生水平等因素而异。基于此，本研究假设微技能的层级结构并不恒定，可能会随着学习者特点、微技能呈现方式和任务特点等外部因素的变化而变化。

9.5 小结

本研究采用认知诊断方法，通过探究学习者在微技能上的表现来比较二语听力与阅读的异同。具体来说，研究者从一场由 797 名非英语专业本科生参加的大规模校本考试出发，利用 R 软件中的"G-DINA"分析包获取了学习者对局部与整体加工型技能的掌握情况，并通过方差分析进一步比较了在不同模态下和不同水平的学习者中微技能的掌握概率。结果显示，从微技能掌握模式来看，二语听力与阅读有相似之处，但是模态效应同样存在。相较阅读而言，学习者整体在听力理解上的表现更弱。在听力理解中，学习者能更好地完成整体加工型任务，在阅读理解中，学习者能更好地完成局部加工型任务。对于低水平学习者而言，该群体在听力与阅读理解中均能更好地掌握整体加工型技能，而高水平学习者在听力理解中能更好地掌握整体加工型技能，在阅读理解中能更好地掌握局部加工型技能。该研究的结果为二语理解中的模态效应提供了支持，期待学界能重新思考模态特征在语言理论与教学实践中的价值。

本研究存在以下四个方面的局限性。第一，受认知诊断分析方法的限制，本研究无法获取微技能对不同模态下语言理解的贡献度，因此本研究只能提供听力和阅读加工方式的间接证据。迄今为止，对不同模态下微技能贡献度问题的探究寥寥无几。未来有必要进一步探索不同模态下语言理解究竟有哪些部分、在何种程度上相似或不同。第二，认知诊断分析本质上是一种验证性的方法，分析时需要专家对项目与认知属性之间的关系做出先验假设（Rupp et al., 2010），因此专家判断是认知诊断分析方法中相当重要的一环。目前专家判断已成为一种有效的科学分析手段（Brownstein et al., 2019），它可以帮助我们了解学习者如何以特定方式与输入互动（Rupp et al., 2010），为研究结果的解释提供指导。但是，专家判断并不总是可靠的，需谨慎使用（Alderson & Kremmel, 2013）。比如当专家资质存疑或不同专家的意见难以统一时，仅依靠专家判断可能会导致结果出现偏差。幸运的是，本研究参与决策的都是经验丰富的语言测评专家，且他们都一致同意最终的决策，这增加了结果的可信度。但未来仍有必要研究专家判断的影响以及如何最大程度地发挥专家判断的优势。另外，未来的研究还可收集更多定量数据来进一步验证Q矩阵。第三，通常标准化测试要求信度系数（Cronbach's alpha）在0.8及以上，但本研究中听力和阅读部分的信度系数分别为0.73和0.71，略低于所要求的值。信度系数的一个局限性在于测试项目数量会影响系数值，项目数量越少，信度系数值可能会越低。本研究中听力和阅读部分的项目数并不多，分别为30和20，这在一定程度上使得两个子测试的内部一致性处于中等水平。合并两个子测试之后，整个语言理解测试的信度系数升至0.81，研究者认为这一结果对于校本考试而言是可接受的。未来研究可使用内部一致性更高的听力和阅读测试。最后，本研究重点关注中国非英语专业大学生的群体特征，且被试呈现出听力和阅读表现不平衡的特点，因此，研究结论不一定能概推至其他群体。未来研究者可分析更多元化的群体，并在个体层面对微技能的表现进行深入讨论。

　　总之，本研究既发现了听力和阅读之间的相似性，也发现了两者的差异。研究者的初步假设是，语言理解在不同模态下具有一定程度的稳定性，但稳定性是有条件的，只存在于特定的群体和微技能中。相比之下，模态效应一直存在，理解技能在不同模态下的差异可在多个维度被观察到。换言之，二语听力和阅读可能在某些子结构上存在共性，但模态效应不应被忽视。本研究在一定程度上回答了 Wolf et al.（2019）提出的关于听力和阅读两者间关系的重要问题，即两者究竟是一般性语言理解技能的两种表现形式，还是两种具有不同模态特征的不同技能。本研究对听力和阅读之间的关系以及模态对二语理解的影响机制的思考具有重要的理论、实践和方法论意义。

　　在理论方面，研究结果表明语言理解在不同模态下所具有的稳定性是有条件限制的，而模态效应却一直存在。因此，一个好的语言理解框架应该既要构建一般性的语言理解过程，又要具备足够的灵活性以不断适应新的变化和模态差异。研究者认为，从建构整合模型入手可能是一项不错的选择。

　　在实践方面，更好地理解模态对二语理解的影响不仅能为二语教学和学习带来启示，还为测试开发提供参考。本研究发现，二语学习者在听力和阅读中的表现不平衡，且与一语学习者不同的是，听力对二语学习者来说似乎是相对欠发展的技能。由于一语学习者的听力发展通常早于阅读，在一语中听力能力常被视为预测阅读能力的重要指标。但在二语场景下，听力和阅读的关系可能正好相反。二语阅读能力也许能有效预测二语听力，并成为听力发展的"脚手架"（Oh，2016）。因此，在二语教学中，教师可以在听力活动前准备更多书面的辅助性材料，同时提高对二语听力的重视程度和训练量，以扭转学习者在听力上的劣势。测试从业人员也应注意把控听力和阅读考试的难易度，确保两项考试的难度分别与考生的听力和阅读能力相匹配。此外，由于不同模态下不同水平学习者的加工方式可能存在差异，因此教师应针对不同模态和不同水平学习者的特点开展差异化的教学。对低水平组而言，教师在听力和阅读的教学中既要强调局部加工型技能的作用，也应注重整体加工型技能的发展。对于高水平组来说，教师可在听力教学中优化学习者对整体加工型技能的使用，在阅读教学中进一步加强学生对局部加工型技能的使用。另外，本研究观察到不同水平学习者使用不同的语言理解加工方式，这在一定程度上可以反映中国二语学习者语言理解的发展轨迹，这一结果可为语言标准的制定提供一定参考。最后，本研究中对学习者微技能掌握情况的诊断可以帮助学习者更好地了解自己，增强他们在语言理解中的元认知意识（Zhang et al., 2021），使他们对自己在二语理解中存在的问题以及问题解决方案有更清晰的认识，最终提高听力和阅读能力（Zhang & Goh, 2006）。更多关于元认知意识的详细内容，请参阅以下论文（Zhang, 2001, 2004; Zhang & Goh, 2006; Zhang et al., 2021）。

在方法论方面，本研究再次证明了采用翻新法来对现有测试数据进行认知诊断分析的可行性和有效性。该方法提供了更丰富、更细粒度的学习者信息，这一优势是目前其他方法所不具备的。

第十章
认知诊断测评研究：模型选择

10.1 研究背景

第八章和第九章的实证研究发现，听力理解过程同阅读理解过程相似，存在互补性机制，但是，两者的加工方式在跨模态中又存在差异性。这两项实证研究的前提假设是语言技能具有可分性，即语言技能具有多维性。那么应该采用什么样的模型才能更好地捕捉语言理解中的多维性？本研究旨在比较两类不同的模型——认知诊断模型和多维项目反应理论（MIRT）模型，以期寻找到最适用于捕捉语言能力多维性和连续性的模型。

探究最佳模型前要解决的第一个问题是维度问题。现有的绝大部分语言水平测试通常仅在单一维度上报告分数。为了最大限度地提高测试分数的可靠性，考试开发者在开发语言水平测试的过程中，会尽量确保考查各语言技能的测试题目均满足心理测量学要求的单维性假设（Liu, Huggins-Manley, et al., 2018）。这意味着区分度较低、呈现出语言技能多维性特征的测试题目在测试开发过程中会被剔除（Liu, Huggins-Manley, et al., 2018）。认知诊断视域下，语言能力是一个多维构念，其中包含一系列既可以分离但又相互关联的心理学认知属性（Jang et al., 2019）。尽管语言能力从心理测量学的视角来看可能是单维的，但是仍然可以使用翻新法从现有的语言水平测试中提取心理学意义上的诊断信息，即提取语言能力这一多维构念中各个认知属性层面上的信息。心理维度和测量维度之间存在冲突，认知诊断翻新法也因此遭到质疑。例如，Templin & Bradshaw（2014）认为，从测量维度的视角来看，认知诊断方法中设定的认知属性可能会超过单维测试实际所能测量的考生能力范围。另一方面，Choi（2010）从心理维度的视角指出，应用认知诊断方法时，Q矩阵的不完全性可能会导致测试构念代表性不足，从而使得对于考生能力的推论无效。

就听力能力的维度而言，支持使用认知诊断方法的学者们认为听力能力是多维的，由多个微技能构成（Aryadoust, 2021; Buck & Tatsuoka, 1998; Lee & Sawaki, 2009b）。另有学者持怀疑态度，认为微技能的诊断信息不能在心理测量学上加以验证（Choi & Papageorgiou, 2020）。这一争论与语言测评领域中有关语言能力单维性与多维性的争论，以及心理维度与测量维度两者之间的冲突不谋而合。Henning（1992）认为，心理维度与测量维度的不同之处在于，前者关涉测试所测量的心理学特质，而后者关涉测试本身的统计属性。

心理学视域下，听力理解能力具有多维性（Buck & Tatsuoka, 1998; Song, 2008）。专家学者们目前已经提出多种听力微技能的分类方法，其中包括简单的二元分类方法（Carroll, 1972）和更加详细的分类方法（Field, 2008, 2013; Vandergrift & Goh, 2012）。语言测试从业者基于多项听力微技能，开发了大规模听力水平测试，如TOEFL iBT®和IELTS等。同时，实证研究表明，听力理解能力是多维、可分的，可能包含理解大意、理解细节信息、进行推断等微技能（Song, 2008）。

但是也有学者提出，心理学意义上的多维性并不等同于测量学意义上的多维性（Henning, 1992; McNamara, 1996）。Henning（1992）通过模拟数据表明，测量单维性与心理多维性可以并存，而测量多维性也可以与心理单维性并存。与心理维度不同，测量维度可能会因为考试和考生群体的不同而发生改变（Mellenbergh, 2019）。无论考试本身的心理维度如何，测量维度在不同试卷中可能不同，某些试卷在测量维度的多维性特征可能比其他试卷更为明显（Henning, 1992）。因此，运用认知诊断方法从现有的听力测试中提取诊断信息之前，需要对测量维度进行检验分析，确定认知诊断方法在多大程度上能为我们提供除总分以外的有效信息。

最理想的情况是将认知诊断方法应用于以诊断为目的而开发的测试中（Alderson, 2010; Ranjbaran & Alavi, 2017）。在测试开发过程中，可以尽量保证心理多维性与测量多维性。面对开发听力诊断考试资源的有限性（Harding et al., 2015）与考试使用者对诊断信息迫切需求之间的矛盾，使用翻新法从现有考试中提取诊断信息已较为常见，这样可以最大化地挖掘测试分数背后的意义，发挥语言测试的育人价值（Liu, Huggins-Manley, et al., 2018）。考虑到大多数现有的语言水平测试都是基于单维心理测量学模型开发的，笔者认为，可以通过统计手段考查多维模型是否比单维模型拟合更优（Sinharay et al., 2010），也可以考查多维模型是否比单维模型能解释更多的测试分数方差。毫无疑问，这些步骤是使用翻新法的前提。当且仅当测量多维性与心理多维性特征相一致时，才能使用翻新法。但是，以往大多使用翻新法的研究却忽略了这一问题。

此外，为解决翻新法中既要从单维性角度报道考试总分，又要从多维性角度报道各微技能掌握情况的矛盾，教育测量领域的学者尝试提出新的认知诊断模型，比如高阶 DINA 模型（HO-DINA; de la Torre & Douglas, 2004）、用于诊断目的的双因子 MIRT 模型（Bolt, 2019）。这两类模型能够同时解释高阶总体能力因子和低阶微技能因子，但它们在语言测评中的适用性有待进一步探究。纵观以往的认知诊断语言测评研究，几乎没有学者应用这些能够同时解释高阶总体能力因子和低阶微技能因子的高阶模型，比如 HO-DINA 模型（de la Torre & Douglas, 2004）和双因子 MIRT 模型（Cai, 2010）等。即便是在高阶模型和非高阶模型的对比研究中，研究者也并未关注高阶模型是否能提供考生总体能力及其属性掌握情况的可靠估计。此外，以往的认知诊断研究还存在一个重大缺陷，即运用离散的属性掌握状态来反映连续的听力能力。目前还没有研究使用将微技能视作连续变量的基于项目反应理论的认知诊断测评方法（Stout, 2007）。

基于此，本研究旨在比较两类模型在某校本二语听力测试中提取诊断信息的表现，以期进一步了解这些模型如何才能更好地用于捕捉语言能力的多维性和连续性。

10.2 研究设计

10.2.1 研究问题

本研究旨在考察双因子 MIRT 模型和高阶认知诊断模型从二语听力测试中提取诊断信息的能力。为此，本研究比较了这两类模型与五种广泛使用的无高阶结构的认知诊断模型（即 G-DINA、DINO、ACDM、DINA、RRUM 模型）以及单维的双参数逻辑模型（2PLM）在模型拟合、属性掌握分类和总体能力估计三个方面的表现。具体来说，本研究旨在回答以下三个研究问题：

（1）双因子 MIRT 模型和高阶认知诊断模型在多大程度上与听力测试数据相拟合？

（2）听力微技能分类结果在多大程度上受到模型选择的影响？

（3）总体听力能力因子的能力估计值在多大程度上受到模型选择的影响？

10.2.2 研究对象

本研究的被试包括 1,611 名本科生，他们全部来自中国某重点大学，参加了同一场大规模校本英语水平考试[1]。此外，5 位语言测评领域专家（1 名男性、4 名女性）参与了属性定义和 Q 矩阵建立两个环节。5 位专家是应用语言学专业的教师或博士生，具备语言测试专业知识。5 位专家均有在高等教育阶段教授英语的经验。

10.2.3 研究工具

该校本英语水平考试是一项大规模高风险考试，因为该大学所有

1　第八、九、十章报道的三项实证研究均采用同一高校的学位英语测试，但这三章所使用的数据为三批考生在三套不同试卷中的作答。

非英语专业本科生都需要通过该测试才能获得学士学位。学生在大一期间完成大学英语必修课程后，从大二开始可以报名参加该测试。没有通过的考生可以重新报考。该测试每年举办两次，即学生们毕业前最多能参加六次测试。

考试共包括四个部分：听力、阅读、写作和口语。前三项测试均在电脑上完成，最后一项是面对面小组口试。每个分项测试单独评分。学生需要在通过前三个分项测试后才能注册参加口语测试。经标准设定研究，前三项测试合格的考生达到《量表》五级水平。

本研究聚焦该校本语言水平测试的听力部分。听力部分时长约30分钟，包括基于14段独白和对话的共30个单项选择题。虽然该考试是一个高风险终结性测试，但学生个人和学校层面对细化诊断信息的需求存在已久。个体层面，未通过测试的学生希望了解他们在不同微技能上的优势和劣势，以便制订补救学习计划。学校层面，学校希望掌握学生的学习情况，以评估大学英语课程的教学质量并确定需要改进之处。因此，本研究要解决的关键问题是，认知诊断方法能否在总分的基础之上提供额外信息来辅助决策制定这一过程。

10.2.4 研究步骤

基于该校本听力考试的考试说明、《量表》听力理解能力分量表以及听力能力的多成分观点（Vandergrift, 2007），笔者起草了一份包含九个听力认知属性的初始清单。听力能力的多成分观点强调，听力理解是协调多种认知过程和不同知识来源（即语言和非语言知识）来完成某听力任务的过程（Field, 2008, 2013; He & Chen, 2017; Vandergrift & Goh, 2012）。定义的九个属性分别是：（1）理解词意；（2）理解句法结构；（3）提取细节信息；（4）理解文本的组织架构与信息综合；（5）推断；（6）归纳主旨大意；（7）识别说话人的态度和意图；（8）识别修辞手法；（9）掌握关于世界和文化背景的知识。

根据以上九个属性，五位专家首先独立完成了对测试项目的属性标定。在接下来的小组讨论环节中，考虑到测量个别属性的项目数量有限，专家一致决定将九个属性精简至四个。精简后的属性依次为：

（1）理解词意；（2）提取细节信息；（3）理解隐含意义；（4）归纳主旨大意。随后五位专家根据这四个属性重新对所有项目进行了标定。每个项目由三位及以上专家标定的属性在 Q 矩阵中被记为 1。本研究中的四个属性分别被测量了 9、25、11 和 8 次。30 个项目中有 12 个项目仅测量了一个属性，13 个项目同时测量了两个属性，5 个项目同时测量了三个属性。

在双因子 MIRT 模型分析中，每个项目只需要标定一条主导属性即可。五位专家均认为给每个项目确定一个主导属性的做法是可行的，专家最终在每个项目测量的主导属性上也达成了一致。但整个标定过程并非一帆风顺，专家发现他们很难就测量"理解词意"的项目达成共识。作为一般原则，本研究认为，当每个项目对应的原文信息的语言特征（即语音、词法、句法）对目标考生群体（即《量表》五级考生）构成的挑战多于认知行为本身（即"理解细节""理解隐含意义""归纳主旨大意"）时，该项目就被认为主要测量了"理解词意"这一属性。

10.2.5 数据分析

认知诊断分析之前，我们使用 Reise et al.（2014）提出的"比较建模法"考查该听力考试的测量维度。具体而言，笔者将数据分别与单维 2PLM 模型与双因子 MIRT 模型进行拟合。这种方法将单维与多维模型的拟合结果进行比较，可以直观地看到将单维模型应用于心理学意义上的多维数据集时可能会产生的扭曲效应。2PLM 模型假设影响学生作答的因子只有总体听力能力。双因子 MIRT 模型界定了一个全局因子，即总体听力能力，和四个局部因子，对应四项听力微技能。总体能力因子代表的是所有听力项目的共同变异，四个微技能因子分别代表了各微技能可以解释的独特变异。我们通过比较两个模型的 -2 loglikelihood 值（-2× 对数似然值）（Neyman & Pearson, 1992），判断更复杂的双因子 MIRT 模型是否能提供更优的模型拟合值。若双因子 MIRT 模型与数据的拟合度显著优于 2PLM 模型，则微技能因子的存在可以得到证实。本研究还比较了双因子 MIRT 模型分析中全局因子和局部因子所解释的变异量，以便了解微技能分数是否能提供除总分之外或高于总分的独特信息。此外，为检查项目对的局部依赖性，我们运用 IRTPRO（4.2 版）（Cai et al., 2011）软件计算了 2PLM 模型得到的标准化局部依赖（LD）χ^2 统计量，为导致测试多维性的来源提供了补充证据。

本研究依托 R 软件（2.7.8 版）的 GDINA 程序包（Ma et al., 2020）进行认知诊断分析。本研究聚焦五个非高阶的认知诊断模型，其中包括一个饱和模型（G-DINA）、两个补偿模型（DINO, ACDM），以及两个非补偿模型（DINA, RRUM）。笔者随后在这五个非高阶模型的基础上分别构建了新的高阶认知诊断模型。高阶认知诊断模型的第一级分别为五个非高阶认知诊断模型，第二级均为 2PLM 模型。笔者比较了这十个认知诊断模型的相对拟合值与绝对拟合值，并且将它们与双因子 MIRT 模型的模型数据拟合值进行比较，最终选择了拟合值最好的高阶、非高阶认知诊断模型与项目反应理论模型一起进行后续的属性分类分析和总体能力估计。

为考查不同模型的属性分类结果，本研究比较从高阶模型（包括双因子 MIRT 模型和拟合最优的高阶认知诊断模型）与拟合最优的非高阶认知诊断模型中得到的每个属性掌握模式的学生比例，而且比较从不同模型中得到的每位考生的属性分类结果。依照 Rupp et al.（2010）的观点，在认知诊断分析中，如果属性掌握概率高于或等于 0.5，则意味着该属性可以归类为"已掌握"；属性掌握概率低于 0.5，则归类为"未掌握"。MIRT 模型分析中，微技能因子的得分估计值被计算为总体能力因子和微技能因子的综合得分（DeMars, 2013）。两类因子的权重由每个因子的相对贡献度决定，计算方法可参考 Liu et al.（2019）提出的双因子 -M4 公式。Bolt（个人通讯，2020 年 3 月 11 日）认为，在 MIRT 模型中，划分属性"掌握"与"未掌握"状态的临界值可以定为测量该属性的所有题目的平均阈值（即各属性的平均难度值），高于或等于该阈值则说明属性被掌握，低于该阈值则说明属性未被掌握。

为考查不同模型在估计考生总体能力时的表现，本研究绘制了三对模型（即双因子 MIRT 模型与 2PLM 模型，MIRT 模型与高阶认知诊断模型，2PLM 模型与高阶认知诊断模型）总体能力估计值的双变量散点图，还计算了各模型估计值之间的皮尔逊相关系数。双因子 MIRT 模型的总体能力估计值是在综合总体能力因子和微技能因子得分的基础上计算而得的。当微技能因子是测试构念的一部分时，将微技能因子排除于综合得分的计算之外会导致考生的真实能力被低估（DeMars, 2013; Liu et al., 2019）。总体能力因子和微技能因子的权重由每个因子的区分度估计值决定，计算方法可参考 Liu et al.（2019）提出的双因子 -M4 公式。

为解决双因子 MIRT 模型的量表不定性，模型中包括总体能力因子和微技能因子在内的所有维度的平均值和标准差分别被设定为 0 和 1。同样地，高阶认知诊断模型中的总体能力被设定为满足均值为 0、方差为 1 的正态分布，但是模型对属性变量不加限制。

10.3 研究结果

10.3.1 听力测试的维度

表 10.1 呈现了单维 2PLM 模型和双因子 MIRT 模型的拟合结果。本研究采用多项指标来评估模型与数据的拟合度，包括 -2loglikelihood（Neyman & Pearson, 1992）、Akaike 信息准则（AIC; Akaike, 1987）和贝叶斯信息准则（BIC; Schwarz, 1978）。双因子 MIRT 模型的 -2LL 值与 AIC 值始终较低，这表明双因子 MIRT 模型的拟合度更高。此外，似然比检验结果显示，两个模型之间的 -2LL 差异显著（$\chi^2[30]=75$, $p<0.000$），说明相较于单维 2PLM 模型，双因子 MIRT 模型能更好地拟合数据。

表 10.1　单维与多维 IRT 模型的拟合度指标

模型	-2 loglikelihood	参数数量	AIC	BIC	可解释的变异量
2PLM 模型	52688	60	52808	53131	18.8%
双因子 MIRT 模型	52613	90	52793	53278	22.2%

此外，2PLM 模型只能解释 18.8% 的变异量，而双因子 MIRT 模型中总体听力能力因子和微技能因子所解释的变异量总计占比 22.2%。根据 Reckase（1979）的建议，一级因子占测试变异量的 20% 以上时，方可进行校准。显然，2PLM 模型并未满足这一条件，换言之，测试的单维性假设未得到证实。这一发现为该听力测试的心理测量学多维性的存在提供了证据，也为使用认知诊断方法从听力测试中提取诊断信息创造了条件。

本研究通过单维的 2PLM 模型对局部独立性假设进行了检验，结果显示有 10 个项目对的标准化局部独立性 χ^2 统计量超过了 4 的阈值（Min & He, 2014），表明这些项目对可能测量了除总体听力能力因子以外的维度。通过分析，笔者发现这 10 个项目对中有 8 个都在双因子 MIRT 模型分析中被标定为测量了相同的微技能，这表明微技能可能是项目协方差的主要来源，而这些微技能在单维 2PLM 模型中并未被纳入考量范围。

10.3.2 模型拟合

表 10.2 总结了认知诊断模型的相对拟合与绝对拟合情况。三个相对拟合指标（即 -2loglikelihood、AIC 和 BIC）的数值越小，表示模型拟合度越高。本研究使用的绝对拟合指标为标准化残差平方根（SRMSR; Maydeu-Olivares & Joe, 2014），如果该指标值低于 0.05，表明模型的拟合度可以接受。如表 10.2 所示，在五个非高阶认知诊断模型中，G-DINA 模型的 -2loglikelihood 值和 SRMSR 值最低，表明 G-DINA 模型是拟合效果最好的非高阶认知诊断模型。似然比检验结果（见表 10.2 最后一列）也表明，四个简化模型（即 DINO、ACDM、DINA、RRUM）的拟合度显著低于饱和模型 G-DINA。同样的趋势在五个高阶认知诊断模型的比较中也有所体现，就 -2loglikelihood 和 SRMSR 值而言，HO-G-DINA 是拟合最优的模型。这些结果表明，无论高阶结构是否存在，G-DINA 模型对数据的拟合效果最好。

就高阶与非高阶认知诊断模型的拟合度而言，从一系列似然比检验的结果来看，提高模型的复杂度（高阶认知诊断模型）并未导致模

表 10.2 认知诊断模型的拟合结果

类型	模型	-2loglikelihood	Npars	AIC	BIC	SRMSR	χ^2	df	p
非高阶模型	G-DINA	52,680	131	52,943	53,648	0.030	NA	NA	NA
	DINA	52,984	75	53,134	53,538	0.035	304	56	0.000
	ACDM	52,728	98	52,923	53,451	0.031	48	33	0.044
	RRUM	52,729	98	52,925	53,453	0.031	49	33	0.036
	DINO	52,885	75	53,035	53,439	0.035	205	56	0.000
高阶模型	HO-G-DINA	52,686	124	52,934	53,602	0.031	NA	NA	NA
	HO-DINA	52,998	68	53,133	53,499	0.036	312	56	0.000
	HO-ACDM	52,740	91	52,922	53,412	0.031	54	33	0.012
	HO-RRUM	52,741	91	52,923	53,413	0.031	55	33	0.009
	HO-DINO	52,898	68	53,034	53,400	0.035	212	56	0.000
非高阶模型（单属性）	G-DINA/DINA /ACDM/RRUM/ DINO	52,873	75	53,023	53,427	0.034	NA	NA	NA
高阶模型（单属性）	HO-G-DINA/ HO-DINA/ HO-ACDM/ HO-RRUM/ HO-DINO	52,896	68	53,032	53,398	0.036	NA	NA	NA

型拟合度显著下降。具体的似然比检验结果如下：G-DINA（$\chi^2[7]=6$，$p=0.540$），DINA（$\chi^2[7]=14$，$p=0.051$），ACDM（$\chi^2[7]=12$，$p=0.101$），RRUM（$\chi^2[7]=12$，$p=0.101$）和 DINO（$\chi^2[7]=13$，$p=0.072$）。此外，五个高阶认知诊断模型的 AIC、BIC 值均比各自对应的非高阶认知诊断模型更小。以上结果表明，当同时考虑模型拟合度和模型简约性时，高阶认知诊断模型对数据的拟合效果更好。

但是，双因子 MIRT 模型与数据的拟合度比以上十个认知诊断模型都高，它的 -2LL、AIC 和 BIC 值在所有模型中是最低的（见表10.1、表 10.2）。这说明双因子 MIRT 模型可以替代认知诊断模型提供诊断信息。为使得认知诊断模型和 MIRT 模型之间的比较更加合理，笔者根据 MIRT 模型的属性标注结果构建了新的 Q 矩阵（即每个项目只有一个主导属性的 Q 矩阵）来进行认知诊断分析。如表 10.2 的最后两行所示，使用新的 Q 矩阵的五个认知诊断模型的拟合值并无差异。然而，将使用新的 Q 矩阵的模型和原模型相比可以发现，新的 Q 矩阵使得 G-DINA、ACDM 和 RRUM 模型的拟合度下降。这说明在认知诊断分析中，使用允许一个项目测量多个属性的 Q 矩阵能使模型更好地与数据拟合。因此，本研究决定在后续分析中排除使用一个主导属性Q 矩阵的认知诊断模型。

基于相对和绝对拟合指标，本研究最终选择 G-DINA 模型、HO-G-DINA 模型和双因子 MIRT 模型进行后续的认知属性分类，选择双参数模型、HO-G-DINA 模型和双因子 MIRT 模型来估计被试的总体能力。

10.3.3 认知属性分类

本研究涉及四项听力微技能，被试的听力认知属性掌握模式可以划分为 16（即 2^4）类。图 10.1 描绘了从 G-DINA、HO-G-DINA 和双因子 MIRT 模型中得到的 16 类属性掌握模式比例。以模式 "0010" 为例，被归入这一潜在类别的考生掌握属性 3（"理解隐含意义"），但未掌握属性 1（"理解词意"）、属性 2（"理解细节信息"）和属性 4（"归纳主旨大意"）。总体而言，三个模型的属性分类结果类

似。G-DINA 和 HO-G-DINA 模型中，占比最高的属性掌握模式均为
"1111" "1011" 和 "0000"；双因子 MIRT 模型中占比最高的属性掌握
模式是 "1111" "1010" 和 "1011"。具体来说，双因子 MIRT 模型与
其他两个模型的第一点不同在于，它将 31.4% 的考生归类至 "1010"
模式，但被归类至 "0000" 模式的考生仅占 0.7%；而在 G-DINA 和
HO-G-DINA 模型中，被归为 "1010" 模式的考生比例只有 10% 左
右，被归为 "0000" 模式的考生占比约 15%。双因子 MIRT 模型与其
他两个模型的另一个明显区别是，与 G-DINA 和 HO-G-DINA 模型相
比，双因子 MIRT 模型划分的属性掌握模式的类别要少很多，只有 6
类，G-DINA 和 HO-G-DINA 模型划分的属性掌握模式分别达到了 14
和 16 类。

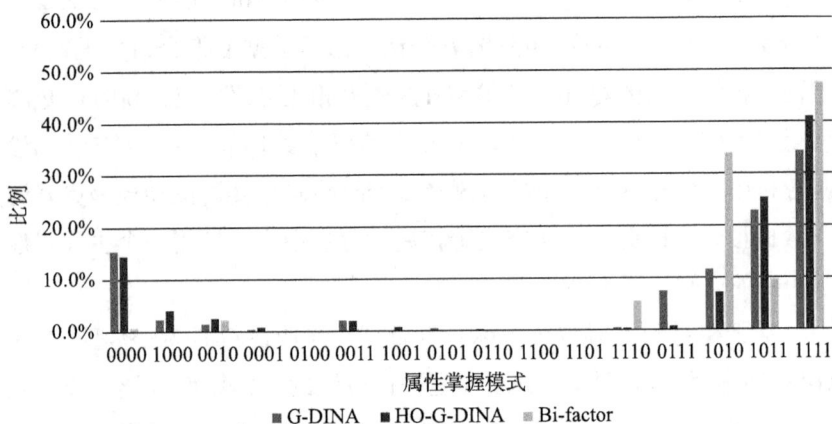

图 10.1　各模型的属性掌握模式比例

本研究还参照 Li et al.（2016）及 Ravand & Robitzsch（2018）的
做法，通过计算属性掌握模式的比例差异均方根（RMSPD）来比较各
模型的分类结果。RMSPD 的计算方法是求两个模型被归入每个属性
掌握模式的考生比例差的均方根，数学表达式为：

$$\sqrt{\frac{\Sigma\ (di^2)}{n}}$$

其中 di 代表比例差，n 代表比例差的个数。RMSPD 数值越大表示差

异越大。G-DINA 模型和 HO-G-DINA 模型之间的 RMSPD 值最小，为 0.028；G-DINA 模型和双因子 MIRT 模型之间为 0.085；而 HO-G-DINA 模型和双因子 MIRT 模型之间为 0.089。这表明从 G-DINA 和 HO-G-DINA 模型中得到的归入各属性掌握模式的考生比例最为接近。

　　此外，本研究还通过计算不同模型在单个属性层面分类完全一致的百分比来比较不同模型的属性分类一致性。同时，也计算了不同模型在属性掌握模式分类完全一致和分类模式毗邻（即属性掌握模式完全一致或者模式中仅有一项属性不一致）的比例。如表 10.3 所示，G-DINA 模型和 HO-G-DINA 模型对四项属性分类的一致性程度很高，完全一致的比例范围在 0.891 与 0.981 之间。双因子 MIRT 模型与 G-DINA 模型和 HO-G-DINA 模型分类结果一致性适中，完全一致的比例在 0.722 至 0.817 之间。以上结果表明，在单个属性层面上，三种不同模型提供的分类结果基本相似。

表 10.3　认知属性分类一致性

完全一致的百分比	G-DINA 与 HO-G-DINA	G-DINA 与 双因子 MIRT	HO-G-DINA 与 双因子 MIRT
属性 1：理解词意	0.891	0.742	0.811
属性 2：理解细节信息	0.981	0.747	0.749
属性 3：理解隐含意义	0.977	0.817	0.800
属性 4：归纳主旨大意	0.968	0.729	0.722
属性掌握模式（完全一致）	0.834	0.377	0.402
属性掌握模式（毗邻）	0.983	0.722	0.732

　　然而，在属性掌握模式层面，各模型间的一致性程度相对较低，因为属性掌握模式的分类涉及对四条属性的综合诊断。G-DINA 模型和 HO-G-DINA 模型之间的一致性很高，完全一致的比例为 0.834，毗邻模式一致的比例为 0.983。但双因子 MIRT 模型与两个认知诊断模型之间的一致性程度很低，完全一致的比例分别为 0.377 和 0.402。不

过，从毗邻模式一致的比例（0.722 和 0.732）来看，双因子 MIRT 模型与两个认知诊断模型的分类结果略有相似之处。

10.3.4 总体能力估计

表 10.4 列出了 2PLM、HO-G-DINA 和双因子 MIRT 模型各自对考生总体能力的估计值。与 HO-G-DINA 模型的估计值相比，双因子 MIRT 模型的最小与最大能力估计值和 2PLM 模型的估计值更接近。从总体能力估计值的偏度和峰度值来看，双因子 MIRT 模型和 2PLM 模型的估计值比 HO-G-DINA 模型更接近于正态分布。

表 10.4　不同模型的总体能力估计值

模型	最小值	最大值	平均值	标准差	偏度	峰度
2PLM	-2.547	2.428	0.000	0.868	-0.031	-0.299
HO-G-DINA	-1.468	0.888	0.002	0.762	-0.466	-1.017
双因子 MIRT	-2.550	2.680	-0.010	0.708	0.180	0.081

图 10.2 是三个模型总体能力估计值的散点图。由图可知，尽管 HO-G-DINA 模型与 2PLM 模型的总体能力估计值高度相关（相关系数为 0.927），但 HO-G-DINA 模型的估计值在两端明显缩减。具体而言，HO-G-DINA 模型能很好地估计能力值范围在 -1.5 至 0.9 区间的考生的总体能力值，但对于处在能力连续统两端的考生而言，模型提供的信息非常有限。双因子 MIRT 模型和 2PLM 模型的能力估计值几乎均匀地沿回归线分布，且相关系数达到了 0.770，这表明双因子 MIRT 模型与 2PLM 模型对被试总体能力的估计结果较为相似。

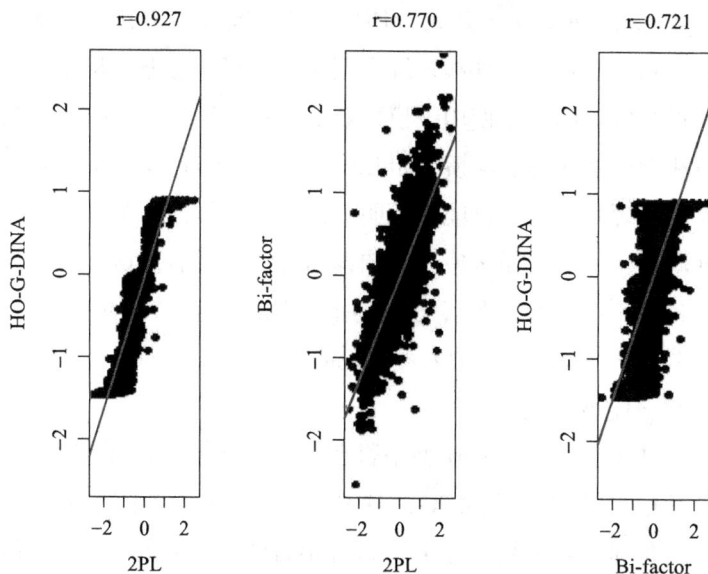

图 10.2　三个模型的总体能力估计值比较（散点图）

10.4 讨论

10.4.1 听力能力的多维性

本研究发现双因子 MIRT 模型与数据的拟合度比单维双参数模型高，这一发现表明，对听力测试数据的微技能维度进行建模是合理的。以往的听力测试研究（如 Geranpayeh & Kunnan, 2007; Pae, 2004）强调单维性是使用单维 IRT 模型的必要前提，即测试分数的绝大部分方差可以归因于某一公共因子。然而单维模型往往会忽略一点，即被考查的构念的层级结构会带来测量多维性的问题（Morin et al., 2016）。这可能也是以往语言测试研究中验证性因子分析结果始终发现层级模型（无论是高阶模型还是双因子模型）都比单因素模型的拟合度更好的原因之一（Fan & Yan, 2017; Klem et al., 2015）。

本研究证明了听力测试中存在与构念相关的测量多维性。作为听力研究多维视角的有力支撑，这一证据为使用多维统计模型提取除全局因子以外的微技能因子信息提供了很好的支撑。本研究按照

Sinharay et al.（2010）的建议，使用认知诊断模型前首先考察了测试的维度，随后比较了单维和多维模型所能解释的方差变异量。多维模型的高拟合度表明可以使用该模型获取校本考试的诊断信息，为补救性学习和学科发展提供反馈。如 Liu, Huggins-Manley et al.（2018）所述，如果心理测量学分析能够证明，同时对总体能力和微技能掌握情况的推断站得住脚，那么使用认知诊断方法从现有测试中提取诊断信息的做法就是可行的，尤其是对于听力测试而言，因为听力测试在开发过程中就已经将微技能纳入考试说明中了。

10.4.2 不同模型的差异

研究结果显示，不管模型是否存在高阶结构，饱和模型 G-DINA 总是比补偿型模型（即 DINO、ACDM）和非补偿型模型（即 DINA、RRUM）的拟合度更高。这与以往语言测试领域的认知诊断研究结果一致（如 Javidanmehr & Sarab, 2019; Mirzaei et al., 2020; Ravand & Robitzsch, 2018）。从心理测量学的角度来看，这一结果在意料之中。G-DINA 模型是饱和模型，而饱和模型的参数化复杂度更高，因此，饱和模型通常情况下会比简化模型的拟合效果好（Chen et al., 2013）。从心理学角度来看，饱和模型 G-DINA 的一个主要优势是它允许属性之间同时存在补偿性和非补偿性关系。尽管二语学习者会运用补偿性资源（如语境信息、世界知识等）补偿他们在目标语言能力上的不足（Vandergrift, 2007; Yi, 2017），但许多听力认知诊断研究发现，非补偿性模型与数据的拟合度比补偿型模型更高（Aryadoust, 2021; Buck & Tatsuoka, 1998; Sawaki et al., 2009）。因此，听力理解可能与阅读理解类似（Jang, 2009; Li et al., 2016），属性间的补偿和非补偿性机制在听力理解中能够同时发挥作用。考虑到 G-DINA 模型能够同时捕捉属性间的补偿与非补偿关系，并且它与本研究中使用的数据拟合度最高，因此本研究选定 G-DINA 作为最终的认知诊断模型，用于后续的诊断分析。

本研究发现五个高阶认知诊断模型比非高阶认知诊断模型与数据的拟合度更高，这一结果与以往研究一致（de la Torre & Douglas,

2004）。de la Torre 和 Douglas 发现 HO-DINA 模型比 DINA 模型的拟合度更高。更为重要的是，由于高阶认知诊断模型可以同时提供考生的总体能力估计值及其属性掌握情况，因此，分析现有考试时，推荐将该模型作为替代方案使用（de la Torre & Douglas, 2004）。

值得注意的是，双因子 MIRT 模型在所有模型中提供了最佳拟合值。和五个高阶认知诊断模型类似，双因子 MIRT 模型考虑了听力构念的层级结构，既包含全局的总体听力能力因子，也包含局部的听力微技能因子。但是，高阶认知诊断模型和双因子 MIRT 模型的关键区别在于，它们对总体能力因子和微技能因子的界定方式不同。这可能是本研究乃至几乎所有以往研究（Musek, 2017; Reise, 2012）中双因子 MIRT 模型比高阶认知诊断模型拟合更好的原因。高阶模型根据一阶因子而非测试题目来估计总体能力因子（de la Torre & Douglas, 2004）。这些高阶模型有着严格的比例约束，换言之，与同一特定因子相关的所有测试项目的总体能力因子与微技能因子载荷的比例必须完全相同（Morin et al., 2016）。但这种严格的约束条件在现实测试场景中不太可能成立（Morin et al., 2016; Reise, 2012），还可能会导致模型的拟合度低于双因子 MIRT 模型。相比之下，双因子 MIRT 模型假设所有项目都受一个共同潜在因子（即总体能力）的影响，采用未被总体能力因子解释的那部分测试项目来估计局部因子（Morin et al., 2016）。双因子 MIRT 模型中的局部因子区别于全局因子而存在，并非全局因子的组成部分。因此，全局和局部因子的载荷不受约束，可以自由估计。这样一来，双因子 MIRT 模型就可以在总体能力因子的基础上，量化局部因子的增量信息，并分析微技能分数能在多大程度上提供了总分以外的独特信息（Haberman et al., 2009）。

本研究发现双因子 MIRT 模型的属性分类结果与 G-DINA 以及 HO-G-DINA 模型有着相似之处，这一结果和 Bolt（2019）的观点不谋而合，即双因子 MIRT 模型可以作为认知诊断模型的替代方案来提供诊断信息。但以往用双因子 MIRT 模型进行诊断分析时，属性分类并非由双因子 MIRT 模型独立完成，而是通过逻辑回归分析得出的。

在这一过程中，现有的 HO-DINA 模型的分类结果是因变量，双因子 MIRT 模型的因子估计值是自变量（Bolt, 2019）。本研究拓展了以往研究使用的属性分类方法，将每个属性的平均阈值作为双因子 MIRT 因子估计值的临界点，从而确定"掌握"和"未掌握"某属性的临界分数线。

尽管 HO-G-DINA 和双因子 MIRT 模型的诊断结果有相似之处，但两者在属性分类和总体能力估计等方面仍然存在差异。两者的第一个明显区别是，与 HO-G-DINA 模型相比，双因子 MIRT 模型归入"1010"模式的考生更多，归入"0000"模式的考生更少。在 HO-G-DINA 模型中，有 233 名考生被归入"0000"模式，而在双因子 MIRT 模型中，仅有 163 名考生被归入"1010"模式。造成这一差异的原因可能是双因子 MIRT 模型分析中不同属性的平均阈值不同，本研究中，四个属性的阈值估计值分别为 -1.30、-0.10、-1.67 和 -0.17。主要测量属性 1（即"理解词意"）和属性 3（即"理解隐含意义"）的题目难度相对更低，这就可能使得属性掌握模式"1010"在双因子 MIRT 模型中出现的频次更高，进而导致双因子 MIRT 模型和 HO-G-DINA 模型在属性掌握模式层面分类完全一致的比例较低。但值得注意的是，两个模型毗邻模式一致性的比例为 0.732，Lee & Sawaki（2009b）研究中报告的 TOEFL iBT® 听力测试多套试卷间的毗邻模式一致性系数是 0.796，这两个数值十分接近。此外，在假设属性是连续变量的双因子 MIRT 模型中，每个属性的阈值可以根据标准设定或认知诊断分析的结果进行上下调整（Bolt, 2019）。还有一点值得关注，无论使用什么模型，有几类属性掌握模式的占比始终很低，比如模式"0100""0110""1100"和"1101"（见前文图 10.1）。这些属性掌握模式的稀缺性可能与属性 2（即"理解细节信息"）的难度有关。属性 2 是此次听力考试所有认知属性中最难的一项，因此，极少学生会在不掌握其他任何属性的情况下，只掌握属性 2。

HO-G-DINA 模型和双因子 MIRT 模型的另一个区别在于二者划分属性掌握模式的数量不同。HO-G-DINA 模型比双因子 MIRT 模型多划分了 10 类属性掌握模式。但被归入这 10 类属性掌握模式的考生人数很少，除了模式"1000"（66 名考生）和"0011"（33 名考生）之外，其余 8 类模式的人数都在 1 至 13 之间。这 10 类属性掌握模式，特别是那 8 类稀缺性很高的属性掌握模式反映的究竟是有意义的微技能掌握类型还是模型的错误分类，后续需要进一步研究。

在考生的总体能力估计值方面，HO-G-DINA 模型与单维 2PLM 模型的估计结果相关度极高（r=0.927），但 HO-G-DINA 模型的估计值存在明显的趋中倾向。双因子 MIRT 模型与 2PLM 模型的估计值在整个能力连续统上高度相关（r=0.770）。这些发现与以往 HO-G-DINA 模型的研究结果一致，例如 de la Torre & Douglas（2004）的研究结果表明，HO-G-DINA 模型对数学测试中考生总体能力的估计值存在缩减；Min & He（2014）的研究结果显示，在语言测试场景下，双因子 MIRT 模型和单维 IRT 模型与考生总体能力的估计值呈中等程度相关。HO-G-DINA 模型估计值的缩减现象可能与模型中的属性数量有关。HO-G-DINA 模型使用认知属性来估计总体能力（de la Torre & Douglas, 2004），而双因子 MIRT 模型使用的是测试项目的反应数据（Morin et al., 2016）。由于测试项目的数量远远大于属性的数量，因此双因子 MIRT 模型对总体能力的估计值比 HO-G-DINA 模型更稳定。因此，本研究得出的结论是，虽然 HO-G-DINA 模型提供的信息有助于估计低水平学生群体的总体能力和属性掌握情况，但是双因子 MIRT 模型更加适用于大规模测试。毕竟大规模测试既需要考生能力连续统上的总体能力估计值，也需要更加细化的诊断信息。

10.4.3 双因子 MIRT 和 HO-G-DINA 模型的适切性

研究结果表明，HO-G-DINA 模型和双因子 MIRT 模型都可以用于提取有关考生总体能力和微技能掌握情况的相关信息。但是研究者在选择模型时，不应把实证研究结果当成唯一依据，还应该从本质上了解不同模型背后代表的理论与统计学意义，从根本上了解不同模型的特点，从而确定模型使用的适切性。

HO-G-DINA 模型和双因子 MIRT 模型对认知属性的性质有着不

同的理论假设。双因子 MIRT 模型假设认知属性是连续变量，HO-G-DINA 模型则假设认知属性是离散的分类变量（de la Torre & Douglas, 2004）。分类变量的观点可能适用于某些较为狭义的构念，比如高度专业化的知识等；而连续变量的观点可能更加适用于较为广义的构念，如听力能力等（Buck & Tatsuoka, 1998; Yi, 2017）。听力理解是一个复杂的过程（Aryadoust et al., 2021），涉及对口头输入文本的多层次加工。比如 Alderson（2005）和 Harding et al.（2015）认为，即使是低水平学生也有几率答对推断类和归纳主旨大意类的项目。因此，听力属性不应该被界定为一种"能"或"不能"掌握的技能，而应被界定为一种连续的技能，学习者可以从低到高逐步习得（Buck & Tatsuoka, 1998）。此外，由于能力连续统不存在分割点（Adams & Wu, 2002），所以，将连续的听力能力一分为二的做法不免有些武断。因此，我们需要寻找科学的方来确定能代表属性掌握模式最低要求的阈值，这对于能否准确划分属性掌握模式至关重要。HO-G-DINA 模型中，如果同一属性的掌握阈值在不同项目中能保持相对稳定，那么即使属性被视作连续变量，对属性掌握模式进行二元分类的做法也是合理的（Bolt, 2007, 2019）。但是，本研究和以往研究结果都表明（Yi, 2017），同一属性的阈值在听力测试的不同项目之间很难保持一致，因为有些项目对某一属性掌握程度的要求比其他项目的更高。当同一属性的掌握阈值在不同项目上差异较大时，认知诊断模型的分类准确性也会相应地受到影响（Liu et al., 2018）。这种情况下，用连续变量来表征潜在属性（比如使用双因子 MIRT 模型）的做法或许更加合理。

承接上文有关属性连续性的讨论，本节讨论的第二个议题就是 HO-G-DINA 模型和双因子 MIRT 模型的测量不变性。作为认知诊断模型的一种，HO-G-DINA 模型理论上具备测量不变性这一属性（Bradshaw & Madison, 2016; de la Torre & Lee, 2010），但将它应用于能力分布不同的群体时，听力属性的连续性可能会导致 HO-G-DINA 模型出现属性分类错误和属性量尺的系统性偏差（Bolt, 2019; Bolt & Kim, 2018）。过往研究显示，使用 DINA 模型校准同样的项目反应模式时，相较于低水平考生，高水平考生的属性掌握状态更容易被诊断为"未掌握"（Bolt & Kim, 2018）。换言之，属性掌握阈值在高水平考生群体中更高。由此可见，不同校准方法会造成属性掌握阈值有所出入。这说明，对于不同水平的考生而言，相同属性掌握模式的分类结果可能有着不同含义。其次，对不同群体的作答反应进行校准时，即便将 DINA 模型的失误参数和猜测参数设为固定值，也不能像 IRT 模型那样定义相同的属性度量（Bolt & Kim, 2018）。换言之，从初始认知诊断校准样本中获得的模型参数估计值并不是固定不变的，因而不能将它们用于后续的认知诊断校准中，直接对另一个考生样本的作答数据进行分类。因此，在诸如历时追踪、认知诊断计算机自适应测试（Yu et al., 2019）和认知诊断测评项目功能差异分析（Li & Wang, 2015; Zhan et al., 2019）这些严重依赖测量不变性的场景中，最好选用双因子 MIRT 模型进行分析。

值得注意的是，在双因子 MIRT 模型中，一个测试项目仅测量一个主导微技能，这种做法在以往听力理解的研究中曾遭到质疑（Alderson et al., 2015; Holzknecht et al., 2017）。尽管如此，这种答对项目只需要一种特定技能的假设与 DIALANG（Alderson, 2005; Alderson & Huhta, 2005）和 DELTA（Urmston et al., 2013）等听力诊断测试的设计理念是一致的。该假设也在以往研究中得到了验证。研究显示，涉及多个属性的测试项目或许只能区分出最难的属性，尤其是存在高阶因子的情况下（Bolt, 2019）。因此，在双因子 MIRT 模型中为每一个测试项目指定一个主导微技能的做法较为可行。但研究者在报告基于双因子 MIRT 模型的属性掌握分类结果，特别是在测量每个属性的测试项目数量较少的情况下，需要谨慎为之。笔者建议，在确保每个属性的测量信度后，再报告属性诊断信息（Bolt, 2019; Liu et al., 2019）。

本研究依托于一项大型研究项目，该项目旨在向学生提供个性化的诊断反馈信息，向教师和项目管理者提供考生群体层面的诊断信息，而不是简单地报告测试总分。从学生的角度来看，如果学生个体层面的微技能掌握模式异质性很高，则最好使用 HO-G-DINA 模型进行分析。此外，学生的自评结果可以辅助印证模型的判断结果。站在教师和项目管理者的角度来看，双因子 MIRT 模型可能更为合适。一方面，减少属性掌握模式的种类方便开展后续的针对性教学（Kirkpatrick et al., 2013）。另一方面，被试数量很少的属性掌握模式的分类准确性往往很低（Rupp, 2007）。由于本研究使用的是真实数据而非模拟数据，所以无法肯定哪种模型的分类结果更加准确。但无论使用哪种模型，学生如何解读诊断信息、如何使用诊断信息会受他们的感知、情感以及目标取向等因素的影响（Jang et al., 2015）。因此，后续研究有必要进一步了解学生如何与诊断反馈信息互动，以期实现诊断信息的效益最大化。

10.5 小结

本研究证明了双因子 MIRT 模型和 HO-G-DINA 模型从二语听力测试中提取诊断信息的可行性。与其他认知诊断模型相比，这两个模型能够更好地拟合真实的测试数据，还可以同时估计考生的属性掌握情况和总体能力。两个模型的属性诊断结果与非高阶认知诊断模型的结果相似，总体能力估计值与 2PLM 模型的估计值相似。然而，这两个模型不尽相同，各有优势。双因子 MIRT 模型可以在同一个能力连续统上区分考生的总体听力能力，而 HO-G-DINA 模型可以允许一个项目同时测量多个属性。但是，选择哪一个模型不仅由模型和数据的拟合程度决定，还需要考虑理论层面的诸多因素，比如属性是离散的还是连续的、模型测量属性是固定不变的还是可以变化的、每个项目测量的属性可以有一个还是多个，以及属性之间的关系是补偿性的还是非补偿性的。

笔者同意 Bolt（2019）的观点，即认为双因子 MIRT 模型在假设属性是连续变量的二语听力测试中可以作为认知诊断模型有力的替代分析方案。本研究对语言测试认知诊断领域而言主要有两个贡献。首先，本研究通过比较双因子 MIRT 模型和单维 2PLM 模型的拟合度，以及两个模型各自解释的测试分数方差，证明了现有听力测试中多维性的存在，同时，证明了将认知诊断翻新法应用于现有二语听力水平测试的合理性。尽管学界不建议将翻新法作为诊断评估的标准方法，但本研究表明，在有充足证据的情况下，尤其是关于测试维度的证据时，从现有测试中提取诊断信息的做法是可行的。其次，本研究拓展了认知属性的分类方法，使用了基于双因子 MIRT 模型的属性掌握阈值和分数估计值对属性进行分类，而不是像以往研究一样，直接将 0.5 这一标准作为判断属性掌握与否的临界值。双因子 MIRT 模型的这种灵活的属性划分方式对基于语言标准开发的语言测试意义重大。在这类测试中，通过标准设定，每个属性的掌握阈值可以根据语言标准中的描述来确定。另外，属性测量的不变性可以通过项目反应理论相关文献中介绍的对接或等值方法实现（Kim et al., 2020; Weeks, 2015），借用这种方法，研究者可以较为可靠地跟踪考生的能力发展轨迹。

为进一步了解双因子 MIRT 模型和 HO-G-DINA 模型在大规模二语听力测试中的表现，未来研究可在以下五个方面进行探索。首先，本研究采用的是翻新法，认知属性的测量项目数量十分不均。未来研究可以围绕认知诊断测试开展，在保证每个属性的测试项目数量相当的情况下进行复制研究。第二，认知诊断模型的属性分类取决于 Q 矩阵的完整性（Cai et al., 2018），换言之，为保证良好的属性分类效果，诊断测试必须只包含测量单个属性的项目。然而，本研究分析的是针对中上水平学生（即《量表》五级，大约 B1-B2 级别）的二语听力测试作答数据，测试中不存在只测量"理解词意"而不测量其他三种认知属性的题目。后续研究可以进一步检验，如果剔除测试中仅测量"理解词意"的项目，是否会导致模型对属性的分类准确性下降。第三，本研究只分析了某校本语言水平测试听力卷中的一套试题。未来可以针对包含锚题的多套试题开展分析，考查双因子 MIRT 模型和高阶认知诊断模型在测量不变性方面的差异会如何影响不同试卷的分类结果，影响程度如何。第四，本研究把项目的平均难度用作属性掌握分类的阈值，但是考虑到测试个别属性的项目数量较少，本研究并未进行敏感性分析来检查异常值对分类结果产生的影响。在每个属性的测量项目数量足够多的情况下，未来研究用双因子 MIRT 模型进行诊断分析时可以进行敏感性分析，以便获得更稳健的认知属性分类结果。第五，属性 1（"理解词意"）和属性 4（"归纳主旨大意"）所提供的独特信息量很低，可能是因为测量这些属性的项目数量较少导致的。未来研究可以进一步探究将双因子 MIRT 模型应用于认知诊断计算机自适应测试的可能性。这类研究不仅有助于解决基于认知诊断模型的项目选择问题，还可以高效、可靠地提供考生的总体能力和微技能掌握情况。

第十一章
考试对接《量表》研究：同一方法的一致性

11.1 研究背景

正如第五章所述，将考试与《量表》对接有助于清晰地阐释考试分数的意义（Tannenbaum & Wylie, 2008），为考生提供内容丰富、有针对性的分数报告。尽管大量研究探索了大规模语言测试与外部语言能力标准的对接（如 Lim et al., 2013; O'Sullivan et al., 2020; Papageorgiou et al., 2015; Papageorgiou et al., 2019; Tannenbaum & Wylie, 2008），尤其是考试与《欧框》的对接研究层出不穷（Dunlea, 2015; Eckes, 2017; Ilc et al., 2014; Martyniuk, 2010; Tannenbaum & Wylie, 2008），但是国内对接研究相对较少，目前鲜有实证研究探讨校本考试与《量表》的对接问题。本研究聚焦探讨采用同一标准设定方法对接校本考试与《量表》时的专家内部一致性问题。

鉴于校本考试能够凸显"坚持分类指导、鼓励特色发展"的原则，国内许多高校开发了体现学校办学思想和特色的校本英语水平考试（何莲珍，2019b：10）。尽管校本考试根植于地方语境，反映当地教学项目的目标、价值观和优先级（Dimova et al., 2020），但是，校本考试同样与国内和国际语境息息相关，将其与《量表》对接能产生积极影响。例如，对接校本考试与外部语言标准有助于校本考试获得认可（Deygers et al., 2018），为本地决策增加透明度和合理性（Harsch, 2018），优化校本考试（Martyniuk, 2010）。具体而言，校本考试与《量表》对接有助于学校科学制定对考生的语言能力要求，合理命题，控制题目难度；有助于考生获得详细的分数报告和具体的反馈信息，了解自己的优势与不足；有助于教师及时调整和规划教学内容，提高教学效率；有助于考试使用者深入了解校本考试，为不同的校本考试提供可比较的平台。同时，校本考试与《量表》对接可以充分发挥量表的作用，促进教学与测评紧密结合，推进英语教、学、评、考协调发展（王守仁，2018）。因此，本研究旨在弥补对接领域的空白，探究某高校校本考试与《量表》对接的效度。

影响语言考试与语言标准对接效度的因素繁多，例如，标准设定方法的多样性（Zieky, 2012）、专家判断的一致性（Tannenbaum & Kannan, 2015）与有效性（Harsch & Hartig, 2015）、对接流程的科学性和可操作性（Mee et al., 2013）、考试构念与标准构念的匹配度（Tannenbaum & Cho, 2014）、考试自身信度与效度（Council of Europe, 2009）、标准及其描述语的清晰度与一致性（Green, 2018）等等。以往对接效度验证研究通常从内部效度、外部效度、程序效度三个角度收集证据（Tannenbaum & Cho, 2014; Dunlea, 2015），但其问题在于效度证据间关联较弱，未形成完整连贯的有机体。基于评估使用论证框架（Bachman & Palmer, 2010）的对接使用论证框架（Linking Use Argument, 简称 LUA; 何莲珍，2019a）通过具体的主张和理据把各个重要属性有机地联系起来，构建了对接效度整体观。根据 LUA 框架，对接结果一致性是对接效度证据链的第一环，是保证对接结果阐释有意义的前提，在很大程度上影响了证据链后续环节的效度，如基于对接结果制定的决策的公平性和对接后效的有益性。因此，对接效度验证中，一致性是重要的考量因素之一。

衡量一致性的指标包括：专家判断的一致性（专家之间以及专家自身的一致性）、专家判断与题目实测难度的相关性、临界分数的稳定性（Cizek & Bunch, 2007; Tannenbaum & Cho, 2014）等等。以往的对接研究发现，专家判断的一致性通常较高（O'Sullivan, 2010），但专家判断与题目实测难度之间的相关程度却差强人意（Clauser et al., 2013），即专家往往不能准确地判断题目难度值。因此标准设定中经常会设置两轮判断，两轮之间加入反馈环节（Clauser et al., 2017），反馈全体专家的判断结果、题目实考难度值、基于临界分数对实考群体分级的结果等，组织专家进行讨论，以期帮助他们达成一致有效的判断（Plake et al., 1994）。但是，反馈能否提高所有级别对接结果的一致性，值得进一步探究。

11.2 研究设计

11.2.1 研究问题

基于此，本研究采用定量研究方法，以 LUA 为效度验证框架，以某校本考试阅读卷与《量表》对接研究为例，收集标准设定和实际考试数据，从同一标准设定方法的内部一致性以及反馈是否能提高一致性的角度，探讨该校本考试阅读卷与语言标准对接的效度问题。本文拟回答的两个具体研究问题如下：

（1）标准设定中专家判断的一致性如何？

（2）反馈对提高专家判断一致性的效果如何？

11.2.2 研究对象

本研究参与者包括 15 位标准设定专家和 1 位对接培训师。培训师的主要职责是解释对接任务要求、引导讨论、确保对接按照计划流程进行。15 人的标准设定专家小组包括 2 名男性、13 名女性。他们都是测试领域的专家、水平考试设计者或熟悉英语阅读教学的一线教师，具有权威性和代表性。其中，7 名专家曾参与《量表》研制，5 名担任过校本考试的评分员，熟悉试题类型及目标考生群体。

11.2.3 研究工具

本研究以某高校的英语水平考试为工具。通过该考试是该校非英语专业学生的毕业要求之一，因此，该校本考试属于高风险考试。考试的所有试题均由本领域专家设计，包括听力、阅读、写作和口语四个部分。其中前三个部分均在电脑上完成，口语考试采用面试形式进行。考生需在听力、阅读、写作和口语部分都达到及格分，才能视作通过该考试。每次考试均采用项目反应理论的双参数模型对不同试卷中的所有题目进行参数估计，然后进行项目反应理论的真分数等值计算，以确保各次考试中的考生得分具有可比性，从而保证了考试的公平性。本书记录的是该考试阅读部分与量表的对接结果。对接素材包括水平考试近五年的某一套阅读试卷和考试作答数据，题库中的另一套题目作为培训阶段的试评材料使用。

11.2.4 研究步骤

正式的对接会议之前，对接项目小组召开工作会议，对校本考试阅读卷考查的能力和《量表》描述语进行仔细分析后，确定本研究主要关注校本考试阅读卷与《量表》三级至七级的对应关系。对接试卷包括 20 道题目。对接流程包括框架熟悉、试题检视、标准设定与效度验证。效度验证尽管列在最后一步，但效度验证实际上贯穿整个对接会议始终。标准设定时，15 位专家采用了两轮投篮法和两轮改良 Angoff 法，各轮判断间隙，培训师给予专家们反馈与讨论的机会。

本研究将投篮法作为改良 Angoff 法的预备活动（见附录 1），帮助专家积累对接经验，从而熟悉标准设定过程（Dunlea, 2015）。以往研究表明多轮判断有助于提高结果的准确性（Plake, 2008; Tannenbaum & Cho, 2014），本研究中专家用改良 Angoff 法进行了两轮判断，第一轮仅对 3 个级别（三级、五级、七级）进行判断，第二轮中专家需要根据已有结果，重新对这 3 个级别做出判断，同时在此基础上判断四级和六级的临界分（见附录 1）。

11.2.5 数据分析

为回答第一个研究问题，本研究收集了 15 名专家第二轮改良 Angoff 法的数据，计算上文提及的三个方面的一致性指标。具体而言，首先采用多层面 Rasch 模型（MFRM）分析专家之间以及专家自身判断结果的一致性。MFRM 模型包括专家、题目、量表级别三个层面，数据为所有专家独立判断的 100 名量表三级、五级、七级"最低能力考生"在 20 道题目上的答对人数，如 0、10、……、100 等，属于定距变量，专家严厉度均值设定为 0。其次，计算专家判断与题目实测难度的皮尔逊积差相关系数。最后，计算各级别标准设定误差[1]，判断各级别临界分数的稳定性。

为回答第二个研究问题，本研究结合 15 名专家第一轮和第二轮改良 Angoff 法的数据进行分析。主要比较两轮标准设定结果在以上三个一致性指标上的差异。以上所有分析分别用 Facet 3.71 和 SPSS 20.0 完成。

11.3 研究结果

11.3.1 专家判断的一致性

首先，根据 MFRM 分析结果，在个体层面检验专家判断的一致性。表 11.1 呈现专家严厉度和一致性统计量。严厉度 logit 值越高，说明该专家越严厉。15 名专家中，13 号专家最为严厉（1.21 logits），5 号专家最为宽松（-0.92 logits），两者相差 2.13 logits。除 13 号专家外，其余专家的严厉度 logit 值均在 ±1 之间，说明总体严厉度适中。

Infit 和 Outfit 值是考察专家判断内部一致性的重要指标，能够反映各个题项的判断标准是否前后一致，但 Outfit 值更易受到极端数值的影响（McNamara, 1996），因此通常以 Infit 值作为一致性的评判标准。Infit 值在 0.50—1.50 之间时，说明专家判断与模型预测结果一致性较好。若 Infit 值低于 0.50 或超过 1.50，说明过于一致或一致性欠佳，但对专家判断质量的影响不大。若 Infit 值超过 2.00，则会影响测量结果，应删除相关数据（Linacre, 2002; 蔡宏文, 2019）。表 11.1 显示，15 名专家中，1 号专家 Infit 值（0.45）低于 0.50，5 号专家（1.89）和 10 号专家（1.78）高于 1.50，但不超过 2.00，说明专家判断总体符合模型预期，可以前后一致地进行判断。

1　本研究仅计算标准设定误差，不考虑考试误差。

表 11.1　专家严厉度及一致性统计量

专家编号	严厉度	标准误差	Infit	t	Outfit	t
1	-0.51	0.18	0.45	-3.5	0.46	-3.1
2	0.78	0.18	1.13	0.7	1.18	1
3	-0.08	0.18	1.31	1.5	1.21	1
4	-0.08	0.18	0.86	-0.7	0.8	-1
5	-0.92	0.19	1.89	3.6	1.99	3.4
6	0.21	0.18	1.08	0.5	1.04	0.2
7	0.93	0.18	1.11	0.6	1.08	0.4
8	-0.65	0.19	0.62	-2.1	0.77	-1
9	-0.82	0.19	0.6	-2.3	0.54	-2.3
10	-0.18	0.18	1.78	3.3	1.64	2.7
11	0.24	0.18	0.83	-0.8	0.8	-1
12	-0.72	0.19	0.69	-1.7	0.68	-1.5
13	1.21	0.17	0.8	-1.1	0.83	-0.9
14	0.12	0.18	0.49	-3.3	0.48	-3.3
15	0.47	0.18	1.38	1.8	1.33	1.6
平均	0.00	0.18	1.00	-0.23	0.99	-0.25
标准差	0.63	0.01	0.43	2.12	0.42	1.91

除 Infit 值以外，还可以从专家和量表级别、专家和试题之间的偏差分析结果判断专家是否存在评分前后不一致的情况。当偏差量超过 0.5 个 logit，且 t 检验的 p 值小于 0.05 时，说明两个测量层面存在显著的交互效应（Linacre, 2013）。专家和量表级别偏差分析结果显示，显著偏差总数占所有交互组合的 11%，其中 80% 的显著偏差源于专家与两端级别的交互作用，且以量表三级为主，说明专家对两端级别尤其是量表三级理解的一致性不够好，但交互作用并未集中体现在某个

专家身上。偏差在专家和考题中呈均匀分布状态，与专家严厉度、考题难度等没有明显关联。综合以上三个方面分析的结果，可以看出专家们的判断结果较为一致，计算考试各级别的临界分数时可以保留所有专家的数据。

一致性的第二个指标是专家判断与题目实测难度的相关性。首先计算 15 名专家给每个级别最低能力考生在每道题项上的评分均值，即专家判断每个级别最低能力考生答对每道题目概率的平均值，再计算均值和题目实测难度的皮尔逊积差相关。五个级别专家评分与实测难度的相关分别为 0.82（量表三级）、0.86（量表五级）、0.85（量表七级），p 值均小于 0.001，说明专家判断与题目实测难度高度一致。

一致性的第三个指标是临界分数的标准误差。表 11.2 呈现各级别临界分数及其标准误差。为计算临界分数标准误差，可以采用公式"标准误差 = 标准差 /n"（其中 n 为标准设定专家数）进行计算。由表 11.2 最后一行可见，量表四级和六级的误差最小；各级别上下限均相差 1 分左右，误差较小。

表 11.2　各级别临界分数和标准误差

级别	三级	四级	五级	六级	七级
临界分数	8.9	14.3	19.4	23.3	27.1
专家判断标准差	1.81	0.70	1.02	0.68	0.72
专家判断估计误差	0.47	0.18	0.26	0.18	0.19
临界值 95% 置信区间	（8.0, 9.8）	（13.9, 14.7）	（18.9, 19.9）	（22.9, 23.7）	（26.7, 27.5）

11.3.2 反馈对一致性的作用

为探究反馈对提高专家判断一致性的作用，笔者比较了两轮改良 Angoff 法判断结果在以上三个一致性指标上的差异，结果如表 11.3 所示。就专家判断一致性而言，专家与级别交互比例在第二轮明显降低，其他指标基本无差异，说明经过反馈，专家们对级别的理解总体上更为一致，但在专家和题目个体层面上的一致性并无显著提高。就专家判断与实测难度的相关系数而言，各量表级别第二轮的相关系数均略高于第一轮。需要注意的是，第一轮相关系数均已高于 0.7。就标准设定误差而言，量表五级和七级的第二轮标准误差均低于第一轮，但是三级的标准误差略有上升，说明反馈环节让专家们对多数级别的最低能力考生达成了更为一致的理解。

表 11.3 反馈前后一致性指标

一致性指标	具体指标	第一轮	第二轮
指标 1：专家判断一致性	严厉度值超过（-1,1）专家数量	1	1
	Infit 值超出（0.5, 1.5）专家数量	3	3
	专家与级别显著交互比例	22%	11%
指标 2：专家判断与实测难度相关	三级	0.73	0.82
	五级	0.83	0.86
	七级	0.84	0.85
指标 3：标准设定误差	三级	0.38	0.47
	四级	/	0.18
	五级	0.32	0.26
	六级	/	0.18
	七级	0.25	0.19

11.4 讨论

11.4.1 一致性

研究问题一的结果显示，校本考试阅读卷对接中专家判断一致性较高、专家判断与题目实测难度相关度高、各级别临界分数误差较低，因此对接一致性较高。虽然有一名专家过于严厉、一名专家过于宽松，但基于 MFRM 分析得出的调整分计算的各级别临界值与基于专家判断原始分得出的各级别临界值并无差异，说明其严厉度差异并不影响最终结果的一致性。

相比之下，专家与两端级别尤其是量表三级的显著偏差效应较为严重，说明专家对两端级别尤其是量表三级理解的一致性程度不够高。并且，专家与级别的交互作用并不集中体现在个别专家数据中，因此无法通过删除个别专家数据进行矫正。以往的标准设定研究（Dunlea, 2015）通常仅采用两个层面的 MFRM 模型分析数据，并未进行偏差分析，亦未探讨层面之间的交互作用。但是，对交互作用及其出现规律的探讨，能够为培训环节提供切实有用的反馈信息，从而更好地确定需要进一步加强培训的方面。因此，同写作和口语测试评分质量的研究步骤一样，偏差分析也应纳入涉及多级别的标准设定质量的鉴定过程之中。

与偏差分析结果一致，量表三级临界分数的标准误差最大。本研究中专家在三级评分中一致性略低的原因可能是专家对量表三级最低能力考生的概念较为模糊。绝大部分专家为大学教师，因此对量表四到七级理解的一致性相较于三级更高。

11.4.2 反馈的作用

研究问题二的结果显示，反馈环节降低了专家与级别的交互效应、提高了各级别专家判断与实测题目难度的相关值、降低了各级别临界分数的标准误差，说明反馈环节能够有效提高标准设定的一致性。然而，反馈对提高个体层面一致性而言收效甚微。严厉度指标、Infit 拟合值、专家与题目显著交互率并无明显降低。究其原因，反馈环节主要提供的是其他专家的判断结果、题目实测难度值以及基于这些信息的集体讨论（张洁、王伟强，2019），因此有助于专家通过讨论达成整体层面的一致性。但在个体层面，专家可能会根据反馈修改对个别级别、个别题目的判断，并不会影响其所有判断，因此，反馈环节对专家个体的拟合数据影响并不明显。

其次，即使在反馈前，第一轮专家判断与题目实测难度值的相关系数在各级别均已高于 0.7，说明在反馈前，专家们已能较好地预估题目的实际难度值，这一点与以往研究的结果有所不同（Clauser et al., 2009）。本研究的高相关系数可以归于两点原因：一是专家们经验丰富；二是同时采用两种标准设定方法。就专家构成而言，参与本研究的 15 位专家中，一半以上参与过量表研发或英文版量表的编辑、英语考试命题、教材编写、教师培训、测试研究，专家们丰富的量表与考试相关的工作经验有助于他们合理地预测题目难度值。就标准设定方法而言，本研究使用简单易操作的投篮法作为改良 Angoff 法的预备环节，不仅有效避免了采用多种方法会过度消耗专家精力和时间的弊端（Cizek & Bunch, 2007），而且能够帮助专家们熟悉标准设定过程和题目，让标准设定更有效地开展。反馈环节使专家判断误差降低，即一致性更高，但是，如果要提供更充分的证据证明反馈的有效性，还需要通过定性数据深度挖掘专家第二轮标准设定过程中调整判断的具体理据。

运用 LUA 框架（何莲珍，2019a），本研究将零散的、传统意义上的内部效度、外部效度、程序效度证据融为一体，探讨语言考试与量表对接使用论证中的重要主张——一致性主张。总体而言，研究结果支持了对接结果的一致性主张，为证据链其他环节的可靠性提供了强有力的支撑。本研究仍有若干需要解决的问题，例如，如何提高标准设定过程中专家在两端级别判断的一致性、如何通过反馈同时提高专家个体和整体的一致性、如何平衡教师评判数据和标准设定数据得到临界值等，这些都是对接研究中可以进一步探究的话题。

11.5 小结

本研究以 LUA 为效度验证框架，收集标准设定和实际考试数据，从对接结果一致性、反馈能否提高一致性的角度，为接受型语言考试与语言标准对接的效度问题提供实例。一致性是 LUA 证据链中的第一环，对一致性的探讨在整个对接效度验证中起着至关重要的作用。本研究对一致性进行了多方位探讨，指出偏差分析应纳入多级别标准设定的质量鉴定过程中，这有助于更加全面地探究标准设定的一致性问题，提高后续培训与反馈的效果。本研究对接受型技能考试与语言标准对接的效度验证具有一定启示，也为相关对接研究提供了方法参考。

第十二章
考试对接《量表》研究：不同方法的一致性

12.1 研究背景

第十一章实证研究发现，采用同一标准设定方法——改良 Angoff 法，将校本考试阅读卷对接量表的结果具有一致性。本研究聚焦讨论采用不同标准设定方法——改良 Angoff 法和对照组法，将校本考试听力卷对接量表的结果是否同样具有一致性。

标准设定是对接研究的核心环节，即专家小组使用标准设定方法得出考试对应量表某一等级的临界分数（何莲珍、罗蓝，2020）。标准设定研究中的核心问题是不同标准设定研究得到的临界分数是否具有可比性（Green, 2018）。目前，学界已提出多种标准设定方法来确定临界分数，如书签法、Angoff 法、工作主体法、分析判断法等（Cizek & Bunch, 2007; Kaftandjieva, 201; Zieky et al., 2008）。这些方法分为试题中心法和考生中心法，前者要求专家深入分析试题内容并逐题判断题目难度，后者要求专家根据实际考生的表现判断其所属的量表等级。

Angoff 法（Angoff, 1971）是典型的试题中心法，也是最常用的标准设定方法（Brandon, 2014），它要求专家假想某一等级的"最低能力考生"，并估计该考生作答每道题项时的正确率。Angoff 法有多个改良版本，使用改良 Angoff 法时，需在第一轮结束后给专家提供考试题目的难度值，且专家在估计正确率时只能在"0、10、20、……100"共 11 个数字中作选择。相比于传统 Angoff 法，改良 Angoff 法可以降低认知压力，提高专家判断的一致性，常用于选择题的标准设定过程。

与 Angoff 法的假想群体不同，对照组法（Livingston & Zieky, 1982）要求有经验的教师对真实的考生群体进行判断。教师凭借其丰富的教学经验和对考生的深度了解判断考生的能力等级，而非依据考试题目或考试成绩，对照组法是典型的考生中心法（Council of Europe, 2009）。对照组法源于熟悉组法（Known Groups Procedure; Berk, 1976），该方法的操作步骤易于理解，可操作性强，常用于效度验证（Cizek & Bunch, 2007）。

效度验证是对接研究中不可缺少的环节。标准设定结果并无对错之分，但是，使用不同的标准设定方法可能会产生不同的结果（Cizek & Bunch, 2007）。甚至是使用同一种标准设定方法，不同研究往往在具体执行过程中也不尽相同（Tannenbaum & Cho, 2014）。因此，比较不同的标准设定方法产生的临界分数非常困难（Cizek, 2012; Reckase, 2009）。此外，标准设定得出的临界分数通常有小数，很少为整数（Cizek & Bunch, 2007），向上或向下取整也影响所得出的每个级别的临界分数（Lim et al., 2013）。而不同的机构可能会采用不同的取整方法，从而让临界分数的比较变得更加复杂。此外，标准设定中可以通过估计误差和置信区间调整临界分数（Cizek & Bunch, 2007），此类调整也对不同标准设定研究得出的临界分数的可比性提出了挑战。

根据 LUA 框架，作为对接效度证据链的第一环，对接结果一致性至关重要。因此，效度验证时可以探究同一批或不同批专家使用不同标准设定方法得出的结果的一致性（Council of Europe, 2009: 109）。例如，改良 Angoff 法不涉及对实际考生的判断，因而可以使用考生中心法中的对照组法收集外部效度证据，验证改良 Angoff 法的结果（Dunlea, 2015）。同时，对照组法适用于校本考试与量表的对接，因为校本考试的评价专家通常是学生的任课教师，经过一学期、一学年或更长时间的深度接触，教师对自己所教的学生非常熟悉。

12.2 研究设计

12.2.1 研究问题

基于以上文献梳理，本研究聚焦校本考试听力卷对接《量表》听力理解能力分量表这一研究议题，通过比较改良 Angoff 法与对照组法结果的一致性，收集校本听力考试与《量表》对接的效度证据，为量表在校本考试中的应用提供实证依据。具体而言，本研究旨在回答以下三个问题：

（1）改良 Angoff 法会将校本考试听力卷对标到量表的哪个级别？

（2）对照组法会将校本考试听力卷对标到量表的哪个级别？

（3）改良 Angoff 法与对照组法结果的一致性如何？

12.2.2 研究对象

改良 Angoff 法共有 14 人参与，包括一位对接培训师，其主要职责是解释对接任务要求、引导讨论、确保对接按照计划流程进行。其余 13 人（男性 2 名，女性 11 名）组成专家小组。他们都是测试领域的专家、水平考试设计者或熟悉英语听力教学的一线教师，具有权威性和代表性。其中，7 名专家是听力量表研制组成员，5 名担任过水平考试的评分员，熟悉试题类型及目标考生群体。

对照组法共有 3 名大学英语教师参与，她们所教的 42 名学生参加了水平考试。这 3 名大学英语教师均为女性，有着丰富的教学经验。

12.2.3 研究工具

本章研究同第十一章一样，以某高校的英语水平考试为工具，记述的是该考试听力部分与量表的对接结果。对接素材包括水平考试近五年的某一套听力试卷和考试作答数据，题库中的另一套题目作为培训阶段的试评材料使用。

12.2.4 研究步骤

对接研究共分为四个阶段。第一阶段是框架熟悉，即专家小组通过一系列预备活动熟悉听力量表描述语。第二阶段是试题检视，即专家小组参加模拟考试，并分析考试和量表的内容匹配程度，大致确定对接的级别区间。经专家判断，选择量表三至七级共 5 个级别作为对接的主要级别。第三阶段是标准设定，即专家小组进行两轮投篮法和两轮改良 Angoff 法判断，并让教师使用对照组法评价自己所教班级考生的听力等级。本章研究的标准设定步骤跟第十一章描述的阅读对接《量表》标准设定步骤一致（见附录 2）。教师使用对照组法判断学生水平时，依据的是教学过程中对学生的了解，他们并不知道考生的英语水平考试成绩。最后一个阶段是效度验证，本章通过探究专家小组评分的内部和外部一致性、两种标准设定方法所得结果的一致性、专家对对接程序的认可程度等方法收集效度证据。

12.2.5 数据分析

针对研究问题一，改良 Angoff 法的临界分由最后一轮判断结果决定。本研究使用 FACETS 软件建立多层面 Rasch 模型（Linacre, 2013），分析专家判断的内部和外部一致性。Infit 和 Outfit 值是衡量专家判断是否前后一致的重要指标。Outfit 值更容易受到极端数值影响，因此本研究选择 Infit 值作为评判一致性的指标。若发现判断一致性不理想的专家，计算临界分时会剔除该专家的数据。

针对研究问题二，对照组法临界分计算可以采用四种方法：（1）将相邻级别分数的频率分布绘制在同一坐标中，其交点即为临界分，但由于实际交点通常有多个，所以较难判断具体临界值；（2）将相邻两个级别的考生平均分相加除以二；（3）将多个可能的临界值列表，计算采用不同临界值时的误报率，包括误报通过率（false positive）和误报不通过率（false negative），根据具体情况选择最合适的临界值（Council of Europe, 2009）；（4）使用逻辑斯蒂回归确定交点，该方法可以平衡误报通过率和误报不通过率得出临界分，也是计算对照组法临界分最常用的方法（Cizek & Bunch, 2007）。因此，本研究决定采用第四种方法计算对照组法的临界分。

针对研究问题三，本研究采用双变量决策表（bivariate decision table）比较两种标准设定方法所得结果的一致性，包括临界分的一致性和考生等级的一致性。考生等级的一致性检验包含三个方面：（1）完全一致性，即根据两种标准设定方法得出的等级完全相同的考生比例；（2）相邻一致性，即等级完全相同或仅相差一个级别的考生比例；（3）斯皮尔曼等级相关系数，即根据两种标准设定方法将考生划分到对应的量表等级的排序相关性。

12.3 研究结果

12.3.1 改良 Angoff 法研究结果

改良 Angoff 法的基本假设是专家能对假想考生群体做出一致的判断，因此本节先展示 FACETS 分析结果，检验使用改良 Angoff 法时专家判断的一致性，再呈现临界分。

（1）改良 Angoff 的可靠性

图 12.1 为 FACETS 分析结果的总层面图。从图 12.1 可以看出专家判断的严厉度和题目的难度差异。图左起第一列为洛基量尺，各层面之间和层面内部的比较均基于该量尺进行。左起第二列表示各专家评分的严厉度，位于图上方的专家评分比位于下方的更严厉。总体而言，专家的洛基值在（-1,1）的范围内，仅有 13 号专家的洛基值略大于 1，说明 13 号专家的判断较为严厉，可剔除专家 13 的判断数据。

此外，如果专家的 Infit 值在（0.5,1.5）之间，表明专家具有较好的内部一致性；低于 0.5 或超过 1.5，表明专家判断过于一致或一致性欠佳；超过 2，则会影响测量结果，应考虑删除该专家的数据（Linacre，2002）。13 名专家中，仅 10 号专家的 Infit 值（2.44）超过 2，故进行剔除。

（2）改良 Angoff 的临界分

表 12.1 列示的是改良 Angoff 法得出的各级别临界分。根据专家一致性分析结果，剔除 10 号、13 号专家的数据，临界分由 11 位专家的判断结果得出。原始的计算结果有小数，而水平考试的及格线为整数，所以将结果取整得出临界分。根据考试目的和特殊性选择合适的取整方法非常重要，否则会造成严重后果（Council of Europe，2009）。

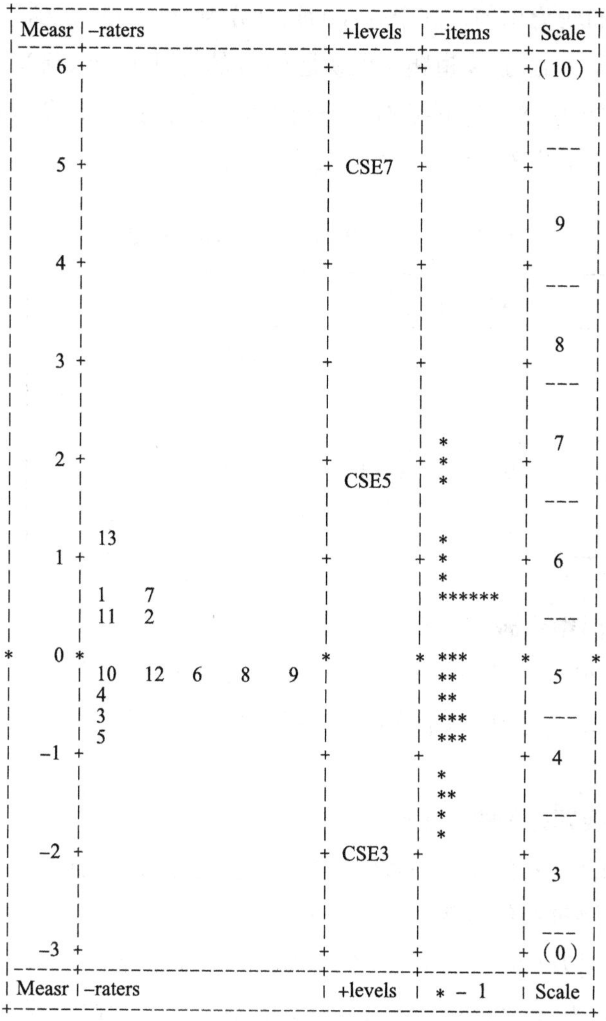

```
+-----------------------------------------------------------------+
| Measr |-raters                  | +levels  | -items  | Scale    |
|-------|                         |          |         |----------|
|  6  + |                         |    +     |    +    | + ( 10 ) |
|     | |                         |          |         |          |
|     | |                         |          |         |   ---    |
|  5  + |                         |    + CSE7 |    +    |   +      |
|     | |                         |          |         |          |
|     | |                         |          |         |   9      |
|  4  + |                         |    +     |    +    |   |      |
|     | |                         |          |         |   ---    |
|  3  + |                         |    +     |    +    |   8      |
|     | |                         |          |         |   |      |
|     | |                         |          |   *     |   7      |
|  2  + |                         |    +     |   *+    |   +      |
|     | |                         |    CSE5  |   *     |          |
|     | |                         |          |   |     |   ---    |
|  1  + | 13                      |    +     |   *+    |   +  6   |
|     | | 1     7                 |          |   *     |          |
|     | | 11    2                 |          |  ******  |   ---   |
|  *  | |                         |    *     |  * ***  |   *   *  |
|  0  * | 10  12   6   8   9      |          |  **     |  5       |
|     | | 4                       |          |  **     |          |
|     | | 3                       |          |  ***    |   ---    |
|     | | 5                       |          |  ***    |          |
| -1  + |                         |    +     |   *+    |   +  4   |
|     | |                         |          |  **     |          |
|     | |                         |          |   *     |   ---    |
|     | |                         |          |   *     |          |
| -2  + |                         |    + CSE3 |    +    |   3      |
|     | |                         |          |         |   |      |
|     | |                         |          |         |   ---    |
| -3  + |                         |    +     |    +    | + ( 0 )  |
|-------|-------------------------|----------|---------|----------|
| Measr |-raters                  | +levels  | * - 1   | Scale    |
+-----------------------------------------------------------------+
```

图 12.1 总层面图

水平考试和考生的学位证书直接挂钩，应尽可能减少误报不通过率。因此，本研究采用去尾法得到临界分，即直接舍去小数部分，取整数部分。

从表 12.1 可以看出，五级和六级的标准差（分别为 1.33、1.03）较小，四级的标准差（2.28）最大，即专家在五级和六级的判断较之其他级别的一致性更好，在四级的判断一致性较低。对应五个级别的临界分分布较为均匀，其中五级的临界分为 19，即要达到量表五级需在考试中至少做对 19 道题（也就是 63% 的题目）。该套试卷等值后的及格分数线为 18，与五级临界分最为接近。因此，改良 Angoff 法将水平考试及格分数线大致对标为量表五级。

表 12.1　改良 Angoff 法的临界分数

	三级	四级	五级	六级	七级
计算结果	9.27	14	19.82	23.64	27.18
标准差	1.95	2.28	1.33	1.03	1.54
临界分数	9	14	19	23	27
百分比	30%	47%	63%	76%	90%

12.3.2 对照组法研究结果

对照组法的基本假设是教师评价是真实可靠的（Council of Europe, 2009），因此本节先展示教师评价的可靠性，然后呈现具体的临界分。

（1）教师评价的可靠性

表 12.2 列示的是三位教师对学生听力能力评价的描述性数据。三位教师的评价均值较为接近，分别为 4.73、5 和 5.11，标准差也较为接近，分别为 0.96、1.24 和 1.05。42 名学生的水平考试听力部分成绩平均分为 18.98，标准差为 3.6。通过计算三位教师评价等级和她们所评学生的水平考试听力部分成绩的斯皮尔曼等级相关系数，发现二者存在显著正相关，并且相关程度较高（r=0.724, p=0.00），说明总体而言，教师评价结果与学生的考试成绩具有一致性，证明了教师评价的可靠性。

表 12.2 教师评价的描述性数据

	数量	教师评价等级				水平考试听力部分成绩			
		平均值	标准差	最低	最高	平均值	标准差	最低	最高
教师 1	15	4.73	0.96	3	7	18.53	4.10	8	26
教师 2	18	5	1.24	3	7	19.39	3.58	14	28
教师 3	9	5.11	1.05	3	6	18.89	2.98	13	23
总数	42	4.93	1.09	3	7	18.98	3.60	8	28

（2）对照组法的临界分

表 12.3 列示的是逻辑斯蒂回归结果。从表 12.3 可以看出，四个级别的显著性水平均小于 0.05，即所有的逻辑斯蒂回归都具有统计学上的显著意义。将斜率和常数代入公式计算，采用去尾法取近似值，得到专家评价四级到七级的临界分。四个临界分数的分布较均匀，五级的临界分为 18，与该套试卷等值后的及格线一致。因此，教师评价将水平考试及格线对标为量表五级。

表 12.3 逻辑斯蒂回归结果

级别	斜率	常数	标准误差	Wald 值	显著性	Exp（B）	临界分数
四级	0.84	-11.76	0.38	5.04	0.03	2.32	14
五级	0.62	-10.73	0.22	7.88	0.01	1.85	18
六级	0.50	-10.74	0.17	8.60	0.00	1.66	22
七级	0.43	-11.49	0.21	4.01	0.05	1.53	27

12.3.3 改良 Angoff 法与对照组法结果的一致性

改良 Angoff 法与对照组法结果的一致性包括临界分数一致性和考生等级的一致性。结合表 12.1 和表 12.3，改良 Angoff 法和对照组法得出的临界分比较接近，改良 Angoff 法对应四级和七级的临界分与对照组法相同，五级和六级的临界分比对照组法高 1 分。所以两种方法得出的临界分具有较好的一致性。

为探究考生等级的一致性，首先根据改良 Angoff 法和对照组法得出的不同临界分，将考生划分到对应的量表等级，然后计算两种方法得出的考生等级的完全一致性和相邻一致性。其中，有两位学生的考试成绩较低，未达到对照组法和改良 Angoff 法得出的最低等级的临界分，因此被剔除。表 12.4 列出了 40 名考生依据改良 Angoff 法和对照组法临界分对应等级的双变量决策表，表中的数字代表依据两种标准设定方法得出的临界分划分到各级别的考生总数（Council of Europe, 2009）。根据这些数字可以计算两种方法中考生等级的完全一致性和相邻一致性。结果显示，改良 Angoff 法和对照组法判断等级的完全一致性（$p_{exact}=0.8$）和相邻一致性（$p_{adj}=1$）非常高（Council of Europe, 2009）。前者比后者略低的主要原因是：7 位考生根据改良 Angoff 法结果被划分到量表四级，但对照组法把他们划分到量表五级。威尔科克森符号秩检验结果表明，总体而言，两种标准设定方法所得结果并没有显著差异（$Z=-2.828, p=0.05$）。同时，斯皮尔曼等级相关分析表明，两者显著正相关，且相关性较高（$r=0.835, p=0.00$）。因此，改良 Angoff 法与对照组法的结果基本一致。

表 12.4 双变量决策表

		改良 Angoff 法				
		四级	五级	六级	七级	总计
对照组法	四级	**9**	0	0	0	9
	五级	7	**15**	0	0	22
	六级	0	1	**7**	0	8
	七级	0	0	0	**1**	1
	总计	16	16	7	1	40

12.4 讨论

以上研究结果表明，改良 Angoff 法和对照组法均将水平考试及格线对标为量表五级，且这两种标准设定方法得出的临界分一致性较高。

12.4.1 改良 Angoff 的内部一致性

内部一致性是证明标准设定结果准确性的重要依据。首先，改良 Angoff 法标准设定结果的标准差（见表 12.1）反映了专家判断的一致性。量表五级对应的临界分是 19，量表六级对应的临界分是 23，这两个等级对应的标准差（分别为 1.45、1.25）明显比其他三个等级小，表明专家在五级和六级的评分更为一致。究其原因，可能是考试难度与这两个等级的匹配程度更高，也可能是专家对这两个级别的熟悉程度更高。

其次，FACETS 分析结果表明标准设定过程中专家小组具有较好的一致性，仅有一位专家的判断较为严厉，一位专家的内部一致性不太理想，这一结果与以往的对接研究结果相同，即个别专家不能进行前后一致的判断（Dunlea, 2015）。可能的原因是标准设定过程中使用改良 Angoff 法给专家形成了较大的认知压力（Plake, 2008）。此外，判断不准确的原因可能是专家对学生的听力水平了解不充分，不能很好地掌握听力量表各等级的显著特征（Plake, 2008）。

问卷调查结果表明专家对改良 Angoff 标准设定方法和步骤持肯定态度，专家在培训过程中充分了解了量表描述语和各个等级描述语的典型特征。在标准设定阶段，专家们通过投篮法这一预备活动，增进了对标准设定过程的熟悉度，反馈环节呈现给专家的直方图和题目难度值等定量数据有助于提高专家判断的一致性。然而，改良 Angoff 法实施的难度较大。访谈结果表明改良 Angoff 法要求专家小组假想的"最低能力考生"比较抽象，设想"最低能力考生"的答对概率增加了专家的认知负担，加大了判断难度。这一点与以往研究的发现一致（Eckes, 2017; Shin & Lidster, 2017）。

12.4.2 两种标准设定方法间的一致性

本研究采用对照组法验证改良 Angoff 法标准设定结果的效度。虽然许多研究质疑改良 Angoff 法中的"最低能力考生"纯属虚假概念，不符合实际情况（Eckes, 2017; Shin & Lidster, 2017），但是改良 Angoff 法和对照组法结果的高度一致印证了改良 Angoff 法所得结果的准确性。此外，本研究通过对真实的考生群体进行判断进一步证明改良 Angoff 法可以产生较为可靠的结果，与以往研究一致（Berk, 1986; Hambleton et al., 2000）。同时，对照组法中教师评价和考试成绩的相关性较高，说明有教学经验的专家能够把握量表等级的显著特征，对学生能力判断较为准确（Tannenbaum & Cho, 2014）。

12.5 小结

本研究使用改良 Angoff 法和对照组法为校本考试与量表的对接提供了实证依据。结果表明，该校英语水平考试听力部分的及格线对标量表五级，改良 Angoff 法和对照组法用于校本考试与量表的对接能够产生较为可靠的结果。

本研究对于校本考试而言具有重要意义。将校本考试对标至量表五级之后，校本考试分数与量表描述语的结合赋予了考试分数更加丰富的含义。对接结果可为考生提供详细的分数报告，帮助考生获得更加具体的反馈信息，了解自己的优势与不足，从而明确下一阶段的学习目标。同时，对标结果也能帮助教师了解学生的语言能力，为后续的教学内容选择、教学活动设计等提供参考。此外，本研究对于考试与量表的对接研究具有指导意义，为校本考试与《量表》的对接提供了方法参考，突出了效度验证在对接中的重要作用。

本研究的局限性在于教师评价的数据样本量较小，结论的概推性不足。此外，本研究并未解释个别专家判断结果不理想的原因。未来研究可以更多关注专家判断时的认知过程，深入探究影响专家判断的因素。

第十三章
基于《量表》的个性化反馈报告研发：结合认知诊断与标准设定方法

13.1 研究背景

第八至十章探究了认知诊断测评中的三个关键问题，第十一至十二章探究了标准设定中的两个关键问题。本章结合认知诊断与标准设定方法，探究研制个性化诊断反馈报告的可行性。正如第七章所述，为满足学生对细致的个性化反馈报告的需求，可将认知诊断和标准设定方法结合起来，提供包含更丰富信息的分数报告。

分数报告被视为教育测评整体效度论证框架的重要一环（Kane, 2013; Tannenbaum, 2019），因为分数报告是使用测试结果的前提。尽管分数报告在测评的开发和使用中十分重要，但语言测试领域对分数报告的研究却较少。现有的大部分分数报告研究主要是通过尺度锚定法或标准设定法来为考试划分级别，并开发各级别的描述语（Davies, 2008; Gomez et al., 2007; Papageorgiou, Xi, et al., 2015）。尺度锚定法大致分为三步，首先是为每个级别选定锚题，然后由专家判断答对锚题需要的典型技能，最后在典型技能的基础上开发描述语（Gomez et al.,

2007; Sinharay et al., 2011）。在语言测评领域，已有研究者将尺度锚定法应用于托福考试（Gomez et al., 2007）和托业考试（TOEIC; Liao, 2010）中，为两个考试的各项分项测试开发不同级别的描述语。

与基于考试题目开发级别描述语的尺度锚定方法不同，标准设定法主要依托于现有的语言能力标准，根据现有标准中的各级别描述语，为每一级别确定一个或多个临界分数（Cizek & Bunch, 2007; Kaftandjieva, 2010）。标准设定法在语言测评领域颇受欢迎，该方法的优势在于它能将语言测试对接到外部的语言能力框架，从而提高分数报告的透明度和可解释性。目前，语言测评领域已开展多项语言测试与语言标准的对接研究，如托福考试和《欧框》的对接研究（Papageorgiou, Tannenbaum et al., 2015; Tannenbaum & Wylie, 2008）、雅思考试和《欧框》的对接研究（Lim et al., 2013），以及普思考试和《量表》的对接研究（O'Sullivan et al., 2020）。

在大规模语言测试中，虽然尺度锚定法和标准设定法都能赋予抽象的分数以具体含义，但两种方法为同一级别的考生提供的定性反馈都是相对固定的。由于每一级别的描述语最适合该级别的典型考生（Gomez et al., 2007），因此与典型考生的分数差距越大，描述语的适用性就越低。此外，即便是级别相同的考生在微技能掌握模式上也可能存在差异，而尺度锚定法和标准设定法都无法利用现有的描述语解决这一问题。简言之，大规模语言测评提供的分数报告信息有限，难以为个性化教学和学习提供帮助，大规模语言测评也因此饱受诟病（Hyatt & Brooks, 2009; Kunnan, 2008; Kunnan & Jang, 2009; Sawaki & Koizumi, 2017）。

在语言测试领域，与分数报告相关的另一类研究聚焦于考生的个性化反馈（Sawaki & Koizumi, 2017），其中认知诊断测评最受关注（Jang et al., 2015; Javidanmehr & Sarab, 2019; Kim, 2011; Li et al., 2016; Mirzaei et al., 2020; Xie, 2017; Yi, 2017）。认知诊断测评不是提供单维尺度上的连续分数，而是将构念分解为多维的微技能，提供每位考生独特的微技能掌握模式（Roberts & Gierl, 2010）。在认知诊断测评中，首先用 Q 矩阵定义题目和微技能的关系，然后用真实的考试数据进行模型拟合，诊断考生个体在微技能上的强弱项。

结合标准设定和认知诊断测评能够提供更有意义的分数报告。但是在探究两者分类结果的一致性之前，需确保标准设定的信度和认知诊断测评的信度。

为了对标准设定的结果进行效度验证，语言测试领域的研究人员提供了多种类型的证据，包括定量证据，如专家组间信度、专家组内信度、专家判断和题目难度的相关系数等（Lim et al., 2013; Martinyuk, 2010; Papageorgiou, Tannenbaum et al., 2015），以及定性证据，如专家的决策过程等（Papageorgiou, 2010）。然而，除个别研究，如 Zhang（2010）和 Papageorgiou, Xi et al.（2015）以外，极少有研究应用分类准确性和分类一致性指标来衡量语言测试临界分数合理性。分类准确性是指基于考试成绩的考生级别分类与考生真分数的匹配程度（Powers et al., 2017），分类一致性是指考生的级别分类在同一考试的不同施考场次中的一致性（Powers et al., 2017）。这两个指标为分类决策的信度提供了重要信息。

同样，尽管认知诊断测评研究总体上取得了令人鼓舞的结果，但以往研究的局限性在于它们很少报告关于诊断测评的信度。大多数研究者基于较好的模型拟合值，主张其研究准确地判断了考生个体的强弱项（如 Li et al., 2016; Mirzaei et al., 2020; Yi, 2017），但认知诊断测评研究中的分类信度尚不明晰。诊断测评的分类信度实证证据十分重要，它直接影响着对考生个体的微技能掌握情况的分类和基于分类结果的诊断决策。如果诊断测量的质量无法保证，考生可能会被分到错误的类别中，接受错误的补救措施（Sinharay et al., 2019）。但目前学界对于认知诊断分类信度的研究仍十分匮乏。导致这类研究缺乏的原因可能是认知诊断测评分类信度指标的开发和评估的历史较短（Johnson & Sinharay, 2018）。不过现在这些信度指标很容易获得，计算也相对简单。

目前检验认知诊断测评信度的常见指标是分类准确性，包括微技能、微技能掌握模式和考试三个层面（Ma et al., 2020）。微技能层面的分类准确性是指考生在某一微技能上的观察分类和预期分类的一致性百分比（Wang et al., 2015）。模式层面的分类准确性提供了每一种微技能掌握模式的信度（Iaconangelo, 2017）。考试层面的分类准确性是所有微技能掌握模式的分类准确性的加权总和（Iaconangelo, 2017）。关于微技能、微技能掌握模式和考试层面分类准确性的更多细节和技术问题可参考 Wang et al.（2015）和 Iaconangelo（2017）的研究。

13.2 研究设计

13.2.1 研究问题

本文的研究目的是将认知诊断和标准设定方法相结合，以提供个性化反馈来优化大规模英语考试的分数报告和分数解释。考试结果将为教学、测评和招生方面的决策提供参考。分数报告将由两部分组成，第一部分是考生在每项分项测试中的表现，该部分信息将以分数加等级的形式呈现。第二部分是考生个性化的定性反馈，其目的在于提高分数的可解释性和透明度，并提供更细粒度的信息以便于开展补救性教学。本研究聚焦听力测试，试图回答以下三个研究问题：

（1）标准设定在考生层面的分类信度如何？

（2）认知诊断模型在考生微技能掌握模式层面的分类信度如何？

（3）如何将标准设定和认知诊断相结合以得到个性化的定性反馈？

13.2.2 研究对象

（1）专组成员

参与标准设定的专家共 15 名，包括 5 名男性和 10 名女性。选拔专家组成员的依据为：（a）有高等教育阶段的教学经验，（b）熟悉《量表》或该大规模英语考试或标准设定方法，（c）样本结构具有多样性，能代表不同的高等教育机构。专家组中有七位成员参与了《量表》的开发，六位成员在参加本研究之前有标准设定的相关经验，三位是该考试的命题人。所有专家组成员都是经验丰富的英语教师，并担任过国家课程标准设计者、教材编写者、教师培训员和命题人等一个或多个角色。

（2）标注专家

本研究还邀请了 5 位内容专家（1 名男性，4 名女性）对听力测试考查的微技能进行了标注。选拔内容专家的依据为：（a）参与过《量表》听力分量表的开发，（b）熟悉认知诊断测评方法。本研究的内容专家都是应用语言学系的教职工或博士，具有语言测试领域的专业知识，且具备高等教育阶段的英语教学经验。

（3）考生

本研究使用了 11 所高校的 3,358 名英语学习者的真实考试数据。大部分考生的英语能力在中等和中上水平，大致对应《欧框》的 B1 和 B2 等级。考生由分层抽样法随机选取，抽样时控制了以下变量：大学等级、地区、性别、学术领域。考生样本经过了仔细筛选，以确保样本的各个人口统计学特征的分布能尽可能与目标应试人群相匹配。结果显示，抽样样本和目标考试群体在四个抽样变量（大学级别、地区、性别、学术领域）上的百分比十分接近，差异范围分别为 0%—2.6%，3.1%—5.3%，4.0%—4.0%，0.4%—6.5%。

13.2.3 研究工具

本研究使用的是某全国性英语考试中的听力卷。测试包括两个部分，共 25 题，考试时长 30 分钟。第一部分包括六段独白和对话，题目为有四个选项的单选题，共 20 题。试卷上印有选项和问题。第二部分是一段独白，包括五个填空题。第一部分的录音只放一遍，第二部分的录音播放两遍。考生在听听力时可以做笔记。听力材料的话题多样，包括了个人（如我们周围的环境）、教育（如教学）、公共领域（如科普知识和现代技术）以及专业领域（如专业发展）。

与听力量表的构念一致，该测试在开发时采用了听力能力的多维性观点（Field, 2013; Vandergrift, 2007; Vandergrift & Goh, 2012），这一观点强调，听力理解是协调多种认知过程和知识来源（即语言和非语言知识）来完成听力任务的过程（He & Chen, 2017）。听力测试考查的微技能包括（1）理解单词和句法结构，（2）提取细节，（3）信息综合，（4）推断，以及（5）识别说话者的态度和意图。

13.2.4 研究步骤

研究步骤共分为三个阶段。第一阶段是标准设定研究，主要任务是通过确定 A、B、C、D 四个语言能力等级的"最低能力考生"的听力得分来划定四个级别的临界分数。第二阶段是认知诊断测评研究，主要任务是将考生按照微技能掌握模式分为不同群体（如 0000、0101、1111），考生的微技能掌握模式分类取决于他们的题目作答情况和 Q 矩阵中设定的题目与微技能的关系。第三阶段是探索合并前两个阶段结果的可行性，以向考生提供个性化反馈。每一阶段的具体步骤如下：

阶段 1 本研究使用的标准设定方法为改良 Angoff 方法，这一方法要求专家假想每个等级的"最低能力考生"，并估计他们在每道题上的答对率。本研究的 15 名专家首先接受了有关改良 Angoff 法和四个等级的描述语的培训，并对两者进行了讨论。然后，专家对"最低能力考生"的答题概率进行了两轮判断。在第一轮判断中，专家听完听力录音后，根据他们对每个级别的"最低能力考生"的知识和技能的讨论结果，判断每个"最低能力考生"正确回答考试题目的概率。在第二轮判断中，专家组对他们第一轮判断的理由进行讨论，并提供所有专家第一轮判断的总体均值、频率、每题的判断结果的范围、题目难度值，并修改他们的第一轮判断结果。第二轮判断的结果将被用于估计每个级别的临界分数。

阶段 2 本研究根据听力考试的考试说明选取和定义了认知诊断测评研究中的听力微技能。其中由于微技能 4（推断）和微技能 5（识别说话者的态度和意图）的构念相似，且考察这两个微技能的题目数量有限，因此本研究将两者合并成"推断"这一个微技能。本研究最终定义的四个认知微技能包括：（A1）理解单词和句法结构，（A2）提取细节，（A3）推断以及（A4）信息综合。笔者选择了五个样题来对五位标注专家进行培训，以便他们了解微技能的定义和题目与微技能之间的关系。经过培训后，每位专家对 25 个听力题目逐一进行了标注。标注的过程是专家先听听力材料，然后口头报告每个题目的标注结果和理由。所有口头报告都会被录音并转录。每一题中，由三个及以上的标注专家（即 60% 或更高）认可的微技能将在 Q 矩阵中被标注为"1"。标注结果显示，四个微技能的考查题目分别为 4 个、22 个、6 个和 4 个。此外，在 25 个题目中，有 15 个题目只考查了 1 个微技能，9 个题目同时考查了 2 个微技能，1 个题目同时考查了 3 个微技能。每题考查的平均微技能数为 1.4 个（36/25=1.4），这与 Lee & Sawaki（2009b）以及 Yi（2017）发现的托福听力考试题目考查的平均微技能数量（即 1.3 个）接近。

阶段 3 本研究结合阶段 1 的等级描述语与阶段 2 的认知微技能开发了一套定性描述语。首先，笔者从定性的角度分析了微技能分类和整体语言水平分类在学生个体和群体层面的一致性。然后，与前两个阶段的考试开发者和研究人员一起成立了工作小组，来制定定性的描述语。制定描述语的过程分为三步：（1）保留有关输入材料的描述语，删除标准设定中有关认知行为的描述语；（2）仔细考虑认知诊断测评中微技能的定义，为每个微技能制定定性描述语，并制定标准设定中描述各级别的认知行为的描述语；（3）基于认知诊断测评的微技能掌握模式和标准设定结果，生成个性化描述语。个性化描述语的开发遵循 Nicol & Mcfarlane-Dick（2006）的七条形成性反馈实践原则，具体来说，描述语的措辞需（1）易于解读；（2）对学生有激励作用；（3）内容翔实，能传递对学生有用的信息。

13.2.5 数据分析

为了回答第一个研究问题，笔者考查了标准设定的分类准确性和得出的四个级别的临界分数的一致性。事实上，已经有不少学者提出了评估分类准确性和一致性的方法（如 Hanson & Brennan, 1990; Livingston & Lewis, 1995; Wainer et al., 2005）。其中，Livingston & Lewis（1995）提出的方法在模拟研究（Wan et al., 2007）中被证实能提供更加精确的分类结果，也在语言测评领域得到了较广泛的应用（Papageorgiou, Xi et al., 2015; Zhang, 2010）。因此，本研究使用 Livingston & Lewis（1995）的方法，即，使用 BB-CLASS（Brennan, 2004）程序估计分类信度。该方法通过比较实际观测的分数分布和用四参数的 beta 模型预测的真分数分布来计算分类信度。更多有关该方法的技术讨论详见 Livingston & Lewis（1995）以及 Brennan（2004）。在分析分类信度前，笔者进行了多层面 Rasch 模型（以下简称 MFRM）分析，以计算专家组成员的评分信度。

为了回答第二个研究问题，笔者研究了认知诊断测评研究中微技能层面、微技能掌握模式层面和考试层面的分类信度。本研究借助 R 软件的 GDINA 分析包（2.7.8 版）（Ma et al., 2020）进行认知诊断测评分析，采用 Iaconangelo（2017）和 Wang et al.（2015）提出的方法，计算了微技能、微技能掌握模式和考试层面的分类准确性指标。在分析分类信度之前，笔者检查了多种模型拟合情况，以确定具体哪种模型与观测数据拟合，包括 G-DINA 模型（de la Torre, 2011）、DINA 模型（Junker & Sijtsma, 2001）、ACDM 模型（de la Torre, 2011）、RRUM 模型（DiBello et al., 2007），以及 DINO 模型（Templin & Henson, 2006）。通过比较这些模型的相对和绝对拟合值，笔者选出最适合的模型进行诊断分类。

为了回答第三个研究问题，笔者考查了考生依据整体水平（即 A、B、C、D 级）的分类结果和按照微技能掌握的分类结果（如"0001""0101""1111"）的一致性，从而探究这两类信息是否可以结合起来提供个性化反馈。笔者在学生个体和群体层面进行了分析。在个体层面，笔者检查了划分为每个掌握模式的各个级别的考生数量，以检查是否存在矛盾的情况，比如划分为最高水平（A 级）的学生被认定为未掌握所有微技能（即"0000"），或最低水平（D 级）的学生被分类为掌握了所有微技能（即"1111"）。在群体层面，笔者比较了四个级别对每个微技能的掌握概率的均值，旨在探究是否所有微技能的掌握概率随着水平的提高而增加。最后，笔者结合认知诊断测评的微技能掌握模式与标准设定结果，为每位考生提供个性化描述语。

13.3 研究结果

13.3.1 标准设定分析结果

笔者对第二轮的标准设定结果进行了 MFRM 分析，分析包括三个层面：专家组成员、考试题目、语言水平等级。结果表明专家的严厉度估值范围为 -1.22 到 1.33，即所有专家的严厉度适中。15 名专家中，有 13 名在评分上一致性较高，其 Infit 和 Outfit 值均在 0.5 和 1.5 之间（Linacre, 2002）。剩下两名专家的 Infit 和 Outfit 值均高于 1.5，表明他们的评分数据与模型有显著差异。但由于他们的 Infit 和 Outfit 值均低于 2，表明这两位专家的数据不会在很大程度上影响总体结果（Linacre, 2002）。笔者将这两个不拟合的专家的判断结果从后续分析中删除，计算每个级别的临界分数时仅使用 13 名专家的判断结果。

根据临界分数，笔者将参加考试的 3358 名考生分成了四个级别。表 13.1 展示了在听力考试中将考生分为四个级别的总体分类信度。总体分类准确性为 0.81，表明根据观察分数和真分数，81% 的考生被分到了正确的级别。总体分类一致性为 0.73，表明如果进行两次平行测试，73% 的考生在两次测试中的分类结果一致。Kappa 系数是绝对一致性指标，该指标排除了随机因素的影响（Papageorgiou, Xi, et al., 2015）。Kappa 系数从 -1 到 1 不等，低于 0.40 表示一致性较低，介于 0.40 和 0.75 之间表示一致性可接受，高于 0.75 表示一致性较高（Fleiss, 1981）。表 13.1 显示本研究使用的听力考试的 Kappa 系数为 0.46，表明在对随机因素进行修正后，分类的一致性可以接受。

表 13.1　听力考试的总体分类信度

准确性	一致性	Kappa 系数（K）
0.81	0.73	0.46

表 13.2 展示了每个级别的分类准确性和一致性。从表 13.2 中可以看到四个级别中，有三个级别的分类准确性和一致性接近，最高级别（A 级）的分类一致性较低，为 0.29。

表 13.2　按水平级别划分的听力考试分类信度

级别	准确性	一致性
A（高级）	0.67	0.29
B（中高级）	0.66	0.51
C（中级）	0.68	0.58
D（低级）	0.82	0.79

13.3.2 认知诊断分析结果

我们比较了包括饱和的 G-DINA 模型，非补偿性的 DINA 和 RRUM 模型，以及补偿型的 ACDM 和 DINO 模型在内的五个模型的拟合值。表 13.3 总结五个模型的绝对拟合和相对拟合结果。从绝对拟合值来看，所有模型的 SRMSR（标准均方根残差；Maydeu-Olivares & Joe, 2014）值均小于 0.05，表明五个模型都能较好地与数据拟合。从相对模型拟合结果来看，G-DINA 模型拟合度最佳，因为它的 -2loglikelihood（-2LL；Neyman & Pearson, 1992）值最低，其次是 ACDM、RRUM、DINA 和 DINO 模型。然而，ACDM 模型的 AIC（赤池信息指数；Akaike, 1987）值最低，DINA 模型的 BIC（贝叶斯信息指数；Schwarz, 1978）值最低，表明当需要考虑模型复杂度时，这两个简化模型可以替代复杂模型。然后，笔者通过一系列似然比检验来检查饱和的 G-DINA 模型和每个嵌套模型是否在拟合度值上存在显著差异。如表 13.3 的最后三列所示，G-DINA 模型拟合度明显优于四个嵌套模型。因此，笔者最终选择 G-DINA 模型来分析后续的诊断性信息。

表 13.4 显示了各微技能的掌握概率和每个微技能的分类准确性。微技能的掌握概率在 0.34 至 0.51 的范围内。从结果来看，只有约 34% 的考生掌握了细节提取这一微技能，说明该属性难度最大，大约 51% 的考生掌握了推断这一微技能，说明该微技能难度最低。所有微技能的分类准确性都较高且大于 0.70，表明考生在微技能层面的分类较为准确。

表 13.3 相对和绝对模型拟合指标

模型	-2loglikelihood	参数数量	AIC	BIC	SRMSR	χ^2	df	p
G-DINA	101742	89	101920	101920	0.027	NA	NA	NA
DINA	101816	65	101946	101946	0.028	74	24	0.000
ACDM	101767	76	101919	101919	0.027	25	13	0.023
RRUM	101769	76	101921	102386	0.027	27	13	0.012
DINO	101831	65	101861	102359	0.028	89	24	0.000

注释：NA＝无。

表 13.4　微技能层面的掌握情况和分类准确性

微技能	掌握概率	分类准确性
A1 理解单词和句子结构	0.47	0.72
A2 提取细节	0.34	0.94
A3 推断	0.51	0.90
A4 信息综合	0.37	0.87

在微技能掌握模式层面，本研究将考生分为 16 个潜在类别（2^4）。由于长度限制，笔者仅在表 13.5 中展示了五种最常见的微技能掌握模式。如表 13.5 所示，微技能掌握模式 "0010" 的概率最大（20.9%），表明 20.9% 的考生被划分为这个潜在类别。他们掌握了微技能 3（推断），但是未掌握微技能 1（理解单词和句法结构）、微技能 2（提取细节）和微技能 4（信息综合）。除了 "0000" 之外，其余四类微技能掌握模式的分类准确性在 0.63 到 0.94 之间，总体而言在可接受的范围内。考试的整体分类准确性为 0.61，这表明对任意一个随机挑选的考生来说，被正确分类到自己真实的潜在类别中的概率为 61%。

表 13.5　微技能掌握模式和考试层面的分类准确性

模式类型	微技能掌握模式	掌握概率	分类准确性
1	0010	20.9%	0.94
2	1111	18.8%	0.86
3	1000	14.2%	0.63
4	0000	13.9%	0.48
5	1010	8.5%	0.71
全部	NA	NA	0.61

13.3.3 标准设定和认知诊断间的一致性

笔者比较了标准设定和认知诊断这两种方法在个体和群体层面的一致性。就个体层面而言，表 13.6 呈现了四个级别的考生的微技能掌握模式分布情况。从表中可以看出，"0000"这种微技能掌握模式只出现在了 C、D 两个级别的考生群体中，"1111"模式只出现在了 A、B 和 C 级的考生群体中。换言之，高水平组的学生（即 A 级）没有一个被认定为四个微技能均未掌握，而低水平组的学生（即 D 级）没有一个被认定为四个微技能全部掌握。这表明，两种分类信息可以相结合，为考生提供一致的分数报告。但是，较高水平的考生有可能比较低水平的考生掌握的微技能数量更少。例如，如表 13.6 所示，A 级考生有三种微技能掌握模式（即"1101""1111"），而 B 级考生掌握的微技能数量从 1 个到 4 个不等。有可能 A 级学生掌握了三个微技能，而 B 级学生掌握了四个微技能。这种不一致的学生比例为 13.9%。考虑到两种评分和分类方法的不同，当两位考生的分数接近于临界分数时，这种情况是可能出现的。

表 13.6　四个水平组中分类为每个模式的考生数量

微技能掌握数量	微技能掌握模式	A 级（高）	B 级（中高）	C 级（中）	D 级（低）	总计
0	0000	0	0	106	550	656
1	0100	0	5	84	0	89
	0010	0	0	96	528	624
	1000	0	0	72	162	234
2	0110	0	7	44	0	51
	0101	0	25	138	0	163
	1010	0	0	305	382	687
	1100	0	3	41	0	44
3	0111	0	7	14	0	21
	1101	3	59	113	0	175
	1110	0	0	26	0	26
4	1111	63	338	187	0	588
	Total	66	444	1226	1622	3358

从群体层面来看，图 13.1 展示了四个级别的所有考生掌握每个微技能的平均概率。图 13.1 最上面一条线描述了所有 A 级的考生的平均概率，第二条线代表 B 级，第三条线代表 C 级，第四条线代表 D 级。最上面两条线即 A 级和 B 级远高于 0.5。正如 Rupp et al.（2010）所言，微技能掌握概率等于或大于 0.5 被分类为掌握该微技能，而小于 0.5 为未掌握该微技能。这表明，平均而言，高级和中高级的考生掌握了所有微技能。C 级的概率在每个微技能上都差不多，除了微技能 4 低于 0.5 外，其他微技能的掌握概率普遍高于 0.5。C 级是预期通过该听力测试考生应达到的级别。因此，这个结果是合理的，因为通过考试的考生应该掌握大多数微技能。最低的一条线即 D 级波动很大，有三个微技能掌握概率低于 0.5。此外，图 13.1 显示，微技能的平均掌握概率大致随着语言能力等级的提高单调递增，但微技能 3（推断）例外。D 级考生掌握微技能 3 的概率为 0.53，略高于 C 级考生的掌握概率，即 0.51。以上结果表明，标准设定和认知诊断测评在群体层面的分类总体上是一致的。

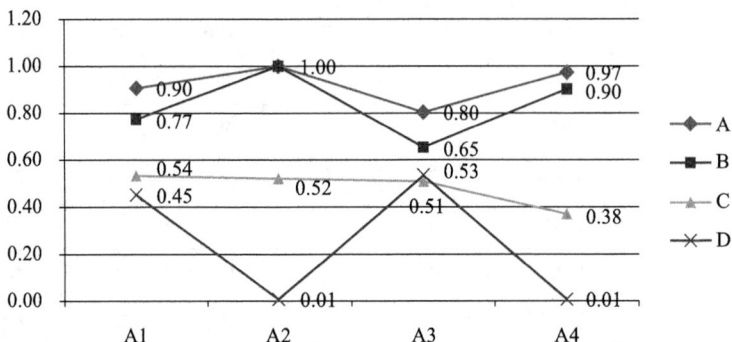

图 13.1　四个水平组的每个微技能通过的平均概率

然后，笔者结合认知诊断测评得到的微技能掌握模式与标准设定结果，为每位考生开发了个性化的描述语。所开发的个性化的定性描述语主要依据各级别描述语，同时参考了《量表》和考试说明。描述语说明了每个等级考生整体的典型表现和每位考生听力微技能的个性化表现。下面给出了两个示例，概述提供给考生的个性化描述。例如，基于标准设定结果被分类为 B 级的考生（中高级），若认知诊断测评结果显示该考生的微技能掌握模式为"1100"，该考生将会收到一份报告，具体内容如下：

> 你可以理解语速正常、关于一般主题的口头文本（如讲座、访谈）。在听的过程中：
> - 你对词汇和语法结构有很好的理解。
> - 你可以提取细节和关键信息。
>
> 为了进一步提高你的听力能力，你应该：
> - 练习连接和整合文本不同部分的信息。
> - 尝试根据该信息做出适当的推断。

微技能掌握模式为"1101"的 A 级（高级）的考生会收到的分数报告内容如下：

> 你可以理解语速正常、关于一般主题的口头文本（如讲座、采访、新闻），即使文本在语言上有些复杂。在听的过程中：
> - 你对词汇和语法结构有很好的理解。
> - 你可以提取细节和关键的信息。
> - 你可以连接和整合文本不同部分的信息。
>
> 为了进一步提高你的听力能力，你应该：
> - 尝试根据细节做出适当的推断。

13.4 讨论

本文首先考查标准设定结果和认知诊断测评结果的分类信度，然后探讨将这两种结果结合起来生成个性化的定性反馈的可能性。标准设定结果表明，四个能力等级中，除最高级别（A 级）之外，其余三个级别的分类信度是可接受的。认知诊断测评结果表明，微技能的分类和最常见的微技能掌握模式分类的信度较为理想。最重要的是，能力等级分类和微技能掌握模式分类在学生个体和群体层面一致，表明将标准设定和认知诊断测评方法结合起来生成个性化反馈是可行的。

13.4.1 水平分类的信度

在水平级别方面，本研究的分类准确性范围为 0.66 到 0.82。除了最高级别（A 级）的分类准确性是 0.29，所有级别的分类一致性在 0.51 和 0.79 之间。虽然分类准确性和一致性估计似乎没有一个统一、通用的准则（Powers et al., 2017; Young & Yoon, 1998），但我们的结果与以往对高利害英语考试的研究发现一致，如托福青少考试（Papageorgiou, Xi, et al., 2015）、WIDA ACCESS 考试（Center for Applied Linguistics, 2019）和托福 ITP® 考试（Powers et al., 2017）。例如，除最高级别外，托福 ITP® 听力部分的分类准确性介于 0.69 到 0.86 之间，并且它们的分类一致性在 0.56 到 0.79 之间。最高级别的分类准确度为 0.00，分类一致性为 0.26。因此，除了最高的水平级别之外，本研究的分类信度总体上是可以接受的。高水平级别的分类信度低的原因可能是这一级别的数据相对较少，导致计算结果不稳定，这与 Powers et al.（2017）的研究发现类似。本研究只有 2% 的考生（66/3，358）为 A 级，并且只有 36 名考生刚刚达到了 A 级的临界分数。分类信度可能会受到该级别的考生人数（Center for Applied Linguistics, 2019）以及接近该级别临界分数的考生人数（Emons et al., 2007）的影响。因此，在做关于 A 级的高利害决策时需谨慎。对大部分（98%）考生来说，水平级别的分类准确性令人满意，这表明水平级别总体上具有较好的心理测量质量。

13.4.2 微技能分类的信度

认知诊断测评分析得出的四个微技能的分类准确性均在 0.70 以上，表明该方法能可靠地识别考生在微技能层面的强弱项。这表明当考查某一微技能的题目数量不够，导致无法得出该微技能的可信的临界分数时，认知诊断测评可以提供额外的细粒度的形成性反馈。

Sinharay（2010）指出，至少需要有 20 个题目考查该微技能，才能得出有关该微技能的可靠的临界分，来反映考生在该微技能方面的能力。然而，考虑到时间有限，以及为了防止考生疲劳，大多数高利害英语听力考试的题目数量都少于 40 题。例如，托福听力部分有 34 题，主要考查了三个微技能（Lee & Sawaki, 2009b），并从 2019 年 8 月起减少到 28 题。托福青少考试的听力部分包含 30 个题目，考查了四个交际目标（Choi & Papageorgiou, 2020）。因此，这解释了为什么以往研究得出的临界分数通常不太理想，比如临界分数在心理测量上的质量不够（Papageorgiou & Choi, 2018）。此外，基于临界分数的推断仅在群体级别是合理的，但在考生个人级别不够理想（Choi & Papageorgiou, 2020）。本研究证明了认知诊断测评，作为比项目反应理论（Templin & Bradshaw, 2013）使用了更少尺度点的估计方法，产生的结果具有较好的分类信度，并且能满足考生对更具体的反馈信息的需求。

　　然而，在微技能掌握模式层面，频率较低的掌握模式的分类准确性不太理想。此结果和以往的研究一致，特别是 Iaconangelo（2017）的研究，该研究发现准确地将考生分类到不常见的掌握模式存在困难，这一困境可能是由于这些不常见模式在总体分布中数量的相对稀缺。因此，这可能导致考试层面的分类准确性仅仅是中等（即 0.61），因为考试层面的分类准确性取决于所有微技能掌握模式的分类准确性（Iaconangelo, 2017）。这一发现与之前对托福听力考试的认知诊断测评研究的部分结果一致。Lee & Sawaki（2009b）报告了同一考试中不同试卷的分类信度为 0.796。然而，他们用相邻一致性来计算每位考生在不同试卷里面的微技能分类情况（即所有微技能一致以及有一个微技能不一致的情况），这个指标比本研究中所用的一致性指标更宽松一些。对于评估认知诊断测评研究的分类准确性指标缺乏一个公认的指导原则（Sinharay & Johnson, 2019），所以目前只能依靠研究人员和从业人员通过综合不同来源的信息进行判断，来决定诊断结果的可信度。这项研究的结果表明，总体而言，认知诊断测评能在微技能层面对掌握/非掌握情况进行可靠的分类，能可靠地分类出最常见的微技能掌握模式。因此本研究的结论是，认知诊断测评分析得出的诊断信息可用于低风险的形成性决定。

本研究的另一个有趣的发现是，没有一个考生被分类到"0001""1001""0011""1011"这四类微技能掌握模式，因此在微技能掌握模式上，它们的分类准确性几乎是 0。这四种微技能掌握模式的缺失，说明掌握提取细节这个微技能可能是掌握信息综合微技能的前提。然而，这只是一种推测，并与以往听力认知诊断测评研究和本研究中用的补偿型模型（如 Yi, 2017）、非补偿型模型（如 Aryadoust, 2018; Buck & Tatsuoka, 1998; Sawaki et al., 2009）以及饱和模型（如 Toprak et al., 2019）的假设是矛盾的。这些模型假设微技能是相关关系，即掌握一个技能不需要以掌握另一个微技能为前提（Liu, 2018）。但如果听力微技能之间存在层级关系，那么应使用能考虑这样的层级关系的认知诊断模型，例如微技能层级方法（Attribute Hierarchy Method; Leighton et al., 2004）和多层级诊断分类模型（Hierarchical Diagnostic Classification Model; Templin & Bradshaw, 2014），这样可以更好地进行诊断分类。未来有必要研究听力微技能是否可以被假设为顺序性的，并且采用层级结构的认知诊断模型能提高微技能层面、微技能掌握模式层面、考试层面的分类准确性。

13.4.3 个性化反馈

本研究发现标准设定和认知诊断测评结果在个人和群体层面是一致的，说明两类结果可以相结合，从而给考生个人提供个性化反馈。基于标准设定的结果，数字分数可以转换为级别描述语，对考生处理某一特定级别的输入材料的能力（Green, 2018; Powers et al., 2017）进行描述。认知诊断测评结果可以为每位考生提供他们在认知角度能做什么的诊断性信息（Jang et al., 2015; Kim, 2015）。结合这两种方法来提供个性化反馈，可以发挥每种方法的优点。这样的个性化反馈既不会太过笼统，以至于无法在测评和教学间搭建桥梁（Papageorgiou, Xi, et al., 2015），又不会太过细碎，以至于让教师和学生难以制定可行的计划（Sawaki & Koizumi, 2017）。

本研究解决了大规模语言考试只能提供每个级别的典型考生能力描述语、无法提供个性化反馈报告的问题（如 Jang et al., 2019; Papageorgiou et al., 2015; Powers et al., 2017）。为了最大限度地提高大规模考试的促学效果，本研究以某全国性英语考试听力卷为依托，尝试为不同水平级别考生提供个性化的反馈。本研究开发的描述语旨在用于形成性目的，即为后续针对性教学活动提供信息。正如 Nicol & Mcfarlane-Dick（2006）所言，好的形成性反馈应该易于解释、有激励作用，并能提供有用的信息。

为了让考试分数使用者更好地了解分类结果的意义，笔者将定量结果转化为定性描述语，而非明确的掌握/未掌握分类，这有助于避免将诊断性的分类结果误用于高利害的决策中，如资质认定。为了提高可解释性，笔者使用考生的母语作为分数报告的语言，以保证所有考生都能读懂报告。笔者在分数报告中提供了考查每个微技能的样题，从而帮助分数报告使用者理解每个微技能的含义。

此外，反馈报告采用正面的措辞。Jang et al.（2015）发现学生对诊断信息的解读和使用受到他们的认知、情感、目标导向的影响。因此，笔者确保这些描述语中的用词是鼓励性的，从而希望学生在阅读这些描述语反馈时能得到鼓励，继续有动力提升相关的微技能，提高听力能力。

最重要的是，本研究避免使用"经常"和"偶尔"等限定词，以确保描述语的信息量和透明度。正如 North（2000b）所言，不同级别之间的差异应该是真实存在的，而不是取决于这样的限定词。遵循语言能力框架（如《欧框》）中的显著特征法，本研究避免使用相对性的限定词，并加入了每个级别典型任务的典型特征，如话题和语言复杂度，从而区分不同级别的考生可以处理的典型输入材料。此外，本研究为不同微技能掌握模式精心打造了描述语，以描述考生在微技能层面的个性化表现。通过整合两类信息，本研究的目的是为每位考生提供可读性强、易于理解的个性化的定性描述语。当然，后续研究需要进一步探究反馈报告在指导针对性教学中的有用性。

13.5 小结

本研究结合认知诊断和标准设定方法，开发大规模听力测评的个性化反馈。研究分析了 3,358 名考生在某一全国性大学英语考试中的真实答题数据。结果显示，对考生能力等级的分类和微技能掌握模式的分类都具有较好的分类信度，且这两种分类结果在个人和群体层面具有一致性。本研究取得的成果是开发了一系列描述语，对每位考生能听懂某一级别的听力文本和认知表现进行描述。本研究证明了结合认知诊断和标准制定方法来提供个性化反馈的可行性，有助于进一步优化分数报告，解决大规模语言测评背后长期存在的弊端，即无法提供个性化反馈、将测评与教学紧密联系的问题。

大规模考试无法提供个性化描述语，且无法有效连接测评与教学，是本研究解决的一个关键问题。本研究已经证明了结合认知诊断和标准设定方法提供考生个性化的诊断信息的可行性。随着分数报告越来越多地被视为考试效度论证（O'Leary et al., 2017; Tannenbaum, 2019）的一部分，本研究尝试提供具有适量细节信息的个性化反馈，对优化分数报告和提高考试效度做出了一定的贡献。

此外，本研究是最早报告微技能层面、微技能掌握模式层面、考试层面分类信度的认知诊断语言测评研究之一。在报告考生的微技能掌握信息之前，对分类信度进行研究非常重要。因为不准确和不一致的诊断结果会导致对考生微技能掌握的错误判断，从而做出错误的补救性决定（Sinharay et al., 2019）。因为数据较少、较不常见的微技能掌握模式的分类信度较低，考试级别的分类信度仅仅是中等，所以本研究认为个性化反馈可能最适用于低风险的决策，例如针对性学习和教学。如果认知诊断测评的分类结果要用于高利害决策，例如资质认定，那么所有微技能掌握模式都应满足心理测量学的高信度要求。

为了进一步研究依据认知诊断测评结果做出的推断的效度，未来研究可以更多探索以下三个方面。第一，未来研究可以验证每个微技能的题目的数量更均衡是否会提高诊断分类的质量。倘若如此，考试组卷时需注意让考查每个微技能的题目数量更加均衡。其次，值得进一步研究适合多层级微技能关系的认知诊断模型是否可以提高微技能层面、微技能掌握模式层面、考试层面的分类信度。第三，未来的研究需要收集更多的外部数据来验证认知诊断测评结果。例如，可以收集教师评价和学生自评数据来检查认知诊断测评分类结果与教师和学生的判断之间的一致性。

　　本研究的一个局限性在于 A 级（高级）的考生数量相对较少，导致这一级别的分类一致性较低。因此，不应该对 A 级的相关结果做出高利害的决策。但由于大多数考生（98%）的分类信度是令人满意的，所以 A 级别较低的分类一致性不会使整个研究的结果无效。此外，尽管 A 级别的分类一致性较低，A 级别的分类准确性尚可（0.67）。未来研究需进一步考查 A 级别较低的分类一致性的原因，究竟由于该级别考生数量不够，还是测量该级别考生的题目数量不足。如果后者属实，考试开发人员应该提醒考试使用者，避免他们无意中对 A 级考生做出高利害的决策；如果一定要对 A 级考生做高利害决策，可以建议考生参加该考试系列中更高级别的考试。

第十四章
基于《量表》的个性化反馈效果研究

14.1 研究背景

第十三章报道了如何通过结合认知诊断和标准设定方法，研发个性化反馈报告，使反馈报告更有意义和启发性。该研究在促进利益相关者对高风险语言测试的考试分数进行解读方面取得了令人鼓舞的结果。然而，目前很少有研究探讨如何使用这样的个性化反馈报告，如何在地方语境中应用基于语言能力标准或框架的反馈报告，以完善低风险、形成性测试的分数报告，以指导语言教、学、评的有机融合。本章介绍笔者开展的一项为期近五个月的历时研究，用于检验使用基于《量表》的个性化反馈报告的效果。本研究的设计框架基于本书第七章提出的"基于《量表》的诊断反馈促教促学模型"。

正如第七章所述，将《量表》应用于地方测试语境，有助于在语言测试和语言教学间建立紧密联系。例如，就内部评估而言，可以挑选《量表》描述语用于学生评价自身语言水平（如 Summers et al., 2018; Sweet et al., 2019）。就外部评估而言，在诊断反馈报告内呈现《量表》描述语能使报告所包含的信息更丰富，内容更易于理解（如 Powers et al., 2016）。基于《量表》的学生自评结果（即内部反馈）与个性化反馈报告（即外部反馈）可以给教师提供参考，有助于教师为学生设计基于《量表》的针对性教学活动，并提供基于《量表》的学习材料，从而尽可能地使教学和学习活动发挥促学效果。

尽管理论上，当内部和外部评估与同一语言能力标准密切关联时，可以向考生提供更一致的测试反馈报告，然而，相关研究持不同的结论。一些自评研究使用了与语言能力量表相关的工具来探究此问题，发现学生自评和考试结果之间的相关性存在不同程度的强度，既有较弱的相关性，也存在较强的相关性（相关系数范围为 0.21 至 0.88）（Brown et al., 2014; Malabonga et al., 2005; Stansfield et al., 2010; Summers et al., 2019; Sweet et al., 2019; Tigchelaar, 2019）。而在低水平英语学习者中进行的口语自评研究甚至发现自评和考试结果呈负相关（Ma & Winke, 2019）。同时，鲜有实证研究阐述如何将语言能力标准应用于地方语境以促进语言学习、语言教学和语言测评。

14.2 研究设计

14.2.1 研究问题

本研究是一项准实验性的历时研究，探究使用基于《量表》的个性化反馈报告对学习者英语听力成绩的影响。出于伦理方面的考虑，笔者并未使用随机的方法来设置对照组和实验组。干预组和非干预组是根据学生自身的学习需求确定的。基于第七章提出的模型（详见图 7.1），本研究旨在展示如何通过基于《量表》的自评、基于《量表》的个性化反馈报告以及基于《量表》的针对性教学干预，满足地方性教、学、评一体化需求。具体而言，针对模型中各部分间的关联，本研究聚焦内部和外部反馈之间的一致性，以及基于反馈报告的针对性教学在提升学生自评和实际语言表现方面的效果。本研究试图回答以下两个研究问题：

（1）基于《量表》的个性化听力能力反馈报告在多大程度上与学生的自评结果一致？

（2）基于《量表》的针对性教学活动在多大程度上能够提高学生自评和实际听力表现？

14.2.2 研究对象

本研究被试是中国某重点大学的 689 名一年级本科生，其中男生 393 人，女生 296 人，年龄在 16 至 22 岁之间（$M=18$, $SD=0.71$），入学前有至少 6 年的英语学习经历。他们都是非英语专业的学生，来自 18 个完整的、规模大致相同的班级，正修读为期 16 周的大学英语课程（即，大学英语Ⅲ或大学英语Ⅳ）。该课程的目标是提高学生的接受性和产出性英语技能。本研究被试的语言能力分布与该大学全体一年级本科生的语言水平相一致。

14.2.3 研究工具

校本英语听力水平考试 本研究采用认知诊断翻新法，从大规模校本考试的英语听力子测试中提取诊断信息。听力子测试由 30 道二级计分的多项选择题组成，包括 10 个单题项的短对话、1 个含 5 道题的长对话和 3 个含 5 道题的语篇。基于听力理解能力多维性文献、听力理解相关理论、考试说明等（Azeez & Al Bajalani, 2018; Goh & Aryadoust, 2015; Song, 2008; Vandergrift & Goh, 2012），我们确定了考试考查的 4 个听力微技能（即，理解词意、理解细节、理解主旨和进行推断）。五位测试领域专家对题项进行内容分析，标示了题项-微技能之间的关系，建立了 Q 矩阵。G-DINA 模型是一种饱和的认知诊断模型，被用来分析样本的潜在微技能掌握情况（如"0000""0101""1111"）。

基于《量表》的自评问卷 问卷共 34 题，都是调整为"我能做……"形式的《量表》描述语（如"我能听懂语速正常、一般性话题的音／视频节目或报告，获取要点和细节"）。学生需对问卷中的每一条描述语按照李克特五级量表进行评分，"1"代表"完全无法做到"，"5"代表"可以轻松做到"。具体而言，这些《量表》三至七级的描述语选自听力理解能力量表和词汇知识运用量表，用以描述学生在英语听力测试考查的四个听力微技能方面的表现。问卷的所有题目均以中文呈现，且被随机打乱以消除顺序效应（见附录 3）。

基于《量表》的个性化反馈报告 通过参考 Roberts & Gierl（2010）推荐的报告认知诊断分析结果的方法和前人研究中设计好的诊断报告（Alderson, 2005; Jang et al., 2015; Roberts & Gierl, 2010），笔者为学生开发了基于《量表》的认知诊断反馈报告。该报告共两页，包含五部分内容。第一部分呈现学生的个人信息、反馈报告阅读指南、学生在听力考试中获得的总分及其相应的《量表》级别。根据先前标准设定研究中划定的听力测试的临界分数线，我们可以明确学生的听力总分所对应的《量表》级别。第二部分是诊断情况，采用条形图显示学生在四个听力微技能方面的强弱项。在第三部分，笔者选取《量表》听力理解能力总表中合适的"能做"描述语，对每位学生的测试表现进行叙述性的综合评价。反馈报告背面的两部分介绍了所考查的听力微技能（第四部分），且为每个微技能分别附上了一道样题（第五部分），以促进对反馈报告的解读（见附录4）。

访谈 笔者设计了半结构化访谈，以了解学生对基于《量表》的诊断反馈报告、基于《量表》的自评以及基于《量表》的教学和学习活动的看法（见附录5）。

14.2.4 研究步骤

本研究的数据收集时间为2020年9月秋季学期开始至2021年1月冬季学期结束。实验前，参与的学生填写了知情同意书。他们被明确告知这些数据将只用于研究目的，并将被保密。图14.1展示了数据收集的过程。

所有参与的学生首先作答完成了听力自评问卷。然后，这些学生参加听力诊断测试。在对测试数据进行认知诊断分析后，笔者制作基于《量表》的个性化诊断反馈报告，并将之分发给学生。随后，笔者设计一系列的后续干预活动，以期提升学生的听力理解能力。听力水平在《量表》二到五级的学生被鼓励参加干预，即额外的针对性教学活动。共有240名学生自愿报名并参与了后续干预。这240名学生被归类为干预组，其他449名学生被归类为非干预组。

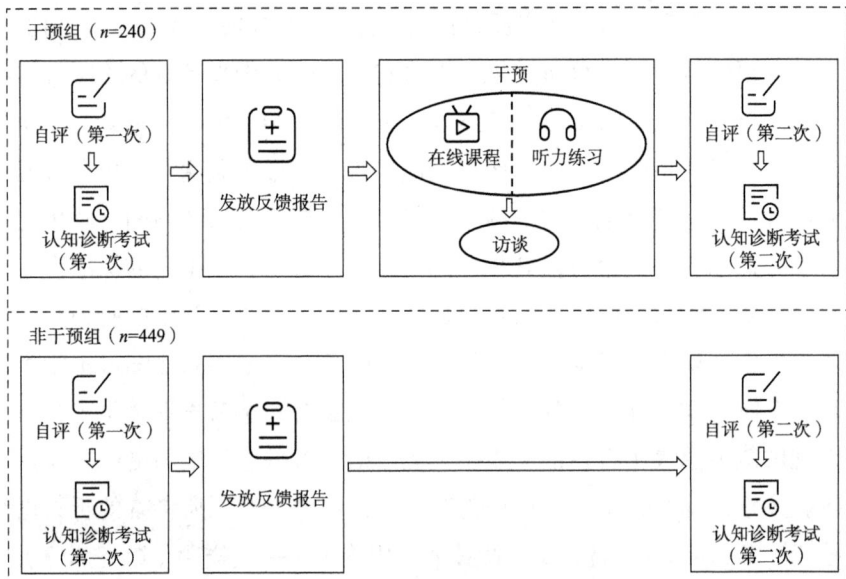

图 14.1　数据收集流程

　　在长达一学期的干预期间，笔者为干预组提供了以听力微技能为导向的课程和参照《量表》分级的听力练习材料。每隔一周的周六晚上，四位经验丰富的助教以直播的方式讲授了六节线上课程，详细介绍有效的听力策略。并且，助教们将听力材料按《量表》级别分级，上传至在线学习平台，以供学生日常练习使用，该平台可以保存学生整个学期的学习记录。干预结束后，对 18 名学生进行了半结构化访谈，了解他们对基于《量表》的个性化反馈报告、基于《量表》的自评和基于《量表》的针对性教学活动的看法。这 18 名学生以立意抽样的方式选取，以确保他们的听力水平存在差异，因为语言水平或许会影响他们对反馈报告的解读和使用（Allen & Katayama, 2016; Brandl, 1995; Wu, 2019）。我们对所有访谈内容进行了录音、转录与标注。非干预组仅收到了基于《量表》的诊断反馈报告。他们没有参加面向微技能的课程，也没有使用按《量表》分级的听力练习材料。

　　在学期结束时，要求所有参与的学生（即，干预组和非干预组）完成第二次自评，本次自评所使用的问卷与第一次相同。随后，笔者选用与第一次听力测试等值过的平行试卷，再次对学生进行诊断测试，以检验反馈报告和针对性教学活动对学生听力表现的影响。第一次和第二次听力测试的分数是可比的，因为它们是从现有的原始分－量表分转换表中得到的量表分，而该转换表是先前通过 2PLM 模型校准和项目反应理论真分数等值方法创建的。

14.2.5 数据分析

为探究基于《量表》的个性化反馈报告在多大程度上和学生自评一致（研究问题一），笔者定量分析了测试和自评结果间的一致性，并定性分析了学生对反馈报告的看法。定量分析方面，首先将自评问卷中的题目参数估计值设定成《量表》开发时该描述语的参数估计值，通过 IRTPRO 4.2（Cai et al., 2011）计算了每位学生自评的听力整体水平。接着，计算了每位考生在四个听力微技能相关描述语上自评原始分数的均分。随后，运用 IBM SPSS Statistics for Windows（20.0 版）计算了学生自评结果在四个微技能层面的信度系数（Cronbach's alpha），并采用 R 软件的"GDINA"分析包（2.7.8 版）（Ma et al., 2020）计算了在认知诊断分析中微技能层面的分类信度。最后，计算了学生的自评分数和听力测试得分之间的相关系数，以检视学生的自评结果和基于《量表》的个性化反馈报告在听力整体水平和微技能层面是否吻合。定性分析方面，笔者使用描述性、主题性和分析性编码（Richards, 2009）来分析半结构化访谈数据，并从数据中提取了出现的主题和模式，以深入了解学生对个性化反馈报告的看法。

为探究基于反馈报告的针对性教学活动对学生自评和实际英语听力表现的影响（研究问题二），笔者定量分析了干预组和非干预组学生在第一次和第二次自评以及听力考试中的分数差异，并定性分析了学生对基于个性化反馈报告的针对性教学活动有效性的看法。定量分析方面，首先使用配对样本 t 检验比较了学期初和学期末的分数（即，自评和考试分数），探究两组学生的成绩是否有显著提升。接着，使用独立样本 t 检验比较了干预组和非干预组学生在两次自评分差和两次考试分差方面是否有显著差异，探究相较于那些仅收到了个性化反馈报告的学生，参加干预的学生是否取得了明显更大幅度的成绩提升。定性分析方面，笔者对半结构化访谈数据进行了标注，以呈现学生对基于个性化反馈报告的针对性教学活动的看法。

14.3 研究结果

14.3.1 个性化反馈报告与自评结果的一致性

为检视学生自评结果和考试成绩的一致性，笔者从听力整体水平和微技能水平两个层面着手进行了分析。表 14.1 列示了学生在第一次自评和第一次考试中听力水平的总体表现。学生自评的平均能力值为 -0.10，在《量表》五级的能力区间范围内（-0.27, 0.40），这表明大多数考生认为他们的听力水平在《量表》五级。学生第一次听力考试的标准分为 18.06 分，与此前的标准设定研究得出的《量表》五级分数线几乎相同，这说明学生总体的英语听力水平的确在《量表》五级。这些发现表明，学生的自评结果与听力考试总分对应的《量表》级别较为一致。学生自评分数与考试分数之间的相关为 0.44（$p<0.001$），这说明学生的自评结果和考试结果较为吻合。

表 14.1 学生第一次自评与听力考试整体层面的描述性统计结果

	最小值	最大值	平均值	标准差	偏度	峰度	样本量
自评	-5.63	5.95	-0.10	1.84	-0.01	0.57	689
考试	0	28	18.06	4.43	-0.27	0.01	689

在微技能层面，笔者对学生的自评结果和听力考试分数进行了相关分析。自评问卷的内部一致性较好，听力考试成绩经认知诊断分析后，学生微技能掌握模式的分类信度也较为理想。表 14.2 列示学生在第一次自评和第一次听力考试在微技能层面的表现。如表 14.2 最后一列所示，自评结果在四个微技能层面的信度值均在 0.80 以上，没有问卷项目对自评问卷整体结果产生负面影响，这表明这

些项目可以进行组合，用于反映学生在每个听力微技能上的表现。与上述结果类似，四个微技能的掌握模式的分类信度都在 0.80 以上，说明所用的认知诊断模型能够准确地将考生的听力微技能分为掌握或不掌握两种模式。

表 14.2 学生第一次自评与听力考试微技能层面的描述性统计结果

	微技能	最小值	最大值	均值	标准差	偏度	峰度	项目数	信度
自评	理解词意	1	5	2.55	0.75	0.38	-0.14	5	0.82
	理解细节	1	5	2.61	0.75	0.38	-0.04	7	0.91
	推断	1	5	2.51	0.76	0.39	-0.05	13	0.95
	理解主旨	1	5	2.55	0.74	0.39	-0.12	9	0.93
考试	理解词意	0	0.99	0.61	0.30	-0.72	-0.69	9	0.84
	理解细节	0	1	0.40	0.41	0.41	-1.60	25	0.90
	推断	0	1	0.78	0.34	-0.52	-1.27	11	0.91
	理解主旨	0	1	0.61	0.36	-1.46	0.55	8	0.86

微技能层面的数据显示，学生所认为的微技能难易程度和学生在听力考试中的实际表现反映的微技能难易程度并不一致。如表 14.2 的第五列所示，经认知诊断分析后，所有考生的听力微技能平均掌握概率在 0.40 到 0.78 之间。换言之，仅有 40% 的考生掌握了"理解细节"这个微技能，这表明"理解细节"是难度最高的微技能。从"理解细节"（40%）到"理解词意"（61%），再到"推断"（78%），微技能难度依次递减。然而，学生的自评结果与考试结果却并不一致。自评结

果显示，学生认为他们最擅长的听力微技能是"理解细节"（2.61），最不擅长的微技能是"理解主旨"（2.51）。

不论微技能的难度排序到底如何，学生的自评结果和考试成绩在微技能层面显著相关，相关强度由弱到中等不等。自评和考试结果在"理解主旨"这一微技能上的相关最强（$r=0.42$，$p<0.001$），其次是"理解细节"（$r=0.40$，$p<0.001$）和"进行推断"（$r=0.35$，$p<0.001$）。自评和考试结果在"理解词意"这一微技能上的相关最弱（$r=0.21$，$p<0.001$）。

除考查自评与考试结果之间的相关以外，定性的访谈数据提供了学生对反馈报告的看法。大多数学生都比较认可基于《量表》的个性化反馈报告的价值。在采访中，18名学生中有12人对基于《量表》的反馈报告表示认可，尤其是在《量表》级别的判定和微技能掌握模式的判定等两个方面（详见摘录1和2）。

[摘录1] 刘同学，《量表》三级，听力微技能掌握模式"0000"

刘同学：我觉得反馈报告符合我对自己听力能力的评估。我的英语听力能力确实很差。和反馈报告说的一样，我的听力能力只能达到量表三级，四个听力微技能的掌握概率都是0。

[摘录2] 马同学，《量表》五级，听力微技能掌握模式"1111"

马同学：我觉得反馈报告中呈现的信息非常准确。你看，我"理解词意"这个微技能的掌握概率只有0.72，是四个微技能中最低的。反馈报告真是一针见血啊！我的词汇量很有限，听听力的时候不知道听力材料中那些词汇的意思。就算那些词出现在阅读材料中，我可能也不知道它们的意思。

尽管多数学生比较认可反馈报告，一些学生则表示并不看好反馈报告，因为查阅反馈报告后，他们变得沮丧、没有信心（详见摘录3和4）。

[摘录3] 牛同学，《量表》三级，听力微技能掌握模式"0000"

牛同学：我四个听力微技能的掌握概率都是0。反馈报告中的条形图显示，我一个听力微技能都没掌握。说实话，我觉得这个反馈报告没什么价值，我之后应该也不会去参考它。因为你看，如果我想提高我的英语听力，看了这份反馈报告之后，我还是不知道该从哪里下手。

[摘录 4] 李同学，《量表》四级，听力微技能掌握模式 "1011"

李同学：如果反馈报告能告诉我《量表》五级的听力表现是什么样子的话，会更好，反馈报告的信息会更丰富一些。我现在的听力水平只有《量表》四级，我想达到《量表》五级。如果没有下一个级别的信息，我就不知道《量表》五级学生的听力能力是怎样的以及如何提升我的听力能力。

14.3.2 基于反馈报告的干预活动的效果

为衡量基于反馈报告的干预对学生听力成绩的影响，笔者着重考查了干预组和非干预组学生两次自评和两次考试分数之间的差异（见表 14.3）。由于期末课时安排的原因，有两个班的学生没有完成第二次自评，因此自评的人数低于听力考试的人数。表 14.3 显示，两组学生在第二次自评和第二次听力考试中的分数都比第一次要高。一系列配对样本 t 检验显示，干预组和非干预组在自评（$t[197]=-5.77$，$p<0.05$，Cohen's $d=0.40$；$t[360]=-2.67$，$p<0.05$，Cohen's $d=0.15$）和考试方面（$t[239]=-9.22$，$p<0.05$，Cohen's $d=0.63$；$t[448]=-8.31$，$p<0.05$，Cohen's $d=0.37$），分数均有明显提升，但是根据 Cohen（1998）对于效应量的界定，这里的效应量并不算大。

为进一步探究学生听力水平的提高是否仅反映了学生在一学期英语课程的学习中取得的进步，还是也能反映基于《量表》的个性化反馈报告及相应的干预所起到的促进作用，笔者对学生在英语课程期末考试的听力成绩进行了分析。笔者将本研究中 689 名学生的期末听力成绩与其他未参与此试点项目的 4686 名学生进行了比较（这 18 个班的 689 名学生都是随机选择的）。结果显示，689 名学生的期末听力成绩显著高于未参加此试点项目的学生。期末听力部分的总分为 25 分，实验组和对照组学生的平均分数差 0.43 分。这表明基于《量表》的个性化反馈报告或针对性教学活动确实对学生的学习起到了促进作用，尽管促进的效果并不那么明显。

表 14.3 实验组与对照组在干预前后的情况对比

	组别	样本	前测		后测		差异					
			均值	标准差	均值	标准差	均值	标准差	t 值	自由度	p 值	Cohen's d
自评	实验组	198	-0.60	1.72	-0.09	1.53	0.51	1.24	-5.77	197	0.000	0.40
	对照组	361	0.24	1.82	0.43	1.45	0.19	1.34	-2.67	360	0.008	0.15
考试	实验组	240	16.74	3.78	19.28	5.00	2.54	4.27	-9.22	239	0.000	0.63
	对照组	449	18.78	4.58	20.40	4.77	1.62	4.13	-8.31	448	0.000	0.37

为考查学生一学期以来，实验组和对照组的自评分数及听力考试分数的提升有无显著差异，笔者对两组学生的分数进行了独立样本 t 检验。实验组和对照组的自评结果差异如下：$t[557]=-2.80$，$p<0.05$，Cohen's $d=0.25$；听力考试结果的差异如下：$t[687]=-2.75$，$p<0.05$，Cohen's $d=0.22$。这表明实验组比对照组的进步幅度显著更大。上述实验结果表明，针对性教学活动确实有助于提高学生的自评分数和实际考试表现，尽管效应量比较小。

此外，定性研究结果显示，无论参与干预的学生是否完整地听完了所有的在线课程、做完了所有的听力练习材料，他们都对针对性教学活动给予了正面评价。最初对自主学习知之甚少的同学汇报说，经过针对性教学后，现在已经能够自主寻找符合自己能力水平的听力材料，并系统化地进行听力练习（详见摘录 5 和 6）。

[摘录 5] 仲同学，《量表》四级，听力微技能掌握模式"0001"

仲同学：我认为这些听力活动非常有帮助。我以前不知道该听什么，也不知道如何提升我的听力微技能。我在上听力网课的时候，慢慢就知道了什么样的材料适合我，以及在哪里可以找到这些材料……现在的话，我会天天练习英语听力。

[摘录 6] 张同学，《量表》二级，听力微技能掌握模式"0000"

张同学：听力微技能课程对我来说真的很有帮助。通过做练习、听网课，我逐渐知道了如何系统地提升我的听力能力。

14.4 讨论

本研究的开展基于第七章提出的基于《量表》的诊断反馈促教促学模型，该模型尝试将国家语言能力标准融入地方教学，旨在指导地方语境中的语言测评、语言教学和语言学习。针对该模型中的两个关键要素（即反馈报告和教学）和实际需求，笔者进行了为期近五个月的历时研究，调查了听力考试的个性化反馈报告与学生自我评价结果的一致性，以及基于反馈报告的针对性教学活动对学生学习成绩的影响。总体而言，这项研究解释了如何通过教师的调节，将国家语言标准与语言测评、反馈报告和后续的针对性教学联系起来，以解决地方性教学需求。研究表明，基于《量表》的个性化反馈报告与学生的自评结果一致性较好，基于《量表》的针对性教学活动能够提升学生的听力自评分数，同时，针对性教学能够有效提升学生的听力能力。

14.4.1 自评与个性化反馈报告的一致性

自评和考试结果在整体分数层面呈中等程度的相关，表明学生对自己听力能力的评价和真实的考试结果类似。这一结果与 Butler & Lee（2010）、Ross（1998）和 Runnels（2016）等的研究结果一致，他们发现自评可以帮助学生有效地评估自己的语言能力。需要特别注意的是，尽管本研究发现学生自评与考试成绩之间的相关关系（$r=0.44$）不算太强，但这一结果和最近的一项元分析的结果类似（Li & Zhang, 2021），该研究汇总了 67 篇论文中的 97 个独立样本，发现自评分数与考试分数的相关系数为 0.47。这些发现表明，学生自评可以作为语言考试的补充，与语言考试共同衡量学生的语言能力，但自评不能独立用于衡量学生的语言能力。

在微技能层面，除"理解词意"这一微技能之外，学生自评与考试结果之间呈中等相关关系。为什么自评分数和考试分数在"理解词意"这一微技能上呈弱相关关系？这一问题可以从心理测量学和心理学这两个角度来回答。从心理测量学角度来看，在自评和听力考试中，"理解词意"这一微技能的信度是四个微技能中最低的，这可能是削弱学生自评和考试表现之间相关强度的主要原因（Edele et al., 2015; Li & Zhang, 2021）。"理解词意"微技能信度较低的原因可能是，在自评问卷中，测量这个微技能的题目数最少；在听力考试中，与"理解词意"微技能相关的题目数是第二少的。从心理学角度来看，听力考试难以衡量学生听力词汇的掌握情况。虽然词汇知识在听力理解中起着至关重要的作用（Li, 2019; Wallace, 2020; Wang & Treffers-Daller, 2017），但是，词汇加工这一过程已被嵌入第二语言口语的认知加工处理过程中（Field, 2008）。因此，如果听力考试中没有设置专门的听力词汇量测验，我们就很难将词汇知识从听力的认知加工处理过程中分离出来，并从考生的听力考试表现中准确地得出考生词汇知识的掌握情况（McLean et al., 2015）。

另一个有趣的发现是，尽管学生在听力考试中"进行推断"的表现比"理解细节"的表现要好，但学生认为自己在"理解细节"上的表现优于在"推断"上的表现。这一差异可能是由于学生对这两个微技能难度的心理预期与这两个微技能在听力考试中的实际难度不相符合造成的。过往的听力理解理论（如 Field, 2008; Rost, 2016）都假定细节提取这一低级别的微技能比推断这一高级别的微技能更容易掌握，这解释了为什么在本研究中，学生会认为推断比细节提取要难。然而，有关听力的诸多实证研究表明，信息推理比理解事实性信息更容易一些（Min & He, 2022; Park, 2004）。但是，也有研究发现细节提取比推断和总结这种更高层次的微技能更容易掌握（如 Lee & Sawaki, 2009b; Rost, 2016）。由于题目难度受到诸多因素的影响，尤其是任务特征，如考试环境、考试说明、输入材料、预期作答以及输入材料和作答之间的关系等（Bachman & Palmer, 2010），因此不同学者的研究结论不一致也是可以理解的。

还应指出的是，访谈数据显示，基于《量表》的个性化反馈报告并未受到所有学生的欢迎。本研究发现，反馈报告的优点在于，学生可以通过《量表》和诊断信息，全面了解自己的英语听力水平。但是，如果反馈报告呈现的信息过于"准确"，则会诱发学生情感上的不适，以至于学生认为反馈报告对自己的学习没有什么帮助。反馈报告的另一个缺点就是包含的信息较为有限。比如，本研究使用的反馈报告并未呈现比学生当前所在级别更高一级的听力能力描述语，阻碍了学生进一步运用反馈报告去制订学习目标。简言之，学生对于反馈报告的看法和意见说明反馈报告仍有改进的必要和余地。笔者基于多轮学生访谈，完善了反馈报告，附录 4 中呈现的是最新版反馈报告。在校本考试中，修改反馈报告这一举措容易实现，因为试点项目在校本考试中比较容易开展，并且在地方语境下，采集反馈报告用户的看法和意见更为便利（Yan et al., 2016）。这也凸显了校本考试的优势：其一，能够方便地收集考试利益相关者的看法；其二，可以先进行项目试点，再确定项目成果是否可以进行大规模的应用。

14.4.2 基于反馈报告的干预效果

笔者发现，经干预后，实验组的考试分数显著高于对照组。这一发现并不奇怪，因为先前的研究表明反馈报告和后续的针对性教学能够提升学生的学习成绩（如 Hattie & Timperley, 2007; Shute, 2008; Yan, 2012）。首先，促学效果可能是因为实验组的学生付出了额外的时间和精力，参加了以听力微技能为导向的课程并做了相应的听力练习。其次，通过为听力微技能比较薄弱的同学量身定制的听力课程和听力练习材料，学生能够更好地理解反馈报告呈现的信息，并将他们对反馈报告的理解转化为具体的学习活动，以提升学习成绩。考虑到报名参加干预活动的同学们评估素养有限，在针对性教学伊始，负责听力微技能课程授课的助教就为他们讲解了如何理解并使用反馈报告。学生有限的评估素养可能会影响他们对反馈报告的理解，进而影响他们对反馈报告的使用（Carless & Boud, 2018; Zapata-Rivera et al., 2016）。第三，负责微技能听力课程授课的均为助教（即在读博士研究生），而不是大学英语教师，这有助于为报名参加听力干预活动的同学创造一个相对轻松的学习氛围。正如 Leighton（2019）指出的那样，不平等的师生权力关系会影响学生对反馈报告的理解和有效使用。我们观察到，学生在参与听力网课的直播时，能够实时与授课的助教和其他的同学们积极互动，课程参与度较高。

基于反馈报告的干预活动的促学效果与 van der Boom & Jang（2018）的研究结果一致，他们发现，基于阅读诊断反馈报告的干预活动能够提升学生的自信心和学业表现。然而，该研究的发现均基于学生的自我汇报。如果学生的学习成绩能有另一次诊断考试的量化数据作支撑，针对性教学的有效性将得到进一步支撑。本研究在前人研究的基础上前进了一小步，为个性化教学的促学效果找到了更具说服力的实证证据。

研究结果还显示，与对照组相比，实验组学生自评分数的提升幅度显著更大。这表明基于反馈报告的干预活动能够提高学生的自我效能感。有两方面的原因可以解释这一结果。首先，反馈报告中的《量表》描述语均为正向表述，相较于负向表述而言，更能增强参与者的自我效能感，也更容易改变学习者的学习行为。最后，在自我效能感（Schunk & Zimmerman, 2007）和内在动机（Ryan, 1982）的调节作用下，学生的学习成绩也会相应提升。其次，反馈报告中的《量表》级别反映了能力增长理论中的核心观点（Dweck, 1999），换言之，在反馈报告中呈现《量表》级别能够很好地激励学生付出努力以提升自己的语言能力《量表》级别。访谈数据显示，学生认为听力能力本质上是动态变化的，通过努力可以不断地提升听力能力。

但是，不能将学生学习成绩的提升直接归因于基于《量表》的个性化反馈报告。本研究中基于反馈报告的实践活动包括反馈报告的提供、语言教学和学生的学习，这些实践活动和学生特质（如动机、自我效能感和目标导向）相互作用，难以确定具体是哪个环节提升了学生的自评分数和考试分数，以及在多大程度上对自评分数和听力成绩的提升有促进作用（Evans, 2013; Maier et al., 2016）。

14.4.3《量表》在教、学、评中的应用

在这项研究中，国家语言能力标准与地方语境中的语言测评、反馈报告和语言教学紧密相连，能够让学生有效地参与到语言评估中来，同时，地方性语言项目的教学需求也得到了满足。

这项研究表明，在中国高等教育语境下，《量表》在学生自评和语言测评方面能够发挥作用。对自评而言，可以挑选语言能力标准或框架中的描述语用于学生自评以满足语言教学和学习的需要（Summers et al., 2019; Sweet et al., 2019），笔者在本研究中遵循了这一做法。但需要注意的是，学生通过《量表》中的英语能力自评表只能从整体层面进行自评，而不能从微技能层面进行自评。因此，如果学生用整体自评表对英语听力能力进行自评，自评结果就无法和诊断考试的结果直接进行对比。为解决上述问题，笔者挑选并改编了《量表》中听力量表和语言知识运用量表中的部分描述语，设计了听力微技能自评问卷。

校本考试可以与国家语言能力标准进行对接。之前的标准设定研究（见第十二章）将校本听力考试与《量表》进行对接，得出了一系列的临界分，能够将考生的分数分为《量表》三至七级。标准设定结果为作出地方性决策提供了依据，也让决策过程更加透明（Harsch, 2018）。校本考试与《量表》进行对接后，有助于校本考试反馈报告的开发和解读。考试分数对接到《量表》的具体级别之后，能够帮助特定群体内熟悉《量表》级别和描述语的涉考者更好地解读反馈报告（Kane, 2012）。然而，纯粹采用基于标准的反馈由于不能体现考生个体差异，因此饱受诟病（如 Kunnan & Jang, 2009; Sawaki & Koizumi, 2017）。在我们的教学语境下，我们函须了解大一新生的英语听力能力的弱项，以便为他们提供教学支持，为新生入校后的学习打下坚实基础。Bachman（1990）曾强调："开发语言测试、解读测试结果这两个过程中，最重要的考量因素就是考试的目的"。

因此，跟随前人的有益探索（Min & He, 2022），笔者将学生的微技能掌握模式也纳入反馈报告中，建立反馈报告与学生个体之间的关联性。一方面，反馈报告为学生提供了细粒度的语言能力信息；另一方面，反馈报告为学生之后的学习提供了宝贵参考。基于校本考试的反馈报告，提供了十分丰富的信息，可以为教学服务。反馈报告有望成为连接考试结果、教学和学习的枢纽（Dimova et al., 2020; Yan et al., 2021）。最重要的是，根据学生对反馈报告的看法，笔者可以及时修改基于《量表》的个性化反馈报告。比如，在更新版反馈报告中，笔者决定不仅呈现学生当前《量表》级别的描述语，而且呈现下一级别对应的描述语，以帮助学生制订学习目标。此外，笔者决定在反馈报告中新增学生听力微技能薄弱之处的相应描述，使得学生能够清楚地知道他们应该关注听力微技能的哪些方面，从而提升英语听力水平。

《量表》在教学实践中也可以发挥作用。在线课程中选用的听力任务和学习平台上的听力练习材料均按照《量表》三至七级进行了划分。为提供个性化教学服务，笔者采用了以听力微技能为导向的教学方式。独立于常规大学英语课程的英语听力课旨在有针对性地提升学生的听力微技能，而这些微技能正是听力考试中着重考查的方面。我们在确定听力课程的教学内容时，参考了听力微技能自评问卷中的《量表》描述语，这些描述语是围绕听力微技能反复修改并精心打磨的。此外，大学英语教师参考听力微技能自评问卷中经过修改的《量表》描述语，将练习材料进行了分级，以满足学生个性化的学习需求。

应该指出的是，如果没有教师们的付出，上述的一系列活动只能沦为空想。将国际或国内语言能力标准应用于地方测试语境，在很大程度上依赖于当地教师的专业知识和评估素养（Dimova et al., 2020）。教师总是一人身兼多职，承担着考试开发、语言教学等多项职责。在我们的语境下，教师将多个角色融为一体，这些角色包括：语言测试开发者、标准设定专家、教学项目管理者、反馈报告研发者以及应用语言学研究者。教师们非常熟悉《量表》以及地方语言教学项目的特点，因此，他们可以与学生携手，共同探索《量表》在语言教学语境中的应用。语言教学项目的助教为反馈报告的研发和语言教学作出了重要贡献。学生能够准确地解读反馈报告，助教功不可没。助教均为在读博士研究生，他们的研究兴趣是语言测试。助教们对《量表》级别、《量表》描述语以及该校本英语水平测试都十分了解。具体而言，干预活动伊始，助教就向同学们介绍了《量表》，并讲解了如何解读基于《量表》的个性化反馈报告提升英语听力水平。这一实践与 DELENA 配套的活动类似，即由具备一定评估素养的专业人士帮助学生解读反馈报告，并为学生将来的学习提供建设性意见（Read, 2015）。此外，助教负责整个学期的听力微技能教学。另外，助教还收集了学生对听力考试和反馈报告的看法和建议，以推动自下而上的考试开发和改革（Dimova et al., 2020）。因此，教师（包括助教）是校本考试语境中宝贵的人力资源。

14.5 小结

本研究表明，基于《量表》的反馈报告加入细粒度的诊断信息后，能够有效地为语言教学服务，从而促进学生的语言发展。诚然，本研究也存在一些局限性。首先，出于伦理道德考量，本研究并未采取严格的实验设计。因此，不能将学生学习成绩的提升归因于基于《量表》的个性化反馈报告或基于反馈报告的干预活动。实验组可能比对照组具有更强的内驱力，因而会投入更多的时间和精力来练习听力。其次，学生自评和微技能诊断报告之间的相关偏低，这可能跟认知诊断存在的维度问题有很大关系。再次，有关实验组和对照组进步幅度更为理想的统计方法是协方差分析，实验组起始点比较低，而且是自愿报名，很可能存在两个效应，一是回归效应，二是霍桑效应。出于对以上因素的考量，如果条件允许，未来的研究可以采取严格的实验设计来探究反馈报告、教学活动和课内外学习活动分别对学生的学习成绩产生了怎样的影响。同时，未来的研究也可以关注以微技能为导向的针对性教学对学生微技能的提升有何影响。诸如此类的研究能够揭示学生微技能的发展模式，反哺课程设计。

尽管本研究存在以上局限性，但已深入探讨了如何将校本考试与《量表》和语言教学进行有效衔接。不可否认，将校本考试与《量表》和教学进行衔接，能够帮助语言测试开发者设计个性化的反馈报告，帮助教师和学生结合地方语境特点制订个性化的教学和学习计划。

第十五章
结语

本章首先回顾本书七项实证研究的主要发现，然后从理论和实践两个层面探讨本书的主要贡献，最后指出未来的研究方向。

15.1 研究的主要发现

本书提出基于《量表》的诊断反馈促教促学模型，阐释如何将《量表》应用于地方语境，以指导英语教、学、评的一体化建设；并基于模型，开展七个实证研究，探究如何基于《量表》研发个性化的诊断反馈报告，促进教师因材施教，学生自主学习，促进教、学、评的有机融合，真正实现"车同轨、量同衡"。研究成果包括三个方面：认知诊断测评、考试对接《量表》、基于《量表》的个性化反馈报告。

1. 认知诊断测评

针对认知诊断测评中的几大问题，本研究发现听力与阅读技能一样，存在互补性机制；听力和阅读微技能存在跨模态稳定性与可变性；双因子 MIRT 模型适用于微技能为连续变量的语言测评。具体如下：

第一，互补性。本研究探索了英语听力理解中的互补性机制及其体现。研究从校本考试出发，选取四个不同性质的认知诊断模型并将听力能力划分为六个微技能，基于 917 名考生在校本英语听力考试中的作答情况，从粒化认知属性层面探究听力理解的认知过程。结果显示：（1）听力理解过程中存在互补性机制；（2）这种补偿性主要体现在技能性知识上，语言知识是听力理解的基础，但技能知识的掌握能更好地提高听力水平，不过补偿性机制的启动可能存在一定的阈值；此外，笔者还尝试提出听力理解贡献性框架，以期对影响听力的各个因素有更系统的阐释。

第二，跨模态稳定性。本研究采用认知诊断方法，通过探究学习者在微技能上的表现来比较二语听力与阅读的异同。研究从 797 名考生在校本英语听力和阅读考试中的作答出发，利用 R 软件的 G-DINA 分析包获取学习者对局部与整体加工型技能的掌握情况，并通过方差分析进一步比较技能在不同模态下和不同水平的学习者中的掌握概率。结果显示：（1）从微技能掌握模式来看，二语听力与阅读有相似之处，但是模态效应同样存在。相较阅读，学习者整体在听力理解上的表现更弱；（2）在听力理解中，学习者能更好地完成整体加工型任务，在阅读理解中，学习者能更好地完成局部加工型任务；（3）对于低水平学习者而言，该群体在听力与阅读理解中均能更好地掌握整体加工型技能，而高水平学习者在听力理解中能更好地掌握整体加工型技能，在阅读理解中能更好地掌握局部加工型技能。研究结果为二语理解中的模态效应提供了支持，呼吁学界能重新思考模态特征在语言理论与教学实践中的价值。

第三，模型选择。本研究考察双因子 MIRT 模型和高阶认知诊断模型从听力测试中提取诊断信息，并同时估计被试总体能力的双重功能。基于 1,611 名考生在校本英语听力考试中的项目反应数据和五位专家对项目微技能的标定结果，研究从模型拟合度、微技能分类和总体能力估计等三个维度，比较了双因子 MIRT 模型与五个高阶认知诊断模型及其相应的非高阶认知诊断模型。结果显示：（1）双因子 MIRT 模型拟合度最好，其后依次是 HO-G-DINA 模型、饱和的 G-DINA 模型和各种非饱和模型；（2）HO-G-DINA 模型的微技能分类结果与 G-DINA 模型更为相似，而双因子 MIRT 模型在估计考生的总体听力能力方面具有优势。研究结果表明：双因子 MIRT 模型可作为诊断测评的备选模型，尤其适用于微技能为连续变量的语言测评。

2. 考试对接《量表》

针对考试对接《量表》中的几大问题，本研究通过采用投篮法、改良 Angoff 法、对照组法，将校本英语考试听力卷和阅读卷与《量表》对接，发现两项对接研究结果均具有一致性。

第一，同一方法的一致性。本研究考察校本英语考试阅读卷与《量表》对接的效度。以 15 名专家对校本考试阅读样题的第二轮改良 Angoff 法判断结果为数据，从专家之间以及专家自身一致性、判断与样题实测难度一致性和临界分数标准误差等角度，考察对接结果的一致性；并比较 15 名对标专家两轮标准设定数据，考察标准设定过程中提供给专家的反馈信息能否提高对接结果的一致性。结果显示：（1）对接结果一致性较高，但低级别对接结果的一致性有待提升；（2）反馈能够有效地提高判断结果的一致性。本研究为接受型技能考试对接语言标准提供了方法参考，且为研发基于《量表》的个性化反馈报告提供了效度证据。

第二，不同方法的一致性。本研究考察校本英语考试听力卷与《量表》对接的效度。研究综合 14 名专家的标准设定和 3 名教师评判数据，采用改良 Angoff 法和对照组法得出临界分数，讨论不同标准设定方法得出的对接结果的一致性。结果显示：（1）听力部分的及格线对标量表五级；（2）改良 Angoff 法和对照组法的结果一致性较高。本研究为接受型技能考试对接语言标准提供了方法参考，且为研发基于《量表》的个性化反馈报告提供了效度证据。

3. 基于《量表》的个性化反馈报告

针对基于《量表》的个性化反馈报告中的几大问题，本研究发现综合认知诊断测评方法和考试对接《量表》方法，研发个性化反馈具有可行性；基于该个性化反馈报告的针对性教学有助于提升学生的外语能力和外语自我效能。

第一，基于《量表》的个性化反馈报告的研发。本研究结合认知诊断和标准设定方法，开发大规模听力测评的个性化反馈报告。研究分析了 3,358 名考生在某一全国性大学英语考试的真实答题数据。结果显示：（1）对考生水平级别的分类和微技能掌握模式的分类都具有较好的分类信度；（2）这两种分类结果在个人和群体层面均保持一致。本研究证明了结合认知诊断和标准制定方法来提供个性化反馈报告的可行性，有助于进一步优化分数报告，解决大规模语言测评长期存在的弊端，即无法提供个性化反馈，从而无法将测评与教学紧密联系的局限。

第二，基于《量表》的个性化反馈报告的使用效果。本研究对689名大学生进行了为期近五个月的历时研究，以调查内部和外部测评结果（即基于《量表》的学生自我评价与基于《量表》的英语听力测试的个性化反馈报告）间的一致性，以及基于《量表》的针对性教学活动在促进学生自评和实际语言能力发展方面的有效性。结果显示：（1）考试结果和学生的自评结果在听力整体水平和听力微技能层面都较为吻合，但学生对反馈报告的看法表明反馈报告仍有待完善；（2）使用基于《量表》的个性化反馈报告，并将之与语言教学课程及练习材料相结合，有助于提高学生的听力自评分数和实际听力考试表现。本研究展示《量表》能在教、学、评中有效地发挥桥梁作用，为本研究提出的基于《量表》的诊断测评促教促学模型提供了实证依据。

15.2 研究的理论价值与实践意义

本书在《量表》指导下聚焦认知诊断测评与考试对接标准方法的融合，具有重要的理论与实践意义。

在理论层面，本书提出了一个理论模型，并就该模型中各要素之间的关系作了初步探讨，为《量表》在教、学、评中的运用提供了操作框架。笔者提出理论模型时，关注《量表》的影响力、地方语境特征，以及评估、反馈报告、教学和学生语言发展之间的关系。笔者将学生置于模型中央，是因为希望这个模型能够反映并倡导"以评促学"的理念（Popham, 2008; Wiliam, 2011）。与大规模标准化测试语境相比，在校本考试语境下，学生的语言更容易得到发展（Dimova et al., 2020）。教师也被置于模型中央，是因为教师作为地方下的专家和测试从业人员，是语言能力标准得以在地方语境下实施并用于促学目的的关键。从某种程度上来说，在地方性语境下，教师承担了促进学生学习的责任，他们与学生一起，共同应对学生在学习之路上遇到的种种挑战。笔者期待该模型的提出能够促进《量表》融入校本语言测评、语言教学与语言学习中，实现诊断反馈促教促学。

其次，本书借鉴《量表》对听力和阅读能力的构念定义，深入剖析考生语言理解过程中涉及的认知微技能，阐释各微技能之间的层级关系及其中间作用机理，剖析微技能在不同模态中的稳定性（相似性）与可变性（差异性），以及不同语言水平与模态之间的交互作用，有助于建立更明晰的听力和阅读技能机制，有助于进一步完善《量表》的理论框架与描述语。

在实践层面，笔者展示了如何将《量表》应用于校本语境中，通过提供个性化的诊断反馈报告来促进语言教学与学习。本书作为《量表》的应用研究，从实践层面考查了量表如何发挥其"车同轨，量同衡"的能力标尺作用。本书指出，在实践中，可以改编《量表》中的描述语，满足校本语言教学与学习的需求。这些需求包括但不限于：学生在微技能层面上的自评、基于《量表》的反馈报告的研发、具有针对性的语言课程的设计等。当然，改编《量表》的描述语时，需要确保描述语与当地语境特征相融合（如 Falchikov, 2004; Sweet et al., 2019）。

其次，本书证明了双因子 MIRT 模型能很好地捕捉语言能力的多维性和连续性。本书指出，双因子 MIRT 模型除了比其他认知诊断模型能更好地拟合数据外，还可同时估计考生的微技能掌握情况和总体能力。相对于认知诊断模型而言，双因子 MIRT 模型能在能力连续体上区分考生的总体听力能力，而且可同时估计考生在微技能上的表现。此外，模型的最终选择不仅要考虑拟合度，而且更重要的是，要考虑理论因素，如微技能的性质（即离散与连续）、模型的测量属性（即不变与变异）以及微技能之间的关系（即补偿性与非补偿性）等。本书采用双因子 MIRT 模型提供诊断信息，有助于未来研究更好地探究适合语言测试领域的诊断模型问题。

15.3 未来研究方向

诚然，本书存在一定的局限性。未来研究可以从以下五个方面着手，进一步探讨基于《量表》的个性化诊断反馈报告设计和使用后效，具体如下：

第一，认知诊断测评方法与其他传统方法一样，基本上都是对原始分数的方差进行分析。但这样获得的统计结果无法充分解释考生的实时思维过程。在研究一项测试时，弄清楚测试的认知有效性很有必要。正如 Alderson（2000）所述，"重要的不是测试开发者认为一个项目要测试什么，而是考生正确完成每个项目时包含的认知过程"。深入了解考生完成任务时的认知过程可以让我们更好地理解所测量的语言能力（Bax, 2013）。近年来，越来越多的学者应用眼动（例如，Aryadoust, 2019b; Bax, 2013）、ERP（如 Dallas et al., 2013）、fNIRS（Aryadoust et al., 2020）和 fMRI（Buchweitz et al., 2009）等现代技术来记录学习者语言理解的实时思维过程，从认知层面为考生的语言加工机制提供直接解释。但研究的数量和研究范围仍比较有限，未来语言学界还应继续开展跨学科合作，从神经科学、认知科学等领域为学习者语言加工机制的解释搜集更多直接的认知证据。

第二，本书的认知诊断测评采用的是翻新法，测量各微技能的项目数量较少，因此各微技能提供的独特信息量较低。未来研究还可探索将不同的模型——如双因子 MIRT 模型——应用于认知诊断计算机自适应测试（CD-CAT）的可能性，这不仅有助于解决目前基于认知诊断模型的 CD-CAT 中复杂的项目选择问题，还可以对总体能力水平做出高效可靠的评估，同时对认知属性进行准确分类诊断。

第三，本书仅采用常规的标准设定方法对接校本考试与《量表》，未深入探究基于认知诊断测评的标准设定方法。基于认知诊断测评的标准设定方法从考生实际作答情况出发，通过比较"最低能力考生"可能具有的掌握模式与 Q 矩阵分析结果（即每道题考查的技能）判断考生能否答对某道题。与传统的标准设定方法相比，其最大优势在于无须人为判断答对概率，便可同步完成评分与分级两项工作（Liu, Qian, et al., 2018）。这一方法虽有着广泛的应用前景，但它目前仍面临着诸多挑战，例如，如何有效筛选"最低能力考生"可能具有的掌握模式、如何形成细颗粒度的微技能描述、如何解决临界分分布范围较广的问题等（Skaggs et al., 2018）。语言测试领域目前尚未使用过基于认知诊断测评的标准设定方法，因此，未来的研究也可从实践层面做出探讨，验证此类方法的效度。

第四，本书关注如何结合标准设定和认知诊断测评方法，产生可靠的分类结果，制定个性化的定性反馈。然而，更重要的问题是考试的利益相关者，如外语教师和学生如何看待、使用这种个性化反馈。本研究仅聚焦了学生对个性化反馈报告的看法，目前尚不清楚教师如何有机地使用这些诊断性反馈，以及如何帮助教师让反馈发挥最大的促教促学效果。这是一个重要的研究问题，但是在测评反馈的研究领域，相关研究严重不足（Leighton, 2019），因此这是未来研究中很有前景的一个方向。

第五，本书探究基于《量表》的个性化诊断反馈报告使用后效时，没有强调学生的个体差异（如自尊心、学习动机和目标导向）对使用基于《量表》的反馈报告产生的影响。个体差异可能会直接或间接地影响反馈报告在地方性语言教学和学习中的使用。未来的研究有必要探究学生的个体差异（如情感、目标导向等）如何调节基于个性化反馈报告的干预活动的促学效果。

参考文献

Abbott, M. (2006). Standard setting for complex performance assessments: A critical examination of the analytic judgment method. *Alberta Journal of Educational Research, 52* (1), 25-35.

Adams, R., & Wu, M. (Eds.). (2002). *PISA 2000 Technical Report.* OECD.

Ajjawi, R., & Boud, D. (2017). Researching feedback dialogue: An interactional analysis approach. *Assessment & Evaluation in Higher Education, 42* (2), 252-265.

Akaike, H. (1987). Factor analysis and AIC. *Psychometrika, 52* (3), 317-332.

Alderson, C. (1984). Reading in a foreign language: A reading problem or a language problem? In J. C. Alderson & A. H. Urquhart (Eds.), *Reading in a Foreign Language* (pp. 122-135). New York: Longman.

Alderson, C. (1990). Testing reading comprehension skills (part one). *Reading in a Foreign Language, 6* (2), 425-37.

Alderson, C. (1991). Bands and scores. In J. C. Alderson & B. North (Eds.), *Language Testing in the 1990s: The Communicative Legacy* (pp. 71-86). London: Macmillan.

Alderson, C. (2000). *Assessing Reading.* Cambridge: Cambridge University Press.

Alderson, C. (2005). *Diagnosing Foreign Language Proficiency: The Interface between Learning and Assessment.* London: Continuum.

Alderson, C. (2007). The challenge of (diagnostic) testing: Do we know what we are measuring? In J. Fox, M. Wesche, D. Bayliss, L. Cheng, C.

Turner & C. Doe (Eds.), *Language Testing Reconsidered* (pp. 21-39). Ottawa: University of Ottawa Press.

Alderson, C. (2010). "Cognitive diagnosis and Q-matrices in language assessment": A commentary. *Language Assessment Quarterly, 7* (1), 96-103.

Alderson, C., Brunfaut, T., & Harding, L. (2015). Towards a theory of diagnosis in second and foreign language assessment: Insights from professional practice across diverse fields. *Applied Linguistics, 36* (2), 236-260.

Alderson, C., et al. (2004). The development of specifications for item development and classification with the Common European Framework of reference for languages: Learning, teaching, assessment: reading and listening (Final report of the Dutch Construct Project). Unpublished paper.

Alderson, C., & Huhta, A. (2005). The development of a suite of computer-based diagnostic tests based on the Common European Framework. *Language Testing, 22* (3), 301-320.

Alderson, C., & Kremmel, B. (2013). Re-examining the content validation of a grammar test: The (im)possibility of distinguishing vocabulary and structural knowledge. *Language Testing, 30* (4), 535-556.

Alderson, C., & Lukmani, Y. (1989). Cognition and reading: Cognitive levels as embodied in test questions. *Reading in a Foreign Language, 5* (2), 253-270.

Allen, D., & Katayama, A. (2016). Relative second language proficiency and the giving and receiving of written peer feedback. *System, 56,* 96-106.

Anderson, L. W., & Krathwohl, D. R., (2001). *A Taxonomy for Learning, Teaching, and Assessing: A Revision of Bloom's Taxonomy of Educational Objectives.* New York: Longman.

Andrade, H., & Du, Y. (2007). Student responses to criteria-referenced self-assessment. *Assessment and Evaluation in Higher Education, 32* (2), 159-181.

Angoff, W. H. (1971). Scales, norms, and equivalent scores. In R. L.

Thorndike (Ed.), *Educational Measurement* (2nd ed., pp. 508-600). American Council on Education.

Aryadoust, V. (2011). Application of the fusion model to while-listening performance tests. *SHIKEN: JALT Testing & Evaluation SIG Newsletter, 15* (2), 2-9.

Aryadoust, V. (2019a). An integrated cognitive theory of comprehension. *International Journal of Listening, 33* (2), 71-100.

Aryadoust, V. (2019b). Dynamics of item reading and answer changing in two hearings in a computerized while-listening performance test: An eye-tracking study. *Computer Assisted Language Learning, 33* (5-6), 510-537.

Aryadoust, V. (2020). A review of comprehension subskills: A scientometrics perspective. *System, 88*, 102180.

Aryadoust, V. (2021). A cognitive diagnostic assessment study of the listening test of the Singapore-Cambridge General Certificate of Education O-Level: Application of DINA, DINO, G-DINA, HO-DINA, and RRUM. *International Journal of Listening, 35* (1), 29-52.

Aryadoust, V., Ng, L. Y., Foo, S., & Esposito, G. (2020). A neurocognitive investigation of test methods and gender effects in listening assessment. *Computer Assisted Language Learning, 35* (4), 743-763.

Ashton, K. (2010). Comparing proficiency levels in a multi-lingual assessment context. *Research Notes, 41*, 14-15.

Azeez, P. Z., & Al Bajalani, F. R. H. (2018). Effects of mobile assisted language learning on developing Kurdish EFL students: Listening subskills at Koya University. *Koya University Journal of Humanities and Social Sciences, 1* (1), 85-95.

Bachman, L. F. (1990). *Fundamental Considerations in Language Testing*. Oxford: Oxford University Press.

Bachman, L. F., & Palmer, A. S. (1996). *Language Testing in Practice*. Oxford: Oxford University Press.

Bachman, L. F., & Palmer, A. S. (2010). *Language Assessment in Practice*. Oxford: Oxford University Press.

Baghaei, P., & Ravand, H. (2016). Modeling local item dependence in cloze and reading comprehension test items using Testlet Response Theory. *Psicológica, 37* (1), 85-104.

Bahari, A., Zhang, X., & Ardasheva, Y. (2021). Establishing a computer-assisted interactive reading model. *Computers & Education, 172*, 1-15.

Baker, F. B. (1985). *The Basics of Item Response Theory*. Portsmouth: Heinemann.

Baldwin, P. (2018). Some problems with the analytical argument in support of RP67 in the context of the Bookmark standard setting method. *Applied Psychological Measurement, 43* (6), 481-492.

Baldwin, P., et al. (2020). The choice of response probability in bookmark standard setting: An experimental study. *Educational Measurement: Issues and Practice, 39* (1), 37-44.

Balzer, W. K. & Doherty, M. E. (1989). Effects of cognitive feedback on performance. *Psychological Bulletin, 106* (3), 410-433.

Bax, S. (2013). The cognitive processing of candidates during reading tests: Evidence from eye-tracking. *Language Testing, 30* (4), 441-465.

Becker, A. (2016). L2 students' performance on listening comprehension items targeting local and global information. *Journal of English for Academic Purposes, 24*, 1-13.

Bejar, I., et al. (2000). *TOEFL 2000 Listening Framework* (ETS Research Memorandum RM-00-07). Princeton: Educational Testing Service.

Belgrad, S. (2013). Portfolios and e-portfolios: Student reflection, self-assessment, and goal setting in the learning process. In J. H. McMillan (Ed.), *Sage Handbook of Research on Classroom Assessment* (pp. 331-346). SAGE Publications.

Berk, R. A. (1976). Determination of optimal cutting scores in criterion-referenced measurement. *Journal of Experimental Education, 45*, 4-9.

Berk, R. A. (1986). A consumer's guide to setting performance standards on criterion-referenced tests. *Review of Educational Research, 1*, 137-172.

Bernhardt, E. B. (2005). Process and procrastination in second language reading. *Annual Review of Applied Linguistics, 25*, 133-150.

Bingol, M. A., Celik, B., Yildiz, N., & Mart, C. (2014). Listening comprehension difficulties encountered by students in second language learning class. *Journal of Educational and Instructional Studies in the World, 4* (4), 1-6.

Bolt, D. (2007). The present and future of IRT-based cognitive diagnostic models (ICDMs) and related methods. *Journal of Educational Measurement, 44* (4), 377-383.

Bolt, D. (2019). Bifactor MIRT as an appealing and related alternative to CDMs in the presence of skill attribute continuity. In M. von Davier, & Y.-S. Lee (Eds.), *Handbook of Diagnostic Classification Models* (pp. 395-417). Berlin: Springer.

Bolt, D. et al. (2008). The Arpeggio Suite: Software for cognitive skills diagnostic assessment. *St. Paul, MN: Assessment Systems.*

Bolt, D., & Kim, J.-S. (2018). Parameter invariance and skill attribute continuity in the DINA model. *Journal of Educational Measurement, 55* (2), 264-280.

Bradshaw, L. (2015, June 24). PARCC diagnostic assessments for mathematics comprehension: A diagnostic classification model approach. Paper presented at the Council of Chief State School Officers (CC-SSO) 2015 National Conference on Student Assessment (NCSA), San Diego, CA, United States.

Bradshaw, L., & Levy, R. (2019). Interpreting probabilistic classifications from diagnostic psychometric models. *Educational Measurement: Issues and Practice, 38* (2), 79-88.

Bradshaw, L., & Madison, M. (2016). Invariance properties for general diagnostic classification models. *International Journal of Testing, 16* (2), 99-118.

Brandl, K. K. (1995). Strong and weak students' preferences for error feedback options and responses. *Modern Language Journal, 79* (2), 194-211.

Brandon, P. (2014). Conclusions about frequently studied modified Angoff standard-setting topics. *Applied Measurement in Education, 17* (1), 59-88.

Brennan, R. (2004). *Manual for BB-CLASS: A Computer Program That Uses the Beta-Binomial Model for Classification Consistency and Accuracy Version 1.1* [Computer software]. Center for Advanced Studies in Measurement and Assessment.

Brindley, G. (1997). Investigating second language listening ability: Listening skills and item difficulty. In G. Brindley & G. Wigglesworth (Eds.), *Access: Issues in Language Test Design and Delivery* (pp. 65-85). Sydney, Australia: National Centre for English Language Teaching and Research, Macquarie University.

Brindley, G. (1998). Assessing listening abilities. *Annual Review of Applied Linguistics, 18*, 171-191.

Brown, N. A., Dewey, D. P., & Cox, T. L. (2014). Assessing the validity of can-do statements in retrospective (then-now) self-assessment. *Foreign Language Annals, 47* (2), 261-285.

Brownstein, N. C., Louis, T. A., O'Hagan, A., & Pendergast, J. (2019). The role of expert judgment in statistical inference and evidence-based decision-making. *The American Statistician, 73* (sup1), 56-68.

Brunfaut, T., & Révész, A. (2015). The role of task and listener characteristics in second language listening. *TESOL Quarterly, 49* (1), 141-168.

Buchweitz, A., Mason, A., Tomitch, L., & Just, A. (2009). Brain activation for reading and listening comprehension: An fMRI study of modality effects and individual differences in language comprehension. *Psychology and Neuroscience, 2* (2), 111-123.

Buck, G. (1990). The testing of second language listening comprehension [Unpublished doctoral dissertation]. University of Lancaster.

Buck, G. (1992). Listening comprehension: Construct validity and trait characteristics. *Language Learning, 43* (3), 313-357.

Buck, G. (1994). The appropriacy of psychometric measurement models for testing second language listening comprehension. *Language Testing, 11* (2), 145-170.

Buck, G. (2001). *Assessing Listening.* Cambridge: Cambridge University Press.

Buck, G., & Tatsuoka, K. (1998). Application of the rule-space procedure to language testing: Examining attributes of a free response listening test. *Language Testing, 15* (2), 119-157.

Buck, G., Tatsuoka, K., & Kostin, I. (1997a). The subskills of reading: Rule-space analysis of a multiple choice test of second language reading comprehension. *Language Learning, 47* (3), 423-466.

Buck, G., Tatsuoka, K., Kostin, I., & Phelps, M. (1997b). The sub-skills of listening: Rule-space analysis of a multiple-choice test of second language listening comprehension. In A. Huhta, V. Kohonen, L. Kurki-Suonio, & S. Luoma (Eds.), *Current Developments and Alternatives in Language Assessment: Proceedings of LTRC 96* (pp. 589-624). University of Jyväskylä.

Busch, J. C., & Jaeger, R. M. (1990). Influence of type of judge, normative information, and discussion on standards recommended for the National Teacher Examinations. *Journal of Educational Measurement, 27* (2), 145-163.

Butler, D., & Winne, P. H. (1995). Feedback as self-regulated learning: A theoretical synthesis. *Review of Educational Research, 65* (3), 245-281.

Butler, Y. G., & Lee, J. (2010). The effects of self-assessment among young learners of English. *Language Testing, 27* (1), 5-31.

Cai, L. (2010). A two-tier full-information item factor analysis model with applications. *Psychometrika, 75* (4), 581-612.

Cai, L., Thissen, D., & du Toit, S. (2011). *IRTPRO User's Guide.* Scientific Software International, Inc.

Cai, Y., Tu, D., & Ding, S. (2018). Theorems and methods of a complete Q Matrix with attribute hierarchies under restricted Q-matrix design. *Frontiers in Psychology*, *9*, 1413.

Carless, D., & Boud, D. (2018). The development of student feedback literacy: Enabling uptake of feedback. *Assessment & Evaluation in Higher Education*, *43* (8), 1315-1325.

Carroll, J. B. (1972). Defining language comprehension. In R. O. Freedle & J. B. Carroll (Eds.), *Language Comprehension and the Acquisition of Knowledge*. New York: John Wiley & Sons, Inc.

Casanova, D., & Crendal, A. (2011). *Aligning the TEF (Test d'Evaluation de Français) with Different Language Frameworks*. ALTE 4th International Conference.

Center for Applied Linguistics (2019). *WIDA Annual Technical Report for ACCESS for ELLs® 2.0 Online English Language Proficiency Test Series 402, 2017-2018 administration*. WIDA.

Chang, A., Millett, S., & Renandya, W. A. (2019). Developing listening fluency through supported extensive listening practice. *RELC Journal*, *50* (3), 422-438.

Chen, H., & Chen, J. (2016). Retrofitting non-cognitive-diagnostic reading. assessment under the generalized DINA model framework. *Language Assessment Quarterly*, *13* (3), 218-230.

Chen, J., & de la Torre, J. (2013). A general cognitive diagnosis model for expert-defined polytomous attributes. *Applied Psychological Measurement*, *37* (6), 419-437.

Chen, J., de la Torre, J., & Zhang, Z. (2013). Relative and absolute fit evaluation in cognitive diagnosis modeling. *Journal of Educational Measurement*, *50* (2), 123-140.

Choi, H. J. (2010). A model that combines diagnostic classification assessment with mixture item response theory models [Unpublished doctoral dissertation]. University of Georgia.

Choi, I., & Papageorgiou, S. (2020). Evaluating subscore uses across multiple levels: A case of reading and listening subscores for young EFL learners. *Language Testing, 37* (2), 254-279.

Cizek, G. J. (2001). *Setting Performance Standards: Concepts, Methods, and Perspectives*. Mahwah: Lawrence Erlbaum Associates.

Cizek, G. J. (2012). An introduction to contemporary standard setting: Concepts, characteristics, and contexts. In G. J. Cizek (Ed.), *Setting Performance Standards: Foundations, Methods, and Innovations* (2nd ed.) (pp. 3-14). London: Routledge.

Cizek, G. J., & Bunch, M. B. (2007). *Standard Setting: A Guide to Establishing and Evaluating Performance Standards on Tests*. Thousand Oaks: SAGE Publications.

Clark, A. K., Nash, B., Karvonen, M., & Kingston, N. (2017). Condensed mastery profile method for setting standards for diagnostic assessment systems. *Educational Measurement: Issues and Practice, 36* (4), 5-15.

Clarke, M. (1980). The short-circuit hypothesis of ESL reading—or when language competence interferes with reading performance. *Modern Language Journal, 64* (2), 203-209.

Clauser, B. E. et al. (2017). An experimental study of the internal consistency of judgments made in Bookmark standard setting. *Journal of Educational Measurement, 54* (4), 481-497.

Clauser, B. E. et al. (2008). An empirical examination of the impact of group discussion and examinee performance information on judgments made in the Angoff standard-setting procedure. *Applied Measurement in Education, 22* (1), 1-21.

Clauser, B. E. et al. (2009). Judge's use of examinee performance data in an Angoff standard-setting exercise for a medical licensing examination: An experimental study. *Journal of Educational Measurement, 46* (4), 390-407.

Clauser, B. E., Mee, J., & Margolis, M. J. (2013). The effect of data format on integration of performance data into Angoff judgments. *International Journal of Testing, 13* (1), 65-85.

Clauser, J. C., Hambleton, R. K., & Baldwin, P. (2016). The effect of rating unfamiliar items on Angoff passing scores. *Educational and Psychological Measurement, 77* (6), 901-916.

Council of Europe (2001). *Common European Framework of Reference for Languages: Learning, Teaching, Assessment*. Cambridge: Cambridge University Press.

Council of Europe (2009). *Relating Language Examinations to the Common European Framework of Reference for Languages: Learning, Teaching, Assessment—A manual*. https://www.coe.int/en/web/common-european-framework-reference-languages/relating-examinations-to-the-cefr.

Cox, T. L., & Dewey, D. P. (2021). Measuring language development through self-assessment. In P. Winke & T. Brunfaut (Eds.), *The Routledge Handbook of Second Language Acquisition and Language Testing* (pp. 382-390). London: Routledge.

Cutler, A. (2000). Listening to a second language through the ears of a first. *Interpreting, 5* (1), 1-23.

Dallas, A., DeDe, G., & Nicol, J. (2013). An event-related potential (ERP) investigation of filler-gap processing in native and second language speakers. *Language Learning, 63* (4), 766-799.

Davidson, F. (2010). Why is cognitive diagnosis necessary? A reaction. *Language Assessment Quarterly, 7* (1), 104-107.

Davidson, S. (2022). The domain expert perspective: A qualitative study into the views expressed in a standard-setting exercise on a language for specific purposes (LSP) test for health professionals. *Language Testing, 39* (1), 117-141.

Davies, A. (2008). *Assessing Academic English: Testing English Proficiency 1950—98—the IELTS solution*. Cambridge: Cambridge University Press.

Davis, F. B. (1968). Research in comprehension in reading. *Reading Research Quarterly, 3* (4), 499-545.

Davis-Becker, S. L., & Buckendahl, C. W. (2013). A proposed framework for evaluating alignment studies. *Educational Measurement, Issues and Practice, 32* (1), 23-33.

Davis-Becker, S. L., Buckendahl, C. W., & Gerrow, J. (2011). Evaluating the bookmark standard setting method: The impact of random item ordering. *International Journal of Testing, 11* (1), 24-37.

DeCarlo, L. T. (2011). On the analysis of fraction subtraction data: The DINA model, classification, latent class sizes, and the Q-matrix. *Applied Psychological Measurement, 35* (1), 8-26.

de la Torre, J. (2011). The generalized DINA model framework. *Psychometrika, 76* (2), 179-199.

de la Torre, J., & Douglas, J. (2004). Higher-order latent trait models for cognitive diagnosis. *Psychometrika, 69* (3), 333-353.

de la Torre, J., & Lee, Y. S. (2010). A note on the invariance of the DINA model parameters. *Journal of Educational Measurement, 47* (1), 115-127.

de la Torre, J., & Minchen, N. (2014). Cognitively diagnostic assessments and the cognitive diagnosis model framework. *Psicologı´a Educativa, 20* (2), 89-97.

de Jong, J., & Zheng, Y. (2016). Linking to the CEFR: Validation using a priori and a posteriori evidence. In Banerjee, J. & Tsagari, D. (Eds.), *Contemporary Second Language Assessment* (pp. 83-100). London: Bloomsbury Academic.

DeCarlo, L. T. (2011). On the analysis of fraction subtraction data: The DINA model, classification, latent class sizes, and the Q-matrix. *Applied Psychological Measurement, 35* (1), 8-26.

DeMars, C. E. (2013). A tutorial on interpreting bifactor model scores. *International Journal of Testing, 13*, 354-378.

Deniz, F., Nunez-Elizalde, A., Huth, A., & Gallant, J. (2019). The representation of semantic information across human cerebral cortex during listening versus reading is invariant to stimulus modality. *The Journal of Neuroscience, 39*, 7722-7736.

Deygers, B., Gorp, K. V., & Demeester, T. (2018). The B2 level and the dream of a common standard. *Language Assessment Quarterly, 15* (1), 44-58.

Diakidoy, I., Stylianou, P., Karefillidou, C., & Papageorgiou, P. (2005). The relationship between listening and reading comprehension of different types of text at increasing grade levels. *Reading Psychology, 26* (1), 55-80.

DiBello, L., Roussos, L., & Stout, W. (2007). Cognitive diagnosis Part I. In C. R. Rao & S. Sinharay (Eds.), *Handbook of Statistics, Vol. 26: Psychometrics* (pp. 979-1030). Amsterdam: Elsevier.

DiBello, L., Stout, W., & Roussos, L. (1995). Unified cognitive/ psychometric diagnostic assessment likelihood-based classification techniques. In P. Nichols, S. Chipman, & R. Brennan (Eds.), *Cognitively diagnostic assessment* (pp. 361-390). Mahwah: Lawrence Erlbaum Associates.

Dimitrov, D. M. (2022). The response vector for mastery method of standard setting. *Educational and Psychological Measurement, 82* (4), 719-746.

Dimova, S. (2021). *Integrating Testing and Learning Through Formative Feedback*. Paper presented at the 17th European Association for Language Testing and Assessment Conference, Budapest, Hungary (Virtual).

Dimova, S., Yan, X., & Ginther, A. (2020). *Local Language Testing: Design, Implementation, and Ddevelopment*. London: Routledge.

Doe, C. (2015). Student interpretations of diagnostic feedback. *Language Assessment Quarterly, 12* (1), 110-135.

Dunlea, J. (2015). Validating a set of Japanese EFL proficiency tests: Demonstrating locally designed tests meet international standards [Unpublished doctoral dissertation]. University of Bedfordshire.

Dunlea, J. et al. (2019). *China's Standards of English Language Ability (CSE): Linking UK exams to the CSE*. British Council.

Dweck, C. S. (1999). *Self-theories: Their Role in Motivation, Personality, and Development*. Brandon: Psychology Press.

Eckes, T. (2012). Examinee-centered standard setting for large-scale assessments: The prototype group method. *Psychological Test and Assessment Modeling, 3,* 257-283.

Eckes, T. (2017). Setting cut scores on an EFL placement test using the prototype group method: A receiver operating characteristic (ROC) analysis. *Language Testing, 34* (3), 383-411.

Edele, A., Seuring, J., Kristen, C., & Stanat, P. (2015). Why bother with testing? The validity of immigrants' self-assessed language proficiency. *Social Science Research, 52*, 99-123.

Egidi, G., & Caramazza, A. (2013). Cortical systems for local and global integration in discourse comprehension. *Neuroimage, 71* (1), 59-74.

Elder, C., & Read, J. (2015a). Post-entry language assessments in Australia. In J. Read (Ed.), *Assessing English Proficiency for University Study* (pp. 25-46). London: Palgrave Macmillan.

Elder, C., & Read, J. (2015b). Post-entry assessments in other countries. In J. Read (Ed.), *Assessing English Proficiency for University Study* (pp. 70-92). London: Palgrave Macmillan.

Embretson, S. E., & Reise, S. P. (2000). *Item Response Theory for Psychologists*. Mahwah: Lawrence Erlbaum Associates.

Embretson, S. E., & Yang, X. (2013). A multicomponent latent trait model for diagnosis. *Psychometrika, 78* (1), 14-36.

Emons, W. H. M., Sijtsma, K., & Meijer, R. R. (2007). On the consistency of individual classification using short scales. *Psychological Methods, 12* (1), 105-120.

Enright, M. K. et al. (2000). *TOEFL 2000 Reading Framework: A Working Paper* (TOEFL Monograph Series MS-17). Princeton: Educational Testing Service.

Evans, C. (2013). Making sense of assessment feedback in higher education. *Review of Educational Research, 83* (1), 70-120.

Falchikov, N. (2004). Involving students in assessment. *Psychology Learning & Teaching, 3* (2), 102-108.

Fan, J., & Yan, X. (2017). From test performance to language use: Using self-assessment to validate a high-stakes English proficiency test. *The Asia-Pacific Education Researcher, 26*, 61-73.

Faulkner-Bond, M., Wolf, M. K., Wells, C. S., & Sireci, S. G. (2018).

Exploring the factor structure of a K-12 English language proficiency assessment. *Language Assessment Quarterly, 15* (2), 130-149.

Fechter, T. M. & Yoon, H. (2024). Evaluating methodological enhancements to the Yes/No Angoff standard-setting method in language proficiency assessment. *Language Testing*. Advance online publication.

Ferdous, A. A., & Plake, B. S. (2005). The use of subsets of test questions in an Angoff standard-setting method. *Educational and Psychological Measurement, 65* (2), 185-201.

Field, J. (1998). Skills and strategies: Towards a new methodology for listening. *ELT Journal, 52* (2), 110-118.

Field, J. (2004). An insight into listeners' problems: Too much bottom-up or too much top-down? *System, 32* (3), 363-377.

Field, J. (2008). *Listening in the Language Classroom*. Cambridge: Cambridge University Press.

Field, J. (2013). Cognitive validity. In A. Geranpayeh & L. Taylor (Eds). *Examining listening: Research and Practice in Assessing Second L anguage* (pp. 77-151). Cambridge: Cambridge University Press.

Fischer, G. H., & Formann, A. K. (1982). Some applications of logistic latent trait models with linear constraints on the parameters. *Applied Psychological Measurement, 6* (4), 397-416.

Fleckenstein, J. et al. (2020). Linking TOEFL iBT® writing rubrics to CEFR levels: Cut scores and validity evidence from a standard setting study. *Assessing Writing, 43*, 100420.

Fleiss, J. L. (1981). *Statistical Methods for Rates and Proportions* (2nd ed.). New York: John Wiley & Sons, Inc.

Flowerdew, J., & L. Miller. (2005). *Second Language Listening: Theory and Practice*. Cambridge: Cambridge University Press.

Fu, J., & Li, Y. (2007). Cognitively diagnostic psychometric models: An integrative review. Paper presented at the annual meeting of the National Council on Measurement in Education, Chicago.

Furuya, A. (2021). How do listening comprehension processes differ by second language proficiency? Top-down and bottom-up perspectives. *International Journal of Listening, 35* (2), 123-133.

Geisinger, K. F., & McCormick, C. M. (2010). Adopting cut scores: Post-standard-setting panel considerations for decision makers. *Educational Measurement: Issues and Practice, 29* (1), 38-44.

Geranpayeh, A., & Kunnan, A. J. (2007). Differential item functioning in terms of age in the certificate in advanced English examination. *Language Assessment Quarterly, 4* (2), 190-222.

Gernsbacher, M. A., Varner, K. R., & Faust, M. E. (1990). Investigating differences in general comprehension skill. *Journal of Experimental Psychology: Learning, Memory, and Cognition, 16* (3), 430-445.

Gibbs, G., & Simpson, C. (2004). Conditions under which assessment supports students' learning. *Learning and Teaching in Higher Education, 1*, 3-31.

Gierl, M. J., Roberts, M., Alves, C., & Gotzmann, A. (2009). Using judgments from content specialists to develop cognitive models for diagnostic assessments. Paper presented at the annual meeting of National Council on Measurement in Education, San Diego, CA.

Goh, C. C., & Aryadoust, V. (2015). Examining the notion of listening subskill divisibility and its implications for second language listening. *International Journal of Listening, 29* (3), 109-133.

Gomez, P. G. et al. (2007). Proficiency descriptors based on a scale-anchoring study of the new TOEFL iBT reading test. *Language Testing, 24* (3), 417-444.

Government of Canada. (2019). *Language testing-skilled immigrants.* https://www.canada.ca/en/immigratoin-refugees-citizenship/services/immigrate-canada/express-entry/documents/language-requirements/language-testing.

Grabe, W. (2009). *Reading in a Second Language: Moving from Theory to Practice.* Cambridge: Cambridge University Press.

Graham, S. (2003). Learner strategies and advanced level listening comprehension. *Language Learning Journal, 28* (1), 64-69.

Green, A. (2018). Linking tests of English for academic purposes to the

CEFR: The score user's perspective. *Language Assessment Quarterly, 15* (1), 59-74.

Guan, Y. (2014). The effects of explicit listening strategy instruction on the listening comprehension of English as second language (ESL) community college students [Unpublished doctoral dissertation]. University of San Francisco.

Ha, H. T. (2021). Exploring the relationships between various dimensions of receptive vocabulary knowledge and L2 listening and reading comprehension. *Language Testing in Asia, 11* (1), 1-20.

Haberman, S., & von Davier, M. (2006). Some notes on models for cognitively based skills diagnosis. In C. Rao & S. Sinharay (Ed.), *Handbook of Statistics* (pp. 1031-1038). Amsterdam: Elsevier.

Haberman, S., Sinharay, S., & Puhan, G. (2009). Reporting subscores for institutions. *British Journal of Mathematical and Statistical Psychology, 62* (1), 79-95.

Hambleton, R. K. et al. (2000). Setting performance standards on complex educational assessments. *Applied Psychological Measurement, 24* (4), 355-366.

Hambleton, R. K., & Pitoniak, M. J. (2006). Setting performance standards. In R. L. Brennan (Ed.), *Educational Measurement* (4th ed., pp. 433-470). American Council on Education/Praeger.

Hambleton, R. K., Pitoniak, M. J., & Copella, J. M. (2012). Essential steps in setting performance standards on educational tests and strategies for assessing the reliability of results. In G. J. Cizek (Ed.), *Setting Performance Standards: Foundations, Methods, and Innovations* (2nd ed.) (pp. 47-76). London: Routledge.

Hambleton, R. K., & Plake, B. S. (1995). Using an extended Angoff procedure to set standards on complex performance assessments. *Applied Measurement in Education, 8* (1), 41-55.

Hanson, B. A., & Brennan, R. L. (1990). An investigation of classification consistency indexes estimated under alternative strong true score models. *Journal of Educational Measurement, 27* (4), 345-359.

Harding, L., Alderson, C., & Brunfaut, T. (2015). Diagnostic assessment of reading and listening in a second or foreign language: Elaborating on diagnostic principles. *Language Testing, 32* (3), 317-336.

Harsch, C. (2018). How suitable is the CEFR for setting university entrance standards? *Language Assessment Quarterly, 15* (1), 102-108.

Harsch, C., & Hartig. J. (2015). What are we aligning tests to when we report test alignment to the CEFR? *Language Assessment Quarterly, 12* (4), 333-362.

Harsch, C., & Kanistra, V. P. (2020). Using an innovative standard-setting approach to align integrated and independent writing tasks to the CEFR. *Language Assessment Quarterly, 17* (3), 262-281.

Hartz, S. M. (2002). A Bayesian framework for the unified model for assessing cognitive abilities: Blending theory with practicality [Unpublished doctoral dissertation]. University of Illinois at Urbana-Champaign.

Hasan, A. (2000). Learners' perceptions of listening comprehension problems. *Language Culture and Curriculum, 13* (2), 137-153.

Hattie, J., & Timperley, H. (2007). The power of feedback. *Review of Educational Research, 77* (1), 81-112.

He, L., & Chen, D. (2017). Developing common listening ability scales for Chinese learners of English. *Language Testing in Asia, 7* (4), 1-12.

He, L., Jiang, Z., & Min, S. (2021). Diagnosing writing ability using China's Standards of English Language Ability: Application of cognitive diagnosis models. *Assessing Writing, 50,* 100565.

Henning, G. (1992). Dimensionality and construct validity of language tests. *Language Testing, 9* (1), 1-11.

Henson, R., & Douglas, J. (2005). Test construction for cognitive diagnosis. *Applied Psychological Measurement, 29* (4), 262-277.

Hersch, J., & Andrews, S. (2012). Lexical quality and reading skill: Bottom-up and top-down contributions to sentence processing. *Scientific Studies of Reading, 16* (3), 240-262.

Hessamy, G., & Sadeghi, S. (2013). The relative difficulty and significance of reading skills. *International Journal of English Language Education*, *1* (3), 208-222.

Hildyard, A., & Olson, D. R. (1978). Memory and inference in the comprehension of oral and written discourse? *Discourse Processes*, *1* (2), 91-117.

Hildyard, A., & Olson, D. R. (1982). On the comprehension and memory of oral vs. written discourse. In Tannen, D. (Ed.), *Spoken and Written Language: Exploring Orality and Literacy* (pp. 19-33). Ablex.

Holzknecht, F. et al. (2017). Looking into listening: Using eye-tracking to establish the cognitive validity of the Aptis Listening Test (ARAGs Research Reports). British Council.

Hoover, W., & Gough, P. (1990). The simple view of reading. *Reading and Writing*, *2* (2), 127-160.

Hsieh, M. (2013). An application of Multifaceted Rasch measurement in the Yes/No Angoff standard setting procedure. *Language Testing*, *30* (4), 491-512.

Hudson, T. (2007). *Teaching Second Language Reading*. Oxford: Oxford University Press.

Huebner, A., Finkelman, M., & Weissman, A. (2018). Factors affecting the classification accuracy and average length of a variable-length cognitive diagnostic computerized test. *Journal of Computerized Adaptive Testing*, *6* (1), 1-14.

Hurtz, G. M., & Auerbach, M. A. (2003). A meta-analysis of the effects of modifications to the Angoff method on cutoff scores and judgment consensus. *Educational and Psychological Measurement*, *63* (4), 584-601.

Hyatt, D., & Brooks, G. (2009). Investigating stakeholders' perceptions of IELTS as an entry requirement for higher education in the UK (IELTS Research Reports, Vol. 10). IELTS Australia.

Iaconangelo, C. (2017). Uses of classification error probabilities in the three-step approach to estimating cognitive diagnosis models [Unpublished doctoral dissertation]. Rutgers University.

Ilc, G., Gabrovec, V. R., & Stopar A. (2014). Relating the Slovenian Secondary School English Language National Examinations to the CEFR: Findings and implications. *Linguistica, 1,* 293-308.

Impara, J. C., & Plake, B. S. (1997). Standard setting: An alternative approach. *Journal of Educational Measurement, 34* (4), 353-366.

Jaeger, R. (1989). Certification of student competence. In R. L. Linn (Ed.), *Educational Measurement* (3rd ed., pp. 485-514). London: Collier Macmillan.

Jang, E. E. (2008). A framework for cognitive diagnostic assessment. In C. A. Chapelle, Y. R. Chung & J. Xu (Eds.), *Towards Adaptive CALL: Natural Language Processing for Diagnostic Language Assessment* (pp. 117-131).

Jang, E. E. (2009). Cognitive diagnostic assessment of L2 reading comprehension ability: Validity arguments for applying Fusion Model to LanguEdge assessment. *Language Testing, 26* (1), 31-73.

Jang, E. E. (2010). Demystifying a Q-matrix for making diagnostic inferences about L2 reading skills: The author responds. *Language Assessment Quarterly, 7* (1), 116-117.

Jang, E. E., et al. (2015). How do young students with different profiles of reading skill mastery, perceived ability, and goal orientation respond to holistic diagnostic feedback? *Language Testing, 32* (3), 359-383.

Jang, E. E., et al. (2013). Elementary school ELLs' reading skill profiles using cognitive diagnosis modeling: Roles of length of residence and home language environment. *Language Learning, 63* (3), 400-436.

Jang, E. E., et al. (2019). Improving IELTS reading test score interpretations and utilisation through cognitive diagnosis model-based skill profiling (IELTS Research Reports Online Series No. 2). British Council, Cambridge Assessment English and IDP: IELTS Australia.

Javidanmehr, Z., & Sarab, A. M. R. (2019). Retrofitting non-diagnostic reading comprehension assessment: Application of the G-DINA model to a high stakes reading comprehension test. *Language Assessment Quarterly, 16* (3), 294-311.

Jin, Y., & Wu, Z. (2014). Developing the common Chinese framework of reference: Challenges at macro and micropolitical levels. Paper presented at the 36th Language Testing Research Colloquium, VU University Amsterdam, the Netherlands.

Jin, Y., Wu, Z., Alderson, C., & Song, W. (2017). Developing the China Standards of English: Challenges at macropolitical and micropolitical levels. *Language Testing in Asia, 7* (1), 1-19.

Johnson, M. S., & Sinharay, S. (2018). Measures of agreement assess attribute-level classification accuracy and consistency for cognitive diagnostic assessments. *Journal of Educational Measurement, 55* (4), 635-664.

Junker, B., & Sijtsma, K. (2001). Cognitive assessment models with few assumptions, and connections with non-parametric item response theory. *Applied Psychological Measurement, 25* (3), 258-272.

Kaftandjieva, F. (2009). Basket procedure: The breadbasket or the basket case of standard setting methods? In N. Figueras & J. Noijons (Eds.) *Linking to the CEFR levels: Research perspectives* (pp. 21-34). CITO/ EALTA, 21-34.

Kaftandjieva, F. (2010). Methods for setting cut scores in criterion-referenced achievement tests: A comparative analysis of six recent methods with an application to tests of reading in EFL. EALTA.

Kahl, S. R., Crockett, T. J., & DePascale, C. A. (1994, June). Using actual student work to determine cut-scores for proficiency levels: New methods for new tests. Paper presented at the National Conference on Large-Scale Assessment, Albuquerque.

Kahneman, D. (2011). *Thinking, Fast and Slow.* Farrar, Straus & Giroux.

Kane, M. (2001). Current concerns in validity theory. *Journal of Educational Measurement, 38*, 319-342.

Kane, M. (2012). Validating score interpretations and uses. *Language Testing, 29* (1), 3-17.

Kane, M. (2013). Validating the interpretations and uses of test scores. *Journal of Educational Measurement, 50* (1), 1-73.

Karelitz, T. M. (2008). How binary skills obscure the transition from non-mastery to mastery. *Measurement: Interdisciplinary Research & Perspective, 6* (4), 268-272.

Kenyon, D. M. (2012). Using Bachman's Assessment Use Argument as a tool in conceptualizing the issues surrounding linking ACTFL and CEFR. In E. Tschirner (Ed.), *Aligning Frameworks of Reference in Language Testing: The ACTFL Proficiency Guidelines and the Common European Framework of Reference for Languages* (pp. 23-34). Tübingen: Stauffenburg Verlag.

Kenyon, D. M., & Römhild, A. (2013). Standard setting in language testing. In A. J. Kunnan (Ed.), *The Companion to Language Assessment* (pp. 944-961). New York: John Wiley & Sons, Inc.

Kim, A.-Y. (2015). Exploring ways to provide diagnostic feedback with an ESL placement test: Cognitive diagnostic assessment of L2 reading ability. *Language Testing, 32* (2), 227-258.

Kim, S. Y., Lee, W. C., & Kolen, M. J. (2020). Simple-structure multidimensional item response theory equating for multidimensional tests. *Educational and Psychological Measurement,* 1-35.

Kim, Y. (2016). Direct and mediated effects of language and cognitive skills on comprehension of oral narrative texts (listening comprehension) for children. *Journal of Experimental Child Psychology, 141,* 101-120.

Kim, Y. H. (2011). Diagnosing EAP writing ability using the reduced reparameterized unified model. *Language Testing, 28* (4), 509-541.

Kingston, N. M., Kahl, S. R., Sweeney, K., & Bay, L. (2001). Setting performance standards using the Body of Work method. In G. J. Cizek (Ed.), *Standard Setting: Concepts, methods, and perspectives* (pp. 219-248). Mahwah: Lawrence Erlbaum Associate.

Kingston, N. M., & Tiemann, G. C. (2012). Setting performance standards on complex assessments: The body of work method. In G. J. Cizek

(Ed.), *Setting Performance Standards: Foundations, Methods, and Innovations* (2nd ed., pp. 201-224). London: Routledge.

Kirkpatrick, R., Wang, C., Shin, C., Chien, Y., & Goodman, J. (2013). Profile classification for cognitive diagnostic assessment: A simulation study. Paper presented at the annual meeting of the National Council on Measurement in Education, San Francisco.

Klem, M., Gustafsson, J.-E., & Hagtvet, B. (2015). The dimensionality of language ability in four-year-olds: Construct validation of a language screening tool. *Scandinavian Journal of Educational Research, 59,* 195-213.

Koffler, S. L. (1980). A comparison of approaches for setting proficiency standards. *Journal of Educational Measurement, 17,* 167-178.

Köhn, H., & Chiu, C. (2016). A proof of the duality of the DINA model and the DINO model. *Journal of Classification, 33,* 171-184.

Kozaki, Y. (2010). An alternative decision-making procedure for performance assessments: Using the Multifaceted Rash Model to generate cut estimates. *Language Assessment Quarterly, 7* (1), 75-95.

Kunnan, A. J. (2004). Test fairness. In M. Milanovic & C. Weir (Eds.), *European Year of Languages Conference Papers, Barcelona* (pp. 27-48). Cambridge: Cambridge University Press.

Kunnan, A. J. (2008). Large scale language assessments. In E. Shohamy & N. H. Hornberger (Eds.), *Encyclopedia of Language and Education, Vol. 7: Language Testing and Assessment* (2nd ed., pp. 135-155). Berlin: Springer.

Kunnan, A. J., & Jang, E. E. (2009). Diagnostic feedback in language assessment. In M. H. Long & C. J. Doughty (Eds.), *The Handbook of Language Teaching* (pp. 610-627). Malden, MA: Blackwell.

Language and Reading Research Consortium, Jiang, H., & Farquharson, K. (2018). Are working memory and behavioral attention equally important for both reading and listening comprehension? A developmental comparison. *Reading and Writing, 31* (14), 1449-1477.

Lee, G., & Lewis, D. M. (2008). A generalizability theory approach to standard error estimates for bookmark standard settings. *Educational and Psychological Measurement, 68* (4), 603-620.

Lee, Y. (2015). Diagnosing diagnostic language assessment. *Language Testing, 32* (3), 299-316.

Lee, Y., & Sawaki, Y. (2009a). Cognitive diagnosis approaches to language assessment: An overview. *Language Assessment Quarterly, 6* (3), 172-189.

Lee, Y., & Sawaki, Y. (2009b). Application of three cognitive diagnosis models to ESL reading and listening assessments. *Language Assessment Quarterly, 6* (3), 239-263.

Lei, P. W., & Li, H. (2016). Performance of fit indices in choosing correct cognitive diagnostic models and Q-matrices. *Applied Psychological Measurement, 40* (6), 405-417.

Leighton, J. P. (2019). Students' interpretation of formative assessment feedback: Three claims for why we know so little about something so important. *Journal of Educational Measurement, 56* (4), 793-814.

Leighton, J. P., Gierl, M. J., & Hunka, S. M. (2004). The attribute hierarchy model for cognitive assessment: A variation on Tatsuoka's rule-space approach. *Journal of Educational Measurement, 41* (3), 205-237.

Leighton, J. P., & Gierl, M. J. (2007). *Cognitive Diagnostic Assessment for Education: Theory and Applications*. Cambridge: Cambridge University Press.

Leonard, K. (2020). Examining the relationship between decoding and comprehension in L2 listening. *System, 87*, 102150.

Lesaux, N., Kieffer, M., Faller, S., & Keller, J. (2010). The effectiveness and ease of implementation of an academic vocabulary intervention for linguistically diverse students in urban middle schools. *Reading Research Quarterly, 45* (2), 196-228.

Lewis, D. M., et al. (1998). The bookmark standard setting procedure: Methodology and recent implementations. Paper presented at the annual meeting of the National Council on Measurement in Education, San Diego, CA.

Lewis, D. M., Mitzel, H. C., & Green, D. R. (1996). Standard setting: A bookmark approach. In D. R. Green (Chair). *IRT-based Standard Setting Procedures Utilizing Behavioural Anchoring.* Symposium conducted at the Council of Chief State School Officers National Conference on Large-Scale Assessment, Phoenix, AZ.

Lewis, D. M., et al. (2012). The bookmark standard setting procedure. In G. J. Cizek (Ed.). *Setting Performance Standards. Foundations, Methods, and Innovations* (2nd ed., pp. 225-253). London: Routledge.

Li, C. (2019). Using a listening vocabulary levels test to explore the effect of vocabulary knowledge on GEPT listening comprehension performance. *Language Assessment Quarterly, 16* (3), 328-344.

Li, H., Hunter, C. V., & Lei, P-W. (2016). The selection of cognitive diagnostic models for a reading comprehension test. *Language Testing, 33* (3), 391-409.

Li, H., & Suen, H. K. (2013). Detecting native language group differences at the subskills level of reading: A differential skill functioning approach. *Language Testing, 30* (2), 273-298.

Li, M., & Kirby, J. (2015). The effect of vocabulary breadth and depth on English reading. *Applied Linguistics, 36* (5), 611-634.

Li, M., & Zhang, X. (2021). A meta-analysis of self-assessment and language performance in language testing and assessment. *Language Testing, 38* (2), 189-208.

Li, X., & Wang, W.-C. (2015). Assessment of differential item functioning under cognitive diagnosis models: The DINA model example. *Journal of Educational Measurement, 52* (1), 28-54.

Liang, Q., de la Torre, J., & Law, N. (2021). Do background characteristics matter in Children's mastery of digital literacy? A cognitive diagnosis model analysis. *Computers in Human Behavior, 122,* 106850.

Liao, C.-W. (2010). *TOEIC® Listening and Reading Test scale anchoring study* (ETS Research Report TC-10-05). Princeton: Educational Testing Service.

Lim, G. S., Geranpayeh, A., Khalifa, H., & Buckendahl, C. W. (2013).

Standard setting to an International Reference Framework: Implications for theory and practice. *International Journal of Testing, 13* (1), 32-49.

Linacre, J. M. (2002). What do infit and outfit, mean-square and standardized mean. *Rasch Measurement Transactions, 16* (2), 878.

Linacre, J. M. (2013). *A User's Guide to FACETS (3.71.0)*. MESA Press.

Liu, R., Huggins-Manley, A. C., & Bulut, O. (2018). Retrofitting diagnostic classification models to responses from IRT-based assessment forms. *Educational and Psychological Measurement, 78* (3), 357-383.

Liu, R., Qian, H., Luo, X., & Woo, A. (2018). Relative diagnostic profile: A subscore reporting framework. *Educational and Psychological Measurement, 78* (6), 1072-1088.

Liu, Y., Li, Z., & Liu, H. (2019). Reporting valid and reliable overall scores and domain scores using bi-factor model. *Applied Psychological Measurement, 43* (7), 562-576.

Livingston, S. A., & Zieky, M. J. (1982). *Passing Scores: A manual for Setting Standards of Performance on Educational and Occupational Tests*. Princeton: Educational Testing Service.

Livingston, S. A., & Lewis, C. (1995). Estimating the consistency and accuracy of classifications based on test scores. *Journal of Educational Measurement, 32* (2), 179-197.

Lumley, T. (1993). The notion of subskills in reading comprehension tests: An EAP example. *Language Testing, 10* (3), 211-234.

Lund, R. J. A. (1991). Comparison of second language listening and reading comprehension. *The Modern Language Journal, 75* (2), 196-204.

Lunzer, E., & Gardner, K. (1979). *The Effective Use of Reading*. London: Heinemann Educational Books Ltd.

Ma, W., & de la Torre, J. (2020). GDINA: The generalized DINA model framework. R package version 2.8.0. Retrieved from https://CRAN. R-project.org/package=GDINA.

Ma, W., de la Torre, J., Sorrel, M., & Jiang, Z. (2020). *Package 'GDINA'* [Computer software]. https://cran.r-project.org/web/packages/GDINA/ GDINA.pdf.

Ma, W., & Winke, P. (2019). Self-assessment: How reliable is it in assessing oral proficiency over time? *Foreign Language Annals, 52* (1), 66-86.

Maier, U., Wolf, N., & Randler, C. (2016). Effects of a computer-assisted formative assessment intervention based on multiple-tier diagnostic items and different feedback types. *Computers & Education, 95*, 85-98.

Malabonga, V., Kenyon, D. M., & Carpenter, H. (2005). Self-assessment, preparation and response time on a computerized oral proficiency test. *Language Testing, 22* (1), 59-92.

Manias, E., & McNamara, T. (2016). Standard setting in specific-purpose language testing: What can a qualitative study add? *Language Testing, 33* (2), 235-249.

Martyniuk, W. (2010). *Aligning Tests with the CEFR: Reflections on using the Council of Europe's draft Manual.* Cambridge: Cambridge University Press.

Mason, A., & Singh, C. (2010). Do advanced physics students learn from their mistakes without explicit intervention? *American Journal of Physics, 78* (7), 760-767.

Maydeu-Olivares, A., & Joe, H. (2014). Assessing approximate fit in categorical data analysis. *Multivariate Behavioral Research, 49* (4), 305-328.

McGinty, D. (2005). Illuminating the "black box" of standard setting: An exploratory qualitative study. *Applied Measurement in Education, 18* (3), 269-287.

McLean, S., Kramer, B., & Beglar, D. (2015). The creation and validation of a listening vocabulary levels test. *Language Teaching Research, 19* (6), 741-760.

McNamara, D. S. (2007). *Reading Comprehension Strategies: Theories, Interventions, and Technologies.* Mahwah: Lawrence Erlbaum Association.

McNamara, D. S., & Magliano, J. (2009). Toward a comprehensive model of comprehension. *Psychology of Learning and Motivation, 51,* 297-384.

McNamara, T. (1996). *Measuring Second Language Performance.* New York: Longman.

McNeil, L. (2012). Extending the compensatory model of second language reading. *System, 40* (1), 64-76.

Mee, J., Clauser, B. E., & Margolis, M. J. (2013). The impact of process instructions on judges' use of examinee performance data in Angoff standard setting exercises. *Educational Measurement: Issues and Practice, 32* (3), 27-35.

Mehrpour, S., & Rahimi, M. (2010). The impact of general and specific vocabulary knowledge on reading and listening comprehension: A case of Iranian EFL learners. *System, 38* (2), 292-300.

Mellenbergh, G. L. (2019). *Counteracting Methodological Errors in Behavioral Research.* Berlin: Springer.

Milanovic, M., & Weir, C. J. (2010). Series editors' note. In W. Martyniuk (Ed.), *Relating Language Examinations to the Common European Framework of Reference for Languages: Case Studies and Reflections on the Use of the Council of Europe's Draft Manual* (pp. viii-xx). Cambridge: Cambridge University Press.

Min, S., & He, L. (2014). Applying unidimensional and multidimensional item response theory models in testlet-based reading assessment. *Language Testing, 31* (4), 453-477.

Min, S., & He, L. (2022). Developing individualized feedback for listening assessment: Combining standard setting and cognitive diagnostic assessment approaches. *Language Testing, 39* (1), 90-116.

Min, S., Cai, H., & He, L. (2022). Application of bi-factor MIRT and higher-order CDM models to an in-house EFL listening test for diagnostic purposes. *Language Assessment Quarterly, 19* (2), 189-213.

Mirzaei, A., Vincheh, M. H., & Hashemian, M. (2020). Retrofitting the IELTS reading section with a general cognitive diagnostic model in an

Iranian EAP context. *Studies in Educational Evaluation, 64*, 1-10.

Moeller, A., & Yu, F. (2015). NCSSFL-ACTFL can-do statements: An effective tool for improving language learning within and outside the classroom. In P. Swanson (Ed.), *Dimension 2015* (pp. 50-69). SCOLT.

Morin, A. J. S., Arens, A. K., & Marsh, H. W. (2016). A bifactor exploratory structural equation modeling framework for the identification of distinct sources of construct-relevant psychometric multidimensionality. *Structural Equation Modeling: A Multidisciplinary Journal, 23* (1), 116-139.

Murphy, K. P. (2012). *Machine learning: A probabilistic perspective.* Cambridge: The MIT Press.

Murphy, K., Language and Reading Research Consortium, & Farquharson, K. (2016). Investigating profiles of lexical quality in preschool and their contribution to first grade reading. *Reading and Writing: An Interdisciplinary Journal, 29*, 1745-1770.

Musek, J. (2017). *The General Factor of Personality.* Pittsburg: Academic Press.

Nassaji, H. (2002). Schema theory and knowledge-based processes in second language reading comprehension: A need for alternative perspectives. *Language Learning, 52* (2), 439-481.

Nassaji, H. (2003). Higher-level and lower-level text processing skills in advanced ESL reading comprehension. *The Modern Language Journal, 87* (2), 261-276.

Newton, J. (2017). Comprehending misunderstanding. *ELT Journal, 71* (2), 237-244.

Neyman, J., & Pearson, E. S. (1992). On the problem of the most efficient tests of statistical hypotheses. In S. Kotz & N. L. Johnson (Eds.), *Breakthroughs in statistics* (pp. 73-108). Berlin: Springer.

Nichols, P. D. (1994). A framework for developing cognitively diagnostic assessments. *Review of Educational Research, 64* (4), 575-603.

Nicol, D. J., & Macfarlane-Dick, D. (2006). Formative assessment and self-regulated learning: A model and seven principles of good feedback practice. *Studies in Higher Education, 31* (2), 199-218.

Nix, J. (2016). Measuring latent listening strategies: Development and validation of the EFL listening strategy inventory. *System, 57,* 79-97.

North, B. (2000a). Linking language assessments: An example in a low stakes context. *System, 28,* 555-577.

North, B. (2000b). *The Development of a Common Framework Scale of Language Proficiency.* New York: Peter Lang.

North, B. (2014). *The CEFR in Practice.* Cambridge: Cambridge University Press.

North, B., & Piccardo, E. (2018). *Aligning the Canadian Language Benchmarks (CLB) to the Common European Framework of Reference (CEFR)* [Research report]. https://www.language.ca/wp-content/uploads/2019/01/Aligning-the-CLB-and-CEFR.pdf.

Nunan, D., & Miller, L. (1997). New ways in teaching listening. *Modern Language Journal, 80* (1), 104.

O'Malley, J. M., Chamot, A., & Küpper, L. (1989). Listening comprehension strategies in second language acquisition. *Applied Linguistics, 11* (4), 418-437.

O'Sullivan, B. (2010). The City & Guilds Communicator examination linking project: A brief overview with reflections on the process. In W. Martyniuk (Ed.), *Aligning Tests with the CEFR, Studies in Language Testing 33* (pp. 33-49). Cambridge: Cambridge University Press.

O'Sullivan, B. (2015). *Linking the Aptis Reporting Scales to the CEFR* [Technical Report TR/2015/003]. British Council.

O'Sullivan, B., Wu, S., Liu, J., & Dunlea, J. (2020). Linking the Aptis test to China's standards of English language ability. In R. M. Damerow & K. M. Bailey (Eds.), *Chinese-speaking Learners of English: Research, Theory, and Practice.* London: Routledge.

Oh, E. (2016). Comparative studies on the roles of linguistic knowledge and sentence processing speed in L2 listening and reading comprehension in an EFL tertiary setting. *Reading Psychology, 37* (2), 257-285.

Oral English Proficiency Program. (2015). *The Oral English Proficiency Test. (OEPT.3).* Purdue University.

Oral English Proficiency Program. (2019). *OEPT Technical Manual*. Purdue University.

Pae, T. (2004). DIF for examinees with different academic backgrounds. *Language Testing, 21* (1), 53-73.

Papageorgiou, S. (2010). Investigating the decision-making process of standard setting participants. *Language Testing, 27* (2), 261-282.

Papageorgiou, S., & Choi, I. (2018). Adding value to second-language listening and reading sub-scores: Using a score augmentation approach. *International Journal of Testing, 18* (3), 207-230.

Papageorgiou, S., & Tannenbaum, R. J. (2016). Situating standard setting within argument-based validity. *Language Assessment Quarterly, 13* (2), 109-123.

Papageorgiou, S., Tannenbaum, R. J., Bridgeman, B., & Cho, Y. (2015). *The Association Between TOEFL iBT® Test Scores and the Common European Framework of Reference (CEFR) levels* (ETS Research Memorandum No. RM-15-06). Princeton: Educational Testing Service.

Papageorgiou, S. et al. (2019). *Mapping the TOEFL iBT® Test Scores to China's Standards of English Language Ability: Implications for Score Interpretation and Use* (TOEFL Research Report No. 89). Princeton: Educational Testing Service.

Papageorgiou, S., Xi, X., Morgan, R., & So, Y. (2015). Developing and validating band levels and descriptors for reporting overall examinee performance. *Language Assessment Quarterly, 12* (2), 153-177.

Park, G.-P. (2004). Comparison of L2 listening and reading comprehension by university students learning English in (South) Korea. *Foreign Language Annals, 37* (3), 448-458.

Park, H., & Kim, D. (2011). Reading-strategy use by English as a second language learners in online reading tasks. *Computers and Education, 57* (3), 2156-2166.

Perfetti, C. (2007). Reading ability: Lexical quality to comprehension. *Scientific Studies of Reading, 11* (1), 357-383.

Perfetti, C., & Stafura, J. (2014). Word knowledge in a theory of reading comprehension. *Scientific Studies of Reading, 18* (1), 22-37.

Perie, M., & Thurlow, M. (2012). Setting achievement standards on assessments for students with disabilities. In G. J. Cizek (Ed.), *Setting Performance Standards: Foundations, Methods, and Innovations* (2nd ed., pp. 347-377). London: Routledge.

Pill, J., & McNamara, T. (2016). How much is enough? Involving occupational experts in setting standards on a specific-purpose language test for health professionals. *Language Testing, 33* (2), 217-234.

Plake, B. S. (2008). Standard setters: Stand up and take a stand. *Educational Measurement: Issues and Practice, 1*, 3-9.

Plake, B. S., & Cizek, G. J. (2012). Variations on a theme: The Modified Angoff, Extended Angoff, and Yes/No standard setting methods. In G. J. Cizek (Ed.), *Setting Performance Standards: Foundations, Methods, and Innovations* (2nd ed.) (pp. 181-199). London: Routledge.

Plake, B. S., & Hambleton, R. K. (2001). The analytic judgment method for setting standards on complex performance assessments. In G. J. Cizek (Ed.), *Setting Performance Standards: Concepts, Methods, and Perspectives* (pp. 283-312). Mahwah: Lawrence Erlbaum Associates.

Plake, B. S., Impara, J., & Potenza, M. (1994). Content specificity of expert judges in a standard setting study. *Journal of Educational Measurement, 31* (4), 339-347.

Popham, J. (2008). *Transformative Assessment*. Association for Supervision and Curriculum Development.

Powers, D., Schedl, M., & Papageorgiou, S. (2017). Facilitating the interpretation of English language proficiency scores: Combining scale anchoring and test score mapping methodologies. *Language Testing, 34* (2), 175-195.

Priebe, S. J., Keenan, J. M., & Miller, A. C. (2012). How prior knowledge affects word identification and comprehension. *Reading and Writing, 25* (1), 131-149.

Proctor, C., Carlo, M., August, D., & Snow, C. (2005). Native Spanish-speaking children reading in English: Toward a model of comprehension. *Journal of Educational Psychology, 97* (2), 246-256.

Qian, D. (2002). Investigating the relationship between vocabulary knowledge and academic reading performance: An assessment perspective. *Language Learning, 52* (3), 513-536.

Ranjbaran, F., & Alavi, S. M. (2017). Developing a reading comprehension test for cognitive diagnostic assessment: A RUM analysis. *Studies in Educational Evaluation, 55,* 167-179.

Ravand, H. (2016). Application of a cognitive diagnostic model to a high-stakes reading comprehension test. *Journal of Psychoeducational Assessment, 34* (8), 782-799.

Ravand, H., & Robitzsch, A. (2018). Cognitive diagnostic model of best choice: A study of reading comprehension. *Educational Psychology, 38* (10), 1255-1277.

Ravand, H., Barati, H., & Widhiarso, W. (2012). Exploring diagnostic capacity of a high stakes reading comprehension test: A pedagogical demonstration. *Iranian Journal of Language Testing, 3* (1), 12-37.

Reckase, M. (1979). Unifactor latent trait models applied to multifactor tests: Results and implications. *Journal of Educational and Behavioral Statistics, 4* (3), 207-230.

Reckase, M. (2009). Standard setting theory and practice: Issues and difficulties. In N. Figueras & J. Noijons (Eds.), *Linking to the CEFR levels: Research Perspectives* (pp. 13-21). EALTA.

Reise, S. P. (2012). The rediscovery of bifactor measurement models. *Multivariate Behavioral Research, 47,* 667-696.

Reise, S. P., Cook, K. F., & Moore, T. M. (2014). Evaluating the impact of multidimensionality on unidimensional item response theory model parameters. In S. P. Reise, & D. A. Revicki (Eds.), *Handbook of Item Response Theory Modeling: Applications to Typical Performance Assessment* (pp. 13-40). London: Routledge.

Reves, T., & Levine, A. (1988). The FL receptive skills: same or different? *System, 16* (3), 327-336.

Richards, J. (1983). Listening comprehension: Approach, design, procedure. *TESOL Quarterly, 17* (2), 219-240.

Richards, L. (2009). *Handling Qualitative Data* (2nd ed.). Thousand Oaks: SAGE Publications.

Rijmen, F. (2010). Formal relations and an empirical comparison among the bi-factor, the testlet, and a second-order multidimensional IRT model. *Journal of Educational Measurement, 47* (3), 361-372.

Roberts, M. R., & Gierl, M. J. (2010). Developing score reports for cognitive diagnostic assessments. *Educational Measurement: Issues and Practice, 29* (3), 25-38.

Ross, S. (1998). Self-assessment in second language testing: A meta-analysis and analysis of experiential factors. *Language Testing, 15* (1), 1-20.

Rost, M. (2002). *Teaching and Researching Listening.* New York: Longman.

Rost, M. (2016). *Teaching and Researching Listening* (3rd ed.). New York: Longman, Routledge.

Rumelhart, D. E. (1975). Notes on a schema for stories. In D. G. Bobrow, & A. Collins (Eds.). *Representation & Understanding: Studies in Cognitive Science* (pp. 211-236). Pittsburg: Academic Press.

Rumelhart, D. E. (1980). Schemata: The building blocks of cognition. In R. J. Spiro, B. C. Bruce, & W. F. Brewer (Eds.), *Theoretical Issues in Reading Comprehension* (pp. 33-58). Hillsdale, NJ: Lawrence Erlbaum Associates.

Rupp, A. A. (2007). The answer is in the question: A guide for describing and investigating the conceptual foundations and statistical properties of cognitive psychometric models. *International Journal of Testing, 7* (2), 95-125.

Rupp, A. A. & Templin, J. (2008). The effects of Q-matrix misspecification on parameter estimates and classification accuracy in the DINA model. *Educational and Psychological Measurement, 68* (1), 78-96.

Rupp, A. A., Templin, J., & Henson, R. A. (2010). *Diagnostic measurement: Theory, Methods, and Applications.* New York: Guilford Press.

Ryan, R. M. (1982). Control and information in the intrapersonal sphere: An extension of cognitive evaluation theory. *Journal of Personality and Social Psychology, 43* (3), 450-461.

Sadler, R. D. (2010). Indeterminacy in the use of preset criteria for assessment in grading in higher education. *Assessment and Evaluation in Higher Education, 34*, 159-179.

Samuels, S. J. (1987). Factors that influence listening and reading comprehension. In R. Horowitz & S. J. Samuels (Eds.), *Comprehending Oral and Written Language* (pp. 295-325). Pittsburg: Academic Press.

Sawaki, Y., & Koizumi, R. (2017). Providing test performance feedback that bridges assessment and instruction: The case of two standardized English language tests in Japan. *Language Assessment Quarterly, 14* (3), 234-256.

Sawaki, Y., Kim, H. J. & Gentile, C. (2009). Q-Matrix construction: Defining the link between constructs and test Items in large-scale reading and listening comprehension assessments. *Language Assessment Quarterly, 6* (3), 190-209.

Schmitt, N., Jiang, X., & Grabe, W. (2011). The percentage of words known in a text and reading comprehension. *The Modern Language Journal, 95* (1), 26-43.

Schoonen, R. (2019). Are reading and writing building on the same skills? The relationship between reading and writing in L1 and EFL. *Reading and Writing, 32*, 511-535.

Schunk, D. H., & Zimmerman, B. J. (2007). Influencing children's self-efficacy and self-regulation of reading and writing through modeling. *Reading & Writing Quarterly, 23* (1), 7-25.

Schwarz, G. (1978). Estimating the dimension of a model. *Annals of Statistics, 6* (2), 461-464.

Serraj, S. (2015). Listening anxiety in Iranian EFL learners. *International Journal of Scientific and Research Publications, 5* (6), 1-8.

Shafipoor, M., Ravand, H., & Maftoon, P. (2021). Test-level and item-level model fit comparison of general vs. specific diagnostic classification models: A case of true DCM. *Language Testing in Asia, 11* (1), 1-20.

Shang, H. (2010). Reading strategy use, self-efficacy and EFL reading. *The Asian EFL Journal Quarterly, 12,* 18-42.

Shepard, L. (1980). Standard setting issues and methods. *Applied Psychological Measurement, 4* (4), 447-467.

Sheppard, B., & Butler, B. (2017). Insights into student listening from paused transcription. *CATESOL Journal, 29* (2), 81-107.

Shi, D., Maydeu-Olivares, A., & Rosseel, Y. (2019). Assessing fit in ordinal factor analysis models: SRMR vs. RMSEA. *Structural Equation Modeling: A Multidisciplinary Journal, 27* (1), 1-15.

Shin, S.-Y., & Lidster, R. (2017). Evaluating different standard-setting methods in an ESL placement testing context. *Language Testing, 34* (3), 357-381.

Shohamy, E. (1992). Beyond proficiency testing: A diagnostic feedback testing model for assessing foreign language learning. *The Modern Language Journal, 76* (4), 513-521.

Shohamy, E., & Inbar, O. (1991). Validation of listening comprehension tests: The effect of text and question type. *Language Testing, 8* (1), 23-40.

Shute, V. J. (2008). Focus on formative feedback. *Review of Educational Research, 78* (1), 153-189.

Sinharay, S. (2010). How often do subscores have added value? Results from operational and simulated data. *Journal of Educational Measurement, 47* (2), 150-174.

Sinharay, S., & Johnson, M. S. (2019). Measures of agreement: Reliability, classification accuracy, and classification consistency. In M. von Davier & Y.-S. Lee (Eds.), *Handbook of Diagnostic Classification Models* (pp. 359-377). Berlin: Springer.

Sinharay, S., Haberman, S. J., & Lee, Y. H. (2011). When does scale anchoring work? A case study. *Journal of Educational Measurement, 48* (1), 61-80.

Sinharay, S., Puhan, G., & Haberman, S. J. (2010). Reporting diagnostic scores in educational testing: Temptations, pitfalls, and some solutions. *Multivariate Behavioral Research, 45* (3), 553-573.

Sinharay, S. et al. (2019). Subscores: when to communicate them, what are their alternatives, and some recommendations. In D. Zapata-Rivera (Ed.), *Score Reporting Research and Applications* (pp. 80-107). London: Routledge, Taylor & Francis Group.

Skaggs, G., Hein, S. F., & Wilkins, J. L. M. (2016). Diagnostic profiles: A standard setting method for use with a cognitive diagnostic model. *Journal of Educational Measurement, 53* (4), 448-458.

Skaggs, G., Wilkins, J. L. M., & Hein, S. F. (2017). Estimating an observed score distribution from a cognitive diagnostic model. *Applied Psychological Measurement, 41* (2), 150-154.

Snow, R. E., & Lohman, D. F. (1989). Implications of cognitive psychology for educational measurement. In R. L. Linn (Ed.), *Educational Measurement* (pp. 263-332). New York: Macmillan.

Song, M-Y. (2008). Do divisible subskills exist in second language (L2) comprehension? A structural equation modeling approach. *Language Testing, 25* (4), 435-464.

Stæhr, L. S. (2008). Vocabulary size and the skills of listening, reading and writing. *Language Learning Journal, 36* (2), 139-152.

Stanovich, K. E. (1980). Toward an interactive-compensatory model of individual differences in the development of reading fluency. *Reading Research Quarterly, 16* (1), 32-71.

Stanovich, K. E. (2011). *Rationality and the Reflective Mind*. Oxford: Oxford University Press.

Stansfield, C. W., Gao, J., & Rivers, W. P. (2010). A concurrent validity study of self-assessments and the federal Interagency Language Roundtable oral proficiency interview. *Russian Language Journal, 60*, 301-317.

Stout, W. (2007). Skills diagnosis using IRT-based continuous latent trait models. *Journal of Educational Measurement, 44* (4), 313-324.

Summers, M., et al. (2019). Investigating the use of the ACTFL Can-Do Statements in a self-assessment for student placement in an intensive English program. *System, 80*, 269-287.

Suvorov, R. (2013). Interacting with visuals in L2 listening tests: An eye-tracking study [Unpublished doctoral dissertation]. Iowa State University.

Swan, M., & Walter, C. (2017a). Misunderstanding comprehension. *ELT Journal, 71* (2), 228-236.

Swan, M., & Walter, C. (2017b). A response to Jonathan Newton. *ELT Journal, 71* (2), 245-246.

Sweet, G., Mack, S., & Olivero-Agney, A. (2019). Where am I? Where am I going, and how do I get there?: Increasing learner agency through large-scale self-assessment in language learning. In P. Winke & S. M. Gass, S. (Eds.), *Foreign Language Proficiency in Higher Education* (pp. 175-195). Berlin: Springer.

Taki, S. (2015). Metacognitive online reading strategy use: Readers' perceptions in L1 and L2. *Journal of Research in Reading, 39* (4), 409-427.

Tannenbaum, R. J. (2019). *Validity aspects of score reporting.* In D. Zapata-Rivera (Ed.), *Score Reporting Research and Applications* (pp. 33-52). London: Routledge.

Tannenbaum, R. J., & Cho, Y. (2014). Critical factors to consider in evaluating standard-setting studies to map language test scores to frameworks of language proficiency. *Language Assessment Quarterly, 11* (3), 233-249.

Tannenbaum, R. J., & Kannan, P. (2015). Consistency of Angoff-based standard-setting judgments: Are item judgments and passing scores replicable across different panels of experts? *Educational Assessment, 20* (1), 66-78.

Tannenbaum, R. J., & Wylie, E. C. (2008). *Linking English Language Test Scores onto the Common European Framework of Reference: An Application of Standard Setting Methodology* (ETS Research Report 08-34). Princeton: Educational Testing Service.

Tatsuoka, K. K. (1983). Rule space: An approach for dealing with misconceptions based on item response theory. *Journal of Educational Measurement, 20* (4), 345-354.

Taylor, L. (2004). IELTS, Cambridge ESOL examinations and the Common European Framework. *Cambridge Assessment Research Notes*, (18), 2-3.

Templin, J., & Bradshaw, L. (2013). Measuring the reliability of diagnostic classification model examinee estimates. *Journal of Classification, 30* (2), 251-275.

Templin, J., & Bradshaw, L. (2014). Hierarchical diagnostic classification models: A family of models for estimating and testing attribute hierarchies. *Psychometrika, 79* (2), 317-339.

Templin, J., & Henson, R. A. (2006). Measurement of psychological disorders using cognitive diagnosis models. *Psychological Methods, 11* (3), 287-305.

Tigchelaar, M. (2019). Exploring the relationship between self-assessment and OPIc ratings of oral proficiency in French. In P. Winke & S. M. Gass (Eds.), *Foreign Language Proficiency in Higher Education* (pp. 153-173). Berlin: Springer.

Tobia, V., Ciancaleoni, M., & Bonifacci, P. (2017). Theoretical models of comprehension skills tested through a comprehension assessment battery for primary school children. *Language Testing, 34* (2), 223-239.

Toprak, E., Aryadoust, V., & Goh, C. (2019). The log-linear cognitive diagnosis modeling (LCDM) in second language listening assessment. In V. Aryadoust, & M. Raquel (Eds.), *Quantitative Data Analysis for Language Assessment Volume II: Advanced Methods* (pp. 56-78). London: Routledge.

Toprak, T., & Cakir, A. (2021). Examining the L2 reading comprehension ability of adult ELLs: Developing a diagnostic test within the cognitive diagnostic assessment framework. *Language Testing, 38* (1), 106-131.

Tu, D., Wang, S., Cai, Y., Douglas, J., & Chang H. (2019). Cognitive diagnostic models with attribute hierarchies: Model estimation with a restricted Q-matrix design. *Applied Psychological Measurement, 43* (4), 255-271.

Uchikoshi, Y. (2013). Predictors of English reading comprehension: Cantonese-speaking English language learners in the US. *Reading and Writing: An Interdisciplinary Journal, 26* (6), 913-939.

Underwood, J. S., Zapata-Rivera, D., & Van Winkle, W. (2010). *An Evidence-Centered Approach to Using Assessment Data for Policymakers.* Princeton: Educational Testing Service.

Urmston, A., Raquel, M., & Tsang, C. (2013). Diagnostic testing of Hong Kong tertiary students' English language proficiency: The development and validation of DELTA. *Hong Kong Journal of Applied Linguistics, 14* (2), 60-82.

van den Broek, P., Rapp, D. N., & Kendeou, P. (2005). Integrating memory-based and constructionist processes in accounts of reading comprehension. *Discourse Processes, 39* (2-3), 299-316.

van der Boom, E., & Jang, E. E. (2018). The effects of holistic diagnostic feedback intervention on improving struggling readers' reading skills. *Journal of Teaching and Learning, 12* (2), 54-69.

van Dijk, T. A., & Kintsch, W. (1983). *Strategies of Discourse Comprehension.* Pittsburg: Academic Press.

van Steensel, R., Oostdam, R., & Van Gelderen, A. (2013). Assessing reading comprehension in adolescent low achievers: Subskills identification and task specificity. *Language Testing, 30* (1), 3-21.

van Zeeland, H., & Schmitt, N. (2013). Lexical coverage in L1 and L2 listening comprehension: the same or different from reading comprehension? *Applied Linguistics, 34* (4), 457-479.

Vandergrift, L. (2007). Recent developments in second and foreign language listening comprehension research. *Language Teaching, 40* (3), 191-210.

Vandergrift, L., & Baker, S. (2015). Learner variables in second language listening comprehension: An exploratory path analysis. *Language Learning, 65* (2), 390-416.

Vandergrift, L., & Goh, C. (2009). Teaching and testing listening comprehension. In M. H. Long & C. J. Doughty (Eds.), *The Handbook of Language Teaching* (pp. 395-411). Chichester: Wiley-Blackwell.

Vandergrift, L., & Goh, C. (2012). *Teaching and Learning Second Language Listening: Metacognition in Action.* Routledge.

Vandergrift, L., & Tafaghodtari, M. (2010). Teaching L2 learners how to listen does make a difference: An empirical study. *Language Learning, 60* (2), 470-497.

Verhoeven, L. (2000). Components in early second language reading and spelling. *Scientific Studies of Reading, 4* (4), 313-330.

Verhoeven, L. (2011). Second language reading acquisition. In M. Kamil, P. D. Pearson, E. Moje, & P. Afferbach (Eds.), *Handbook of Reading Research* (Vol. IV, pp. 661-683). Routledge.

Verhoeven, L., & van Leeuwe, J. (2009). Modeling the growth of word decoding skills: Evidence from Dutch. *Scientific Studies of Reading, 13* (3), 205-223.

Verhoeven, L., & van Leeuwe, J. (2012). The simple view of second language reading throughout the primary grades. *Reading and Writing: An Interdisciplinary Journal, 25* (8), 1805-1818.

Vogt, K., Tsagari, D., & Csépes, I. (2020). Linking learners' perspectives on language assessment practices to teachers' assessment literacy enhancement (TALE): Insights from four European countries. *Language Assessment Quarterly, 17* (4), 410-433.

von Davier, M. (2005). *A General Diagnostic Model Applied to Language Testing Data* (ETS Research Report No. RR-05-16). Princeton: Educational Testing Service.

von Davier, M., & Haberman, S. (2014). Hierarchical diagnostic classification models morphing into unidimensional 'Diagnostic' classification models—A commentary. *Psychometrika, 79* (2), 340-346.

Wainer, H., Wang, X., Skorupski, W. P., & Bradlow, E. T. (2005). A Bayesian method for evaluating passing scores: The PPoP curve. *Journal of Educational Measurement, 42* (3), 271-281.

Wallace, M. P. (2020). Individual differences in second language listening: Examining the role of knowledge, metacognitive awareness, memory, and attention. *Language Learning*. Advance online publication.

Wan, L., Brennan, R. L., & Lee, W. (2007). *Estimating Classification Consistency for Complex Assessments* [CASMA Research Report No. 22]. University of Iowa.

Wang, C., & Gierl, M. J. (2011). Using the attribute hierarchy method to make diagnostic inferences about examinees' cognitive skills in critical reading. *Journal of Educational Measurement, 48* (2), 165-187.

Wang, W., Cheng, Y., & Wilson, M. (2005). Local item dependence for items across tests connected by common stimuli. *Educational and Psychological Measurement, 65* (1), 5-27.

Wang, W., & Qiu, X. (2019). Multilevel modeling of cognitive diagnostic assessment: The multilevel DINA example. *Applied Psychological Measurement, 43* (1), 34-50.

Wang, W. et al. (2015). Attribute-level and pattern-level classification consistency and accuracy indices for diagnostic assessment. *Journal of Educational Measurement, 52* (4), 457-476.

Wang, W., Xu, Y., Wang, B., & Mu, L. (2020). Developing interpreting competence scales in China. *Frontiers in Psychology, 11*, 1-16.

Wang, Y., & Treffers-Daller, J. (2017). Explaining listening comprehension among L2 learners of English: The contribution of general language proficiency, vocabulary knowledge and metacognitive awareness. *System, 65*, 139-150.

Weber, A., & Cutler, A. (2006). First-language phonotactics in second-language listening. *Journal of the Acoustical Society of America, 119* (1), 597-607.

Weeks, J. P. (2015). Multidimensional test linking. In S. P. Reise, & D. A. Revicki (Eds.), *Handbook of Item Response Theory Modeling:*

Applications to Typical Performance Assessment (pp. 406-434). London: Routledge.

Weir, C. J. (1993). *Understanding and Developing Language Tests.* London: Prentice-Hall.

Weir, C. J. (2005). Limitations of the common European framework for developing comparable examinations and tests. *Language Testing, 22* (3), 281-300.

Wiliam, D. (2011). What is assessment for learning? *Studies in Educational Evaluation, 37* (1), 3-14.

Winstone, N. E., Hepper, E. G., & Nash, R. A. (2021). Individual differences in self-reported use of assessment feedback: the mediating role of feedback beliefs. *Educational Psychology, 41* (7), 844-862.

Winstone, N. E. et al. (2017). Supporting learners' agentic engagement with feedback: A systematic review and a taxonomy of recipience processes. *Educational Psychologist, 52* (1), 17-37.

Wolf, M., Muijselaar, M., Boonstra, A., & Bree, E. (2019). The relationship between reading and listening comprehension: Shared and modality-specific components. *Reading and Writing, 32* (7), 1747-1767.

Wolfgramm, C., Suter, N., & Göksel, E. (2016). Examining the role of concentration, vocabulary and self-concept in listening and reading comprehension. *International Journal of Listening, 30* (2), 25-46.

Wu, J., & Wu, R. Y. F. (2010). Relating the GEPT reading comprehension tests to the CEFR. In W. Martyniuk (Ed.), *Aligning Tests with the CEFR: Reflections on Using the Council of Europe's Draft Manual* (pp. 204-224). Cambridge: Cambridge University Press.

Wu, Z. (2019). Lower English proficiency means poorer feedback performance? A mixed-methods study. *Assessing Writing, 41*, 14-24.

Wylie, E. C., & Tannenbaum, R. J. (2006). *TOEFL® Academic Speaking Test: Setting a Cut Score for International Teaching Assistants* (Research Memorandum No. RM-06-01). Princeton: Educational Testing Service.

Wyse, A. E., Bunch, M. B., Deville, C., & Viger, S. G. (2014). A body of work standard-setting method with construct maps. *Educational and Psychological Measurement, 74* (2), 236-262.

Xi, X. (2007). Validating TOEFL® iBT Speaking and setting score requirements for ITA screening. *Language Assessment Quarterly, 4* (4), 318-351.

Xie, Q. (2017). Diagnosing university students' academic writing in English: Is cognitive diagnostic modelling the way forward? *Educational Psychology, 37* (1), 26-47.

Yan, R. (2012). Improving English listening self-efficacy of Chinese university students—Influences of learning strategy training with feedback on strategy use and performance [Unpublished doctoral dissertation]. Durham University.

Yan, X. (2021, June 4-5). Local language testing: Local needs and conditions require context-appropriate responses. Paper presented at the 17th European Association for Language Testing and Assessment Conference, Budapest, Hungary (Virtual).

Yan, X., Kim, H. R., & Kotnarowski, J. E. (2021). The development of a profile-based writing scale: How collaboration with teachers enhanced assessment practice in a post-admission ESL writing program in the USA. In B. Lanteigne, C. Coombe, & J. D. Brown (Eds.), *Challenges in Language Testing Around the World: Insights for Language Test Users* (pp. 529-546). Berlin: Springer Nature.

Yan, X., Thirakunkovit, S., Kauper, N., & Ginther, A. (2016). What do test takers say: Test-taker feedback as input for quality control. In J. Read (Ed.), *Post-Admission Language Assessments of University Students* (pp. 113-136). Berlin: Springer.

Yang, Y., Tsaii, Y., & Hikaru, Y. (2019). Top-down and bottom-up strategy use among good and poor readers in EFL reading comprehension. *European Journal of English Language Teaching, 4* (3), 101-114.

Yeldham, M. (2018). L2 Listening instruction: More bottom-up or more top-down? *Journal of Asia TEFL, 15* (3), 805-810.

Yeldham, M. (2022). Examining the interaction between two process-based

L2 listening instruction methods and listener proficiency level: Which form of instruction most benefits which learners? *TESOL Quarterly, 56* (2), 688-712.

Yi, Y.-S. (2012). Implementing a cognitive diagnostic assessment in an institutional test: A new networking model in language testing and experiment with a new psychometric model and task type [Unpublished doctoral dissertation]. University of Illinois at Urbana-Champaign.

Yi, Y.-S. (2017). Probing the relative importance of different attributes in L2 reading and listening comprehension items: An application of cognitive diagnostic models. *Language Testing, 34* (3), 1-19.

Young, M. J., & Yoon, B. (1998). *Estimating the Consistency and Accuracy of Classifications in a Standards-referenced Assessment* (CSE technical report 475). National Center for Research on Evaluation, Standards, and Student Testing.

Yu, X., Cheng, Y., & Chang, H.-H. (2019). Recent developments in cognitive diagnostic computerized adaptive testing (CD-CAT): A comprehensive review. In M. von Davier, & Y.-S. Lee (Eds.), *Handbook of Diagnostic Classification Models* (pp. 307-331). Berlin: Springer.

Yuan, J., Savadatti, S., & Zheng, G. (2021). Self-assessing a test with a possible bonus enhances low performers' academic performance. *Computers & Education, 160,* 104036.

Zapata-Rivera, D., Zwick, R., & Vezzu, M. (2016). Exploring the effectiveness of a measurement error tutorial in helping teachers understand score report results. *Educational Assessment, 21* (3), 215-229.

Zeng, Y., & Fan, T. (2017). Developing reading proficiency scales for EFL learners in China. *Language Testing in Asia, 7* (8), 1-15.

Zenisky, A. L., Hambleton, R. K., & Sired, S. G. (2002). Identification and evaluation of local item dependencies in the medical college admissions test. *Journal of Educational Measurement, 39* (4), 291-309.

Zhan, P., Jiao, H., Liao, D., & Li, F. (2019). A longitudinal higher-order diagnostic classification model. *Journal of Educational and Behavioral Statistics, 44* (3), 251-281.

Zhang, B. (2010). Assessing the accuracy and consistency of language proficiency classification under competing measurement models. *Language Testing, 27* (1), 119-140.

Zhang, D. (2001). Singaporean secondary school students' metacognitive knowledge about oral communication skills learning [Unpublished MA thesis]. Nanyang Technological University.

Zhang, D. (2004). "Your English is too cheem!": Singaporean student listening difficulties and tackling strategies. *Asian Englishes*, 7 (1), 74-91.

Zhang, D., & Goh, C. C. M. (2006). Strategy knowledge and perceived strategy use: Singaporean students' awareness of listening and speaking strategies. *Language Awareness*, 15 (3), 199-119.

Zhang, W. W., Zhang, D. L., & Zhang, L. J. (2021). Metacognitive instruction for sustainable learning: Learners' perceptions of task difficulty and use of metacognitive strategies in completing integrated speaking tasks. *Sustainability, 13* (11), 6275.

Zieky, M. (2012). So much has changed: A historical overview of setting cut scores. In G. J. Cizek (Ed.). *Setting Performance Standards. Foundations, Methods, and Innovations* (2nd ed., pp. 15-32). London: Routledge.

Zieky, M. J., Perie, M., & Livingston, S. A. (2008). *Cutscores: A Manual for Setting Standards of Performance on Educational and Occupational Tests.* Princeton: Educational Testing Service.

Zimmerman, B. J., & Schunk, D. H. (Eds.). (2001). *Self-regulated Learning and Academic Achievement: Theoretical Perspectives*. London: Routledge.

白玲、冯莉、严明（2018），中国英语笔译能力等级量表的构念与原则，《外语界》，41（1），101-110。

蔡宏文（2019），产出型语言考试与语言标准对接的效度问题——概推性与一致性，《现代外语》，42（5），709-721。

蔡艳、丁树良、涂冬波（2011），英语阅读问题解决的认知诊断，《心理科学》，34（2），272-277。

蔡艳、涂冬波、丁树良（2013），五大认知诊断模型的诊断正确率比较及其影响因素：基于分布形态、属性数及样本容量的比较，《心理科学》，45（11），1295-1304。

陈大建、胡杰辉（2023），综合型语言考试与语言能力标准对接研究——以英语听说考试为例，《外语界》，(3)，87-96。

陈慧麟（2015），语言测试中的认知诊断及其应用流程，《外语测试与教学》，（2），51-60。

陈慧麟、陈劲松（2013），G-DINA 认知诊断模型在语言测验中的验证，《心理科学》，36（6），1470-1475。

丁树良、毛萌萌、汪文义、罗芬、CUI Ying（2012），教育认知诊断测验与认知模型一致性的评估，《心理学报》，44（11），1535-1546。

杜文博、马晓梅（2018），基于认知诊断评估的英语阅读诊断模型构建，《外语教学与研究》，50（1），74-88。

范婷婷、曾用强（2016），认知诊断测试及其在阅读理解能力上的应用述评，《中国外语》，13（2），82-89。

郭磊、苑春永、边玉芳（2013），从新模型视角探讨认知诊断的发展趋势，《心理科学进展》，21（12），2256-2264。

韩宝成、黄永亮（2018），中国英语能力等级量表的研制——语用能力的界定与描述，《现代外语》，41（1），91-100。

何莲珍（2019a），语言考试与语言标准对接的效度验证框架，《现代外语》，42（5），660–671。

何莲珍（2019b），新时代大学外语教育的历史使命，《外语界》，（1），8-12。

何莲珍、罗蓝（2020），语言考试与语言能力量表对接研究：路径与方法，《外语教学》，41（1），29-33。

何莲珍、闵尚超、张洁（2020），中国英语能力等级量表——听力能力量表研究，北京：高等教育出版社。

何莲珍、阮吉飞、闵尚超（2021），基于文本特征的校本写作考试与《中国英语能力等级量表》对接效度研究，《外语教学》，42（3），52-57。

揭薇（2019），英语口语考试与中国英语能力等级量表对接研究——以
　　CET-SET 4 为例，《外语界》，（1），71-80。

贾贻东、武尊民（2019），中国英语能力等级量表的组构学习策略量表
　　框架研究，《外语界》，193（4），32-40。

金艳、揭薇（2017），中国英语能力等级量表的"口语量表"制定原则
　　和方法，《外语界》，179（2），10-19。

金艳、揭薇、王伟（2022）.大学英语四、六级考试与语言能力标准的
　　对接研究，《外语界》，209（2），24-32。

林海菁、丁树良（2007），具有认知诊断功能的计算机化自适应测验的
　　研究与实现，《心理学报》，39（4），747-753。

刘建达（2015），我国英语能力等级量表研制的基本思路，《中国考
　　试》，（01），7-11。

刘建达（2017），中国英语能力等级量表与英语学习，《中国外语》，6，
　　4-12。

刘建达、韩宝成（2018），面向运用的中国英语能力等级量表建设的理
　　论基础，《现代外语》，41（1），78-90。

刘建达、彭川（2017），构建科学的中国英语能力等级量表，《外语
　　界》，（2），2-9。

刘建达、杨满珍（2021），《中国英语能力等级量表》在语言测评中的
　　应用，《外语测试与教学》，（2），1-11。

孟亚茹（2013），大学英语听力能力认知诊断评估模型的构建与验证，
　　上海外国语大学博士论文。

闵尚超（2019），接受型语言考试与语言标准对接的效度问题——一致
　　性，《现代外语》，42（5），696-708。

闵尚超（2021），高校诊断测试对接量表的内部效度证据——以高校
　　优诊学听力技能为例.第六届语言测试与评价国际研讨会，上海：
　　上海大学。

闵尚超、姜子芸（2020），校本听力考试与《中国英语能力等级量表》
　　对接研究，《外语教学》，41（4），47-51。

闵尚超、熊笠地（2019），基于认知诊断评估的听力理解互补性机制探
　　究，《现代外语》，42（02），254–266。

潘鸣威（2017），中国英语写作能力等级量表的典型写作活动构建——

系统功能语言学的文本类型视角,《外语界》, 179（2）, 37–52。

潘鸣威、孔菊芳、徐雯（2022）, 高考英语（上海卷）的效标关联效度研究——来自阅读测试标准设定的证据,《外语测试与教学》,（4）, 1-10。

汪存友（2013）, 关于设定全国中小学教师教育技术水平考试合格标准的思考,《中国远程教育》,（5）, 49-53。

王守仁（2018）, 中国英语能力等级量表在大学英语教学中的应用,《外语教学》,（4）, 1-4。

王卓然、郭磊、边玉芳（2014）, 认知诊断测验中的项目功能差异检测方法比较,《心理学报》, 46（12）, 1923-1932。

杨惠中（2015）, 关于我国外语能力测评体系建设的几点思考,《中国考试》,（1）, 12-15。

曾用强（2017）, 中国英语能力等级量表的"阅读量表"制定原则和方法,《外语界》,（5）, 2-11。

曾用强、曹琳琳（2020）, 中国英语能力等级量表——阅读能力量表研究, 北京: 高等教育出版社。

张洁、王伟强（2019）, 接受型语言考试与语言标准对接的效度问题——来自标准设定过程的证据,《现代外语》, 42（5）, 684-695。

朱正才（2015）, 关于我国英语能力等级量表描述语库建设的若干问题,《中国考试》,（4）, 11-17。

附录1
阅读考试对接《量表》工作手册（节选）

（一）日程安排

开始时间	结束时间	内容	备注
8:30	8:45	简介	
8:45	9:00	介绍《量表》	
9:00	10:30	熟悉阅读量表和描述语	活动1、2、3
10:30	11:30	介绍XX校本英语考试；完成校本考试阅读卷	活动4
11:30	12:30	午饭	
12:30	13:00	介绍投篮法投篮法（第一轮）	
13:00	13:15	公布第一轮结果和讨论	
13:15	14:15	投篮法（第二轮）	
14:15	14:30	休息	
14:30	14:45	修订式Angoff法介绍和训练	
14:45	15:45	修订式Angoff法（第一轮）	

（待续）

（续表）

开始时间	结束时间	内容	备注
15:45	16:00	反馈和讨论	
16:00	17:00	修订式 Angoff 法（第二轮）	
17:00	17:30	交流、填写问卷和采访	
17:30	18:00	总结	

（二）框架熟悉活动举例

活动 1 可以帮助你熟悉各个描述语。请仔细阅读阅读量表，思考每个等级的描述语区别于其他等级的特征是什么。请在表格中画出关键词，在下表中概括并总结特征，并与小组成员讨论。

等级	显著特征
七级	
六级	
五级	
四级	
三级	

活动 2 可以进一步让你掌握描述语之间的异同。下表中有 23 条有代表性的描述语，它们来自量表中三级到七级的各个分量表，并且不按照等级排序。

1	在读语言较复杂的小说等作品时，能提取主要细节的信息。
2	在读语言复杂的长篇散文时，能归纳关于人物感受的信息。
3	在读语言简单的描述文化习俗的短文时，能理解文化习俗的主要特点。
4	在读语言较复杂的有关科技发展的说明性材料时，能理解文章的主要内容。
5	在读图文丰富的专业报表时，能概括其主要内容。
6	在读语言简单的游记时，能理解景物特征。
7	在读关于法律法规的解释性材料时，能评价其措辞是否严谨。
8	在读语言较复杂、篇幅较长的描述性文章时，能推断作者的态度。
9	在读有关社会生活的简短议论文时，能理解其主旨大意。
10	在读语言简单的有关社会生活的散文时，能理解其中的修辞手法。
11	在读语言较复杂的小说节选时，能理解情节发展的逻辑性。
12	在读有关社会生活的故事时，能提取段落的主要信息。
13	在读各类指示性材料时，能提取其中的细节信息。
14	在读语言简单的英语诗歌时，能理解作品表达的情感。
15	在读相关专业领域的书评时，能提炼出主要观点。
16	在读语言简单的科普类短文时，能提取其中的主要信息。
17	在读话题熟悉、涉及社会现象的简短议论文时，能分析作者观点。
18	在读语言和情节复杂的短篇小说时，能分析作者的创作意图。
19	在读语言较复杂的有关人、事、物的描述性文章时，能评价其描述手法。
20	在读语言较复杂的故事时，能提取表达人物情感和态度的信息。

（待续）

（续表）

21	在读语言复杂、描述社会文化的文章时，能理解其文化内涵。
22	在读语言简单的人物轶事时，能推测文中隐含的信息。
23	在读不同作者对同一话题的描述性短文时，能比较其描述手法的异同。

首先请将以下描述语按照高（七级）、中（四—六级）、低（三级）三个组分类：

能力发展阶段	能力等级	描述语序号
熟练阶段（高级学习者和使用者）	七—九级	
提高阶段（中级学习者和使用者）	四—六级	
基础阶段（初级学习者和使用者）	一—三级	

上一题的答案已在后面给出。请将表中的 15 条描述语进一步归类到不同的《量表》等级（三—七级）中，将相对应的编码填入下表。（提示：五级和四级各有 3 条描述语，六级有 6 条描述语。完成后，请参照附录核对答案。）

等级	描述语	组别
七级		高级： 2；5；7；21；15；18
六级		中级： 1；4；6；8；10；11； 13；14；17；19；20；23
五级		
四级		
三级		初级： 3；9；12；16；22

活动 3 帮助你掌握什么是最低能力受试者（minimally competent

candidate）。请阅读以下阅读理解能力自我评价量表，思考你自己是哪一级的最低能力受试者，并与组员进行分享和讨论。请参考《中国英语能力等级量表》阅读量表总表和分量表，讨论每一等级的最低能力受试者应掌握哪些能力。

活动 4 帮助你了解浙大英语水平阅读考试。请认真完成阅读题目，思考考生在做题时与题项产生的互动，并填写下表：

初步估计该考试可对接等级为				
三级	四级	五级	六级	七级
理由和证据：				

- -

活动 2 答案

等级	描述语	组别
七级	2；5；7；21；15；18	高级： 2；5；7；21；15；18
六级	1；4；8；19；11；13	中级： 1；4；6；8；10；11；13；14；17；19；20；23
五级	10；14；23	
四级	6；17；20	
三级	3；9；12；16；22	初级： 3；9；12；16；22

附录2
听力考试对接《量表》工作手册（节选）

（一）日程安排

开始时间	结束时间	内容	备注
8:30	8:45	简介	
8:45	9:00	介绍《量表》	
9:00	10:30	熟悉听力量表和描述语	活动1、2、3
10:30	11:30	介绍XX校本英语考试；完成校本考试听力卷	活动4
11:30	12:30	午饭	
12:30	13:00	介绍投篮法 投篮法（第一轮）	
13:00	13:15	公布第一轮结果和讨论	
13:15	14:15	投篮法（第二轮）	
14:15	14:30	休息	
14:30	14:45	修订式Angoff法介绍和训练	
14:45	15:45	修订式Angoff法（第一轮）	

（待续）

（续表）

开始时间	结束时间	内容	备注
15:45	16:00	反馈和讨论	
16:00	17:00	修订式 Angoff 法（第二轮）	
17:00	17:30	交流、填写问卷和采访	
17:30	18:00	总结	

（二）框架熟悉活动举例

活动 1 可以帮助你熟悉各个描述语。请仔细阅读听力量表，思考每个等级的描述语区别于其他等级的特征是什么。请在表格中画出关键词，在下表中概括并总结特征，并与小组成员讨论。

等级	显著特征
七级	
六级	
五级	
四级	
三级	

注：下面所说"语速"，均对英语而言。其快慢界定如下：

语速较快：约 140—180 词 / 分钟；

语速正常：约 100—140 词 / 分钟；

语速较慢：约 80—100 词 / 分钟；

语速缓慢：约 60—80 词 / 分钟。

活动 2 可以进一步让你掌握描述语之间的异同。下表中有 15 条有代表性的描述语，它们来自量表中三级到七级的各个分量表，并且不按照等级排序。

序号	描述语
1	在听语音标准、发音清晰、语速较慢的发言时，能获取关键信息。
2	能听懂与自己专业领域相关的学术讨论或报告，理解其中的核心概念和主要内容。
3	能听懂语音标准、语速正常的对话，理解说话者的言外之意。
4	在听语速正常、简短的新闻报道时，能获取主要的事实性信息。
5	能听懂含有双关语、隐喻等语言现象的对话，理解说话者的隐含意义。
6	能听懂学习、工作场景的简单对话，理解说话者的意图。
7	能听懂信息量大的讲座或音 / 视频报告，归纳其要点与观点。
8	在听语速正常的故事时，能理解情节的发展。
9	能听懂语音标准的学术报告，把握报告人的信息组织方式，如整体框架、衔接手段等。
10	在听语速正常的对话时，能判断信息与话题之间的关联性。
11	能听懂语速正常、与自己专业领域相关的课程，记录授课要点。
12	能听懂语速正常、对某一地方的描述，获取地域特征信息。
13	能听懂语速正常、有关社会热点话题的对话，概括大意。
14	能听懂语速正常的广播节目，领会说话者的观点与立场。
15	能听懂语速正常的关于某一场景、人物等的描述，获取相关信息。

首先请将以下描述语按照高（七级）、中（四—六级）、低（三级）三个组分类：

能力发展阶段	能力等级	描述语序号
熟练阶段（高级学习者和使用者）	七—九级	
提高阶段（中级学习者和使用者）	四—六级	
基础阶段（初级学习者和使用者）	一—三级	

上一题的答案已在后面给出。请将表中的 15 条描述语进一步归类到不同的《量表》等级（三—七级）中，将相对应的编码填入下表。（提示：六级和五级各有 4 条描述语，四级有 3 条描述语。完成后，请参照附录核对答案。）

等级	描述语	组别
七级		高级： 2；5
六级		中级： 3；4；7；8；9；10； 11；12；13；14；15
五级		
四级		
三级		1；6

活动 3 帮助你掌握什么是最低能力受试者（minimally competent candidate）。请阅读以下听力理解能力自我评价量表，思考你自己是哪一级的最低能力受试者，并与组员进行分享和讨论。请参考《中国英语能力等级量表》听力量表总表和分量表，讨论每一等级的最低能力受试者应掌握哪些能力。

活动 4 帮助你了解浙大英语水平听力考试。请认真完成听力题目，思考考生在做题时与题项产生的互动，并填写下表：

初步估计该考试可对接等级为				
三级	四级	五级	六级	七级
理由和证据：				

- -

活动 2 答案

等级	描述语	组别
七级	2；5	高级： 2；5
六级	3；7；12；14	中级： 3；4；7；8；9；10； 11；12；13；14；15
五级	4；9；11；13	
四级	8；10；15	
三级	1；6	初级： 1；6

附录 3
听力自评问卷调查

姓名：＿＿＿＿＿＿＿　　学号：＿＿＿＿＿＿＿

请阅读以下表述，并按照你对以下表述的同意程度进行打分。

[1= 无法做到；2= 勉强做到；3= 能够做到；4= 容易做到；5= 轻松做到]

1. 我在收听或收看语音标准、语速正常的一般性话题的广 播或电视节目时，能理解并记录相关信息。　　　　1　2　3　4　5

2. 我能听懂语速正常的广播节目，领会说话者的观点与 立场。　　　　1　2　3　4　5

3. 我能理解语境中单词和词组的字面意义和引申意义， 如："I have a headache." "He is a headache."　　　　1　2　3　4　5

4. 我能理解口头表达中较复杂的词语，如 air traffic control strike threat。　　　　1　2　3　4　5

5. 我能听懂购物场景的简短对话，获取商品的相关信息， 如价格、尺寸等。　　　　1　2　3　4　5

6. 我能听懂有关社会热点问题的新闻评述，理解其中的观 点与态度。　　　　1　2　3　4　5

7. 我能听懂语速较快且含有双关语、隐喻等修辞手段的对 话，理解话语中的隐含意义。　　　　1　2　3　4　5

8. 我能听懂与自己专业领域相关的学术讨论或报告，理解其中的核心概念和主要内容。　1　2　3　4　5

9. 我能听懂有关社会、文化热点问题的广播和电视节目，理解其主要内容，分辨相关观点和态度。　1　2　3　4　5

10. 我能听懂学习、工作场景的简单对话，理解说话者的意图。　1　2　3　4　5

11. 我在听语速正常、关于某一国家或地区的讲解时，能获取当地饮食习惯、风土人情等信息。　1　2　3　4　5

12. 我在听语音标准、语速正常的天气预报时，能获取有关信息，如地点、气温、气象特征等。　1　2　3　4　5

13. 我能理解具有引申含义的常用词语，如 be in the red（亏损、负债）。　1　2　3　4　5

14. 我在听语速正常的非专业性讲座时，能借助图片或视频概括主旨大意。　1　2　3　4　5

15. 我能听懂语速正常、一般性话题的电视访谈，掌握要点与观点。　1　2　3　4　5

16. 我能听懂语音标准、发音清晰、语速较慢的日常生活知识介绍，如健康饮食、安全常识等，理解大意。　1　2　3　4　5

17. 我在收听、观看语速较慢、话题熟悉的广播影视节目时，能识别其主题，获取主要信息。　1　2　3　4　5

18. 我能听懂常用固定表达，如谚语、习语、公式化表达。　1　2　3　4　5

19. 我能听懂相关专业领域的国外大学公开课，概括主要内容。　1　2　3　4　5

20. 我能听懂熟悉的英文流行歌曲，理解歌词大意。　1　2　3　4　5

21. 我能听懂语速正常的关于节庆、赛事等大型活动场景的描述，获取关键信息。　1　2　3　4　5

22. 我能理解常用的词语搭配，如 set out、stay up、a lot of、black tea。　1　2　3　4　5

23. 我能听懂环境嘈杂的车站、体育馆等公共场所的广播，获取特定信息。　1　2　3　4　5

24. 我能听懂发音清晰、语速正常的通知与公告，理解大意。　　　　　1　2　3　4　5

25. 我在听话题熟悉或感兴趣话题的演讲时，能推断演讲者的情感态度。　　　　　1　2　3　4　5

26. 我能听懂语速正常、话题熟悉的纪录片，理解主要内容。　　　　　1　2　3　4　5

27. 我能听懂语速正常的面试中的问题，推断面试官的意图和观点。　　　　　1　2　3　4　5

28. 我能听懂语音标准、语速正常的对话，理解说话者的言外之意。　　　　　1　2　3　4　5

29. 我在收听、观看一般性话题的广播影视节目时，能理解主要内容。　　　　　1　2　3　4　5

30. 我能听懂语速正常、话题熟悉的科普类讲解，理解大意。　　　　　1　2　3　4　5

31. 我能听懂有关政治、经济、历史、文化等抽象话题的讨论和辩论，评价说话者的观点与立场。　　　　　1　2　3　4　5

32. 我在与语速较快的英语为母语者对话时，能获取特定信息，基本无需对方重复或解释。　　　　　1　2　3　4　5

33. 我能听懂语速正常、与个人兴趣相关的口头表达，如演讲、非专业性讲座、新闻报道等，根据语篇特征区分主要和次要信息，理解主要内容。　　　　　1　2　3　4　5

34. 我能听懂商务交流、求职面试等场合中语速正常的对话，理解说话者的意图。　　　　　1　2　3　4　5

附录 4
个性化反馈报告示例

　　以下是经过多次试用，根据学生和老师反馈修改完善后的最新版个性化听力诊断报告和阅读诊断报告示例。

浙江大学入学英语能力诊断报告——听力

姓名：▓▓▓▓ 　　　　　学号：▓▓▓▓▓▓

你的总分是：

24

0分　　　　　　　　　　　　　　30分

你在本次考试中超过了 89% 的考生

听力诊断报告阅读指南

■ 本次听力诊断考试共考查了三类听力理解微技能（即理解细节、理解主旨、进行推断）。

■ 本报告是参照《中国英语能力等级量表》提供的，下方的条形图呈现了你在每个听力微技能的掌握概率，超过 0.5 即表示你已掌握该项微技能。

听力微技能掌握情况

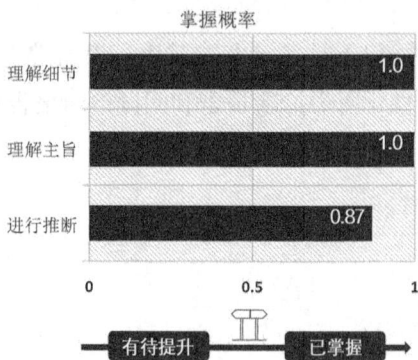

掌握概率

理解细节	1.0
理解主旨	1.0
进行推断	0.87

0　　　　　　0.5　　　　　　1

有待提升　　　　　　已掌握

你的表现 ☞

七级
六级
五级
四级
三级
二级

综合评价

👍 能听懂信息量大、与个人专业领域相关的口头表达，如讲座、报告、讨论等，概括主要内容，把握说话者的信息组织方式，如整体框架、衔接手段等。
能听懂语速正常的职场对话，如商务谈判、工作交流、求职面试等，理解说话者的观点和意图。

ⓘ

下一阶段目标

🚩 能听懂有关政治、经济、历史、文化等抽象话题的论述，评价说话者的观点与立场。
能听懂语速较快且有双关语、隐喻等修辞手段的对话，理解话语中的隐含意义。

注：结合教师建议使用此报告，并进行有针对性的听力训练，学习效果更佳。　　　第1页/共6页

听力微技能简介

理解细节

- 能理解语篇的重要信息和细节，如事件发生的时间、地点、场所、人物关系，事件的特点、数量、性质等。

理解主旨

- 能理解语篇的大体意义；能概括语篇的主要内容及中心思想。

进行推断

- 能通过上下文或背景知识推测说话者的动机、目的、原因等交际功能和隐含意义；能推断说话者的态度和观点。

听力微技能例题

【理解主旨】

What is the professor mainly discussing?
- A. The development of motor skills in children.
- B. How psychologists measure muscle activity in the throat.
- C. A theory about the relationship between muscle activity and thinking.
- D. A study on deaf people's problem-solving techniques.

【理解细节】

What does the professor consider unusual about the student's background?
- A. Her work experience.
- B. Her creative writing experience.
- C. Her athletic achievements.
- D. Her music training.

【进行推断】

What does the professor imply about the people who admit students to graduate school?
- A. They often lack expertise in the fields of the applicants.
- B. They do not usually read the statement of purpose.
- C. They are influenced by the appearance of an application.
- D. They remember most of the applications they receive.

扫码查看答案

浙江大学入学英语能力诊断报告——阅读

姓名：▓▓▓▓　　　　学号：▓▓▓▓

你的总分是：

```
                20
0分   ━━━━━━━━━━━━━   30分
```

你在本次考试中超过了 **69%** 的考生

你的表现 ☞

- 七级
- 六级
- 五级
- 四级
- 三级
- 二级

阅读诊断报告阅读指南

- 本次阅读诊断考试共考查了五类阅读理解微技能（即理解词汇与句法结构，理解细节，理解主旨，进行推断，理解上下文关系、文章结构与组织）。
- 本报告是参照《中国英语能力等级量表》提供的，下方的条形图呈现了你在每个阅读理解微技能的掌握概率，超过 0.5 即表示你已掌握该项微技能。

阅读微技能掌握情况

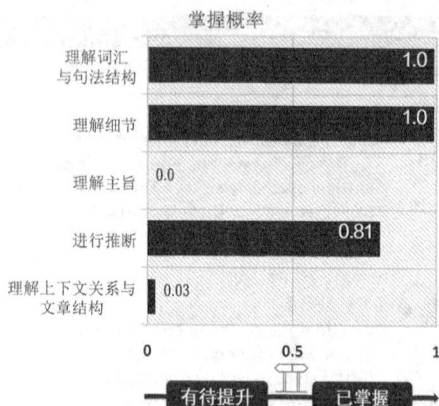

掌握概率

微技能	掌握概率
理解词汇与句法结构	1.0
理解细节	1.0
理解主旨	0.0
进行推断	0.81
理解上下文关系与文章结构	0.03

```
0          0.5          1
```

◀ 有待提升 ⊥ 已掌握 ▶

综合评价

- 在读语言较复杂、话题丰富，如有关教育、科技、文化等的材料时，能理解主题思想，分析语言特点，领会文化内涵。
  能读懂语言较复杂的论述性材料，如社会时评、书评等，分辨不同观点。

- 你需要在：理解主旨、理解上下文关系、文章结构与组织等微技能方面继续提升。

下一阶段目标

- 在读语言较复杂、相关专业领域的不同类型材料，如文学作品、新闻报道、商务公文等时，能把握重要相关信息，并对语言和内容进行简单的评析。
  能读懂语言较复杂的文学作品、新闻报道等材料，推断作者的情感态度。
  能通过浏览专业文献的索引，准确检索目标信息。

注：结合教师建议使用此报告，并进行有针对性的阅读训练，学习效果更佳。

阅读微技能简介

理解词汇与句法结构
■ 能理解词意，利用词汇、语法等知识理解句子结构及其传达的意义。

理解细节
■ 能定位问题中提到的信息，浏览全文寻找相关细节。

理解主旨
■ 能综合文中信息，概括段落或篇章的主要内容、核心观点和中心思想。

进行推断
■ 能根据上下文推测单词或短语的意思；能基于事实性信息进行推理和引申。

理解上下文关系与文章结构
■ 能理解上下文之间的逻辑关系，把握文章的组织架构。

阅读微技能例题

【理解词汇与句法结构】
There is a passage with ten blanks. You are required to select one word for each blank from a list of choices given in a word bank following the passage.

【理解细节】
What does the author call on other writers to do?
  A. Sponsor book fairs.
  B. Write for social media.
  C. Support libraries.
  D. Purchase her novels.

【理解主旨】
What is the above paragraph mainly about?
  A. The seriousness of big-tree loss in California.
  B. The increasing variety of California big trees.
  C. The distribution of big trees in California forests.
  D. The influence of farming on big trees in California.

【进行推断】
How does the author feel about the solutions to the problem of robocalls?
  A. Panicked.　　B. Confused.　　C. Embarrassed.　　D. Disappointed.

【理解上下文关系与文章结构】
Read the following passage carefully. Fill each blank with the most appropriate sentence from the six choices marked A), B), C), D), E) and F). Note that there are more sentences than blanks, so you will not use them all.

扫码查看答案

附录 5
小组访谈提纲

一、对运用《量表》描述语进行自评的看法

1. 你用基于《量表》构建的自评表对自己的听力能力进行评价时感受如何？

（a）你觉得把《量表》描述语作为自评的参照是否可行？为什么？

（b）描述语是否易于理解？有没有不清楚的地方？

（c）各级别描述语之间的界限是否清晰？

2. 自评过程中，哪些因素阻碍了你自评的准确性？

（描述语过多、描述语提供的活动不典型、对微技能不了解、难以从听力量表中寻找出听力微技能的相关描述语……）

3. 你之后是否愿意独立参照《量表》"能做"描述语对听力能力进行自评？

4. 你认为基于《量表》"能做"描述语对听力能力进行自评，在哪些方面能帮助你学习？

（找难度合适的材料、明确能力、制定目标、聚焦薄弱技能……）

二、对基于《量表》的个性化诊断报告的看法

1. 你如何看待本次听力理解测试的诊断报告？

（a）是否认同诊断结果？你认为诊断结果是否准确？

（b）是否喜欢诊断报告？喜欢什么，不喜欢什么（文字 / 图表）？

（c）反馈是否能够让你更清楚地了解和认识到自己的优势以及有

待提升之处，对英语听力能力有一个更清醒的认识？

2. 你在制定学习目标时，更多地参考了诊断报告中的哪部分内容？

（a）参考了哪些板块和信息？

（b）为什么参考这个？喜欢这一部分的设计吗？为什么没有参考其他部分？其他部分有哪些需要改进？

（c）你参考的这些内容可以直接作为你的目标使用吗？如果直接作为目标使用，你觉得有哪些优缺点？

3. 你在参考诊断报告和目标表格制定有关听力理解能力 / 微技能的学习目标时，觉得最大的困难是什么？

（a）压根不认可这份诊断报告的结果，所以压根不想参考这个东西去定。

（b）看完诊断报告之后，受到了很大的打击，不想面对这样的结果，心情受挫，所以不想定。

（c）不知道怎么定目标。

（d）可供参考的内容太多，反而不知道该怎么定、该参照哪部分定。

（e）不太理解听力理解微技能；即使看了诊断报告后面的定义，也还是不太清楚。

（f）最后一块描述语的部分过于官方和抽象，不易理解。

（g）没有你想要参考的部分。

4. 你认为诊断报告的形式还可以怎么改，以帮助你更好地制定学习目标、增加你对诊断报告的喜爱程度？

三、对参加针对性教学——听力训练营的看法

1. 你参与定目标技巧培训和听力训练营之后，有什么感受？

（a）心情觉得怎么样？

（b）学英语的兴趣是否加强？

（c）是否在英语听力方面变得更加自信？具体来讲，听外国人讲话会不会不那么紧张了，跟外国人交流时是否更有自信？/ 在之后的英语考试中，听力部分有没有信心拿高分？/考听力的时候还是否紧张？

（d）是否觉得自己的学习过程更扎实、更充实、更可控？

（e）训练过程中，是否觉得能力和努力比分数和结果更重要？

2. 你是否更加充分了解英语听力微技能？你认为参与本学期的英语听力训练营活动对你的听力微技能提升是否有帮助？你觉得哪一个微技能更容易在短期内提升？

3. 你对听力训练营的授课形式、内容、配套的每日一练有何看法？认为哪些方面需要改进？

4. 你觉得自己在期末听力考试、英语水平测试的听力中，是否有信心拿到好成绩？